U0576644

清代外務部
中外關係檔案史料叢編
——中美關係卷

·中國第一歷史檔案館 北京大學 澳大利亞拉籌伯大學 編·

第七册·僑務招工

中華書局

第七册編委會名單

主　任　郝　平　胡旺林　John Rosenberg

副主任　李巖松　吴　紅　胡忠良　徐　凱　裴麗昆

委　員　劉毓興　王郅文　劉赫芳　張静雯

編輯部

主　編　郝　平　胡旺林　John Rosenberg

执行主編　胡忠良　徐　凱　裴麗昆

副主編　劉毓興　王郅文

編　輯　陳燕平　孟飛旺

數字編輯　李　静　葉　斌

參加工作人員　張昊洋　王　寧　祝　石　張静雯　張瑋恩

目録

一五一　外務部爲赴美之人另給品行單一事應分別辦理即希見復事致美駐華公使信函稿 …………………… 七八七
「宣統三年正月三十日」（1911.02.28）
「宣統三年二月初九日」（1911.03.09）

大清國大美國續定限禁華工條款

中美會訂限禁來美華工保護寓美華人約稿

大清國光緒六年十月十五日

大美國一千八百八十年十一月十七號續定條約曾限制華工赴美嗣因華工在美國境內迭遭苛虐慮損邦交中國政府欲自禁華工出境來至美國茲兩國政府願合力辦理禁止來美華工並多方顧全邦交互立約款彼此加意保護此國境內之彼國人民是以

大清國

大皇帝特簡欽差出使美國全權大臣太常寺少卿楊

大美國

大伯理璽天德特簡外部全權大臣葛禮山　各將所奉議約之據公同校閱明白現將會訂條款開列於左

第一款

茲彼此議定以此約批准互換之日起計限十年爲期除以下約款所載外禁止華工前往美國

第二款

寓美華工或有父母正妻兒女或有產業値銀一千元或有經手帳目一千元未清而欲自美回華由華回美者不入第一款限禁之例但華工於未離美境之前須先在離境口岸詳細縷列名下眷屬產業帳目各情報明該處稅務司以備回美之據該稅務司須遵現時之例或自後所定之例發給該華工按此約章應得回美執照但所立之例不得與此約款相悖倘查出所報各情屬僞則該執照所准回寓美國之權利盡失又例准回美之權例限以一年爲期以離美之日起計倘因疾病或別有要事不能在限期內回美則可再展一年之期但該華工須將緣由稟報離境口岸中國領事官給與憑批作爲妥據以期取信於該華工登岸處之稅務

司該華工如不在稅關呈驗回美執照無論其由陸路水路回美均不准入境

第三款

此約所定限制章程專爲華工而設不與官員傳教學習貿易游歷諸華人等現時享受來寓美國利益有所妨礙此項華人倘欲自行申明例准來美之利益可將中國官員或出口處他國官員所給執照並經出口處美國公使或領事官簽名者呈驗作爲以上所敘例准

來美之據茲又議允華工來往他國仍准假道美境惟
須遵守美國政府隨時酌定章程以杜弊端

第四款

查光緒六年十月十五日即一千八百八十年十一月十七號中美在北京所立華人來美續約第三款本已敘明茲復會訂在美華工或別項華人無論常居或暫居爲保護其身命財產起見除不准入美國籍外其餘應得盡享美國律例所准之利益與待各國人最優者一體相待無異茲美國政府仍允按照續約第三款所

訂盡用權力保護在美華人身命財產

第五款

美國政府爲加意保護華工起見一千八百九十二年五月五號美國議院定例一千八百九十三年十一月三號此例又經修改凡在定例以前所有美國境內一切例准住美之華工均須照例註册中國政府現聽美國辦理美國政府亦應聽中國政府定立相類條例凡一切美國粗細工人（商人亦如議院定例不計）寓居中國無論是否在通商口岸均令註册概不收費又美國政府允准自

此約批准互換之日起於十二箇月內將寓居中國無論是否在通商口岸之一切他項美國人民（包括教士在內）之姓名年歲行業居址造册報送中國政府以後每歲册報一次惟美國公使人員或一切奉公官員在中國駐紮或游歷及其隨從僱用人等不入此款

第六款

此約彼此互須遵守以十年爲期敬候
大清國
大皇帝

大美國
大伯理璽天德批准互換之日起計至限期屆滿倘於六箇月前彼此並不將停止限禁之意行文知照則限禁再展十年爲期

光緒二十年二月　十一　日

西歷一千八百九十四年三月十七日

大清欽差大臣楊鈐 押

大美外部大臣葛鈐 押

二

為札發蓋印事。本年六月初二日准
美國領事佑 函開：啟者，四十五號租地，現經莫勒轉與施
米德租用，合將該號執照三紙批明，送請查收，希即一律
蓋印，留存一紙備案，移還二紙，以便轉給，為荷。等由。到
局。據此，除飭知會文局外，合將送到四十五號租契三紙，一併札發到該縣，即
速蓋印送局，以便照會轉交收執，毋違。

札 仁和縣 初三發

為飭知事。本年六月初二日准
美國領事佑 函開：四十五號租地，現經莫勒轉與施米德租用，合
將該號執照三紙批明，送請查收，希即一律蓋印，留存一紙備案，移還二
紙，以便存給，為荷。等由。到局。據此，除將送到四十五號租契三紙
一併札發仁和縣蓋印送局，以便照會轉交收執外，合行飭知。札到該
局，即便知照。

札會文局

光緒二十三年六月初三日 洋務書 吳炎 潘景椿

附件

佑尼干 二十三 六 初二

啟者，肆拾伍號租地現經莫勒轉與施米德租用，合將該號執照三紙批明送請
貴道司查收，希即一律蓋印，留存一紙備案，發還二紙，以便存給為荷。此頌
鈞祉

計送轉契三紙，並附西函一件

五月二十九日

西函一件已存本局

三

貴道查照轉飭檢查前項備案執照加批爲荷

此頌

日祉

計附西函一件

古納

十月二十六日

啟者本國人施米德所租杭州通商場第三十號南半邊之地轉與石溫暨白愷能二人租用除將第五十號租地執照批明外相應奉致即祈

附件一

Shanghai China
CONSULATE-GENERAL OF THE UNITED STATES
OF AMERICA. 28/11/99

H.E. Shüi
Taotai Hangchow }

Sir

I beg to inform you that Title Deed #1 (50) U.S. Register Hangchow Land has been transferred by E. M. Smith to C. Shewen & J R Putnam Jr.

Please endorse this transfer upon your records & copy of the Title Deed.

I have the honor to be Sir,

Your obedient servant

A H White

Dep Consul General USA in Charge

附件二

復美領事古

逕復者接展

大函並英文一件謂本國人施米德所租杭州通商場第
三十號南半邊之地轉與石溫璧白愷能天祖用除
將第五十號租地執照批明外相應奉復查照轉飭檢
查前項蒲業執照加批等由查此項地基現在施
米德既轉租與石溫白愷能二人承租執業但未
悉此二人是否係
貴國之人抑係何國人民未經詳晰聲敘即請
貴領事詢明
示復再行照請仁和縣檢查檔冊註明蒲案可也專
此布復祗頌
台祺

名正具　十月初一日

初一日由郵局遞

四

逕啟者日前接展

來函以本國人施米德所租杭州通商場第三十號南半邊之地轉與石温暨白愷能二人租用未悉此二人係何國人民未經詳晰聲叙

請詢明示復等因查該二人均在杭州關辦

公已由本總領事飭知就近自行陳明矣相應

奉復即祈

貴道查照爲荷此頌

日祉

計附西函一件

名正具 十一月初七日

古納

附件

CONSULATE-GENERAL OF THE UNITED STATES.

SHANGHAI, CHINA, Dec 8th 1899

H. E. Shih.
Tao-tai of Hangchow

Sir.

In reply to your dispatch of recent date, allow me to state that word has been sent to Messrs Sherman & Putnam of the Hangchow Customs, asking them to satisfy Your Excellency as to their nationality, tho: any foreigner is entitled to register land in his name at this Consulate General

I have the honor to be
Sir
Your obedient servant
John Goodnow
U. S. Consul General

五

敬者前奉

函詢石温暨白愷能二人係何國人氏當經函復

飭知該二人就近自行陳明在案茲據本國

人白愷能稟稱石温係哪喊國人氏渠等未便

逕陳請爲轉達等情准此相應奉致即祈

貴道查照飭縣檢册註明爲荷順頌

台祺

名正具 十一月十四日

古納

附件

復駐滬美領事古

逕復者前奉

台函以施米德所租杭州通商場第三十號南半邊

之地將與石渭璧白愷藤二人租用嗣因此二人

未知係何國人民碍難發給證冊爰再函請

詢明示覆以便照辦旋於本月初七日接展

復緘詳該二人均在杭關辦公已由

貴領事飭知就近自行陳明並在查詢間旋接

大函已據白愷藤字稱石渭係哪喊國人民其

未便逕陳請爲轉達查照等情查白愷藤

既係

貴國人民石渭係哪喊國人准即照行稅務司[核]查

照發冊予分別註明其杭州通商場第三十號南

半邊之地應歸該二人租用以資營業之用特布

此即頌

升祺

名正具 十一月廿八日由郵局遞

六

為札飭事案准
美國總領事古　函開本國人施米德所租杭州通商場第
三十號南半邊之地轉與石溫暨白愷能二人租用除將第五十
號租地執照批明外相應奉致查照轉飭檢查前項備案
執照加批等由過局當查此項地基現在施米德既轉租
與石溫白愷能二人承粮執業但未悉此二人係何國人氏
函請查明見復等因去後茲准
美國古領事先後函復本國人白愷能業籍石溫係哪喴
國人氏渠等未便逕陳請為轉達等情相應函請查照
飭縣檢冊註明名等由准此當查白愷能係美國人石溫

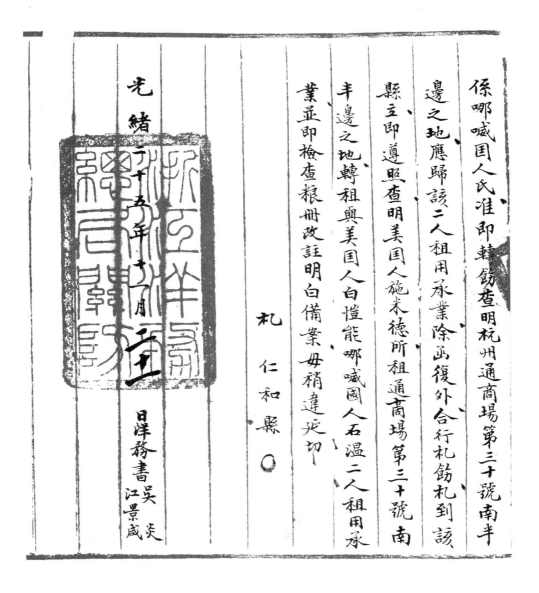

係哪喊国人氏准即轉飭查明杭州通商場第三十號南半
邊之地應歸該二人租用承業除函復外合行札飭札到該
縣立即遵照查明美国人施米德所租通商場第三十號南
半邊之地轉租與美国人白愷能哪喊國人石温二人租用承
業並即檢查粮冊改註明白備案毋稍違延切

札

仁和縣

光緒二十五年十一月二十二日

洋務書吳炎
江景咸

七

津市公安局詢市民去港通行証事

總理衙門奏美國遣使修約請派員商議片

光緒六年八月初一日

再美國所派駐劄中國使臣安吉立於本月初四日到京另派修約使臣帥腓德笛銳克二人尚在烟台前由臣等附片奏明在案嗣經安吉立照會臣衙門以伊等三人前來中國與大清國大皇帝特派之全權大臣商辦事件伊等亦均有修定條約章程等件之權即希入奏轉請特派全權大臣芸相商辦並將伊等所奉文憑譯錄附送前來查美國續增條約係同治七年蒲安臣等在彼都所立其第五款內有兩國人民任便往來得以自由等語近來金山土人深嫉華人奪其工作不能相容上年議例人員曾有限制華人之議經其總統據約批駁去年彼處新開議院又議例苛待華人經副使臣容閎照會外部言其與約不符始將此例停止是華人在彼得有保護者惟恃續增條約之力居多上年其前任

使臣西華曾與臣等續商條約議禁拐誘逃亡娼妓有疾四項人等不准前往彼國臣等與之往返晤商議而未定聞其國議院人員猶以西華所議為未足其總統俯徇衆意又派使臣來華雖如何立議尚未發端深恐有刪改續增條約之意相應請

旨特派臣衙門堂官數員以便與美國使臣安吉立等公同商議除臣奕訢照案不開列外謹將臣寶鋆等銜名繕具清單恭候

欽定理合附片具陳伏乞

聖鑒謹

奏

奉旨著派寶鋆李鴻藻作為全權大臣與美國使臣商議條約事宜欽此

總理衙門奏美國條約限制華工酌議條款摺

光緒六年十月十四日

奏爲美國條約擬定華工限制臣等酌議條款開單具奏恭摺仰祈
聖鑒事竊本年七月間美國使臣安吉立來京照會臣衙門請奏
派全權大臣續商條約當經臣等奏明奉
旨著派寶鋆李鴻藻作爲全權大臣與美國使臣續商條約欽
此九月間又將美國條約使臣帥腓德笛銳克到京日期及條
約開辦情形奏
聞各在案伏查臣衙門前接出使大臣陳蘭彬等迭次來函内開上
年美國議院立有苛待華工之例經其總統批駁本年正月
間金山埃里士黨人又議例禁公司僱用華工一唱百和幾釀事
端經美國派兵彈壓始就安帖是華工在彼與土人已成冰炭
美國方極力設法調停總恐非長久相安之計查美國續約
第五款兩國人民准其任便往來又指明遊歷貿易久居等人
獨無華工字樣近因安吉立等面遞條約節略内稱華工分往
各口不下十萬人實於本國平安有損現擬出整理限制禁止

三層辦法，請臣等酌奪前來。當詢以三項辦法如何分別，據稱
整理係屬空言，至限制、禁止兩層係專爲華工而設，其餘各
項人等不在此例。臣等以禁止一層與舊約不符，萬難遷就，
惟限制一層尚可酌擬章程，以期有利無弊。安吉立等以此
項章程須由本國議院酌定，此雖派三人來華，亦求中國
一言，准其自行定限等語。伏念金山等處華工，美國尚能
照約保護，與古巴、秘魯不同，近因人數太多，與伊國不無
窒礙，自係實在情形。此時若堅持續約，不與變通，將來
華人日往日多，萬一激成變故，不但以後去之華工累及在彼
之華工，且恐以華工之故，累及貿易別項等人，轉失保護華
民之本意。似不如就華人之續往承工者立定條款，酌予限制，
與舊約相輔而行，當於兩國均有裨益。現與安吉立等往
返熟商，定爲四款：凡傳教、學習、貿易、游歷人等，仍聽往來自
由；其已在美國華工，亦仍照舊約保護；惟續往承工之人，或
限定人數、年數，准其由伊國隨時察看情形，妥訂章程，知
照中國，必與華民無損，始准照行。並聲明此項條款應候
兩國
御筆批准，再行互換。所有臣與美國使臣修訂條約各緣由，理合
繕具清單，恭呈
御覽。伏乞
皇太后
皇上聖鑒。謹
奏。

總理衙門奏中美續約附立條款片

光緒六年十月十四日

再臣衙門於本年九月間接准出使美國大臣陳蘭彬先後
函稱招商局和衆輪船由檀香山前往美國金山所有船鈔
貨稅均額外加征遍查英法各國條約載有彼此商船兩
無增加之語而美國條約只載美船到華利益並未載明
華船到美如何納稅當此美國派人來華議約此節亦
所應議等語旋准美國使臣安吉立兩次照詢中國征收
美國各船稅鈔與征收中國及別國船稅鈔是否相同又中
國在常關納稅鈔之船是否均與新關納稅鈔之船相同各
等語其意以為中國所待美國船若與中國及別國船不
同或常關新關稅鈔稍有不同之處則華船前往美國即
可額外加征雖經臣衙門分晰照復而美國條約既無明文今
昔情形不同若不與之另立條款嗣後華船到美彼必任意
加征無所限制至洋藥一宗本為中國漏卮不特中國久欲禁
止即泰西各國近亦多有後議祗以英國印度地方歲入洋

藥稅一項，亦必不肯遽停販運，利之所在，各國因以效尤。美國
係屬公舉之國，尚講體面，彼若先停販運，各國或可逐漸
觀感，以為將來地步。臣等正與安吉立等商辦間，適接李
鴻章來函，亦稱以上兩事亟應與美國使臣及時議定。臣等
復與逐細熟商，安吉立等尚無過拒之意，惟欲於兩國商民
貿易有益之事將來可以彼此商議，并於兩國商民爭訟申
明觀審辦法，請將此兩款一併列入，作為四條。臣等查商民貿
易一款，原有隨時商辦之事，因錯以兩國均屬有益及彼此公
同商議兩語，庶將來議辦不至偏枯。至觀審一款，本屬煙台條
約所載，此次詳細申明，與原議尚無出入。藉此定議，將稅鈔洋藥兩
事訂明，在中國尚屬有益無損。因與議定前後分列四款，仍候兩國
筆批准，再行互換。除將條款繕具清單恭呈
覽外，理合附片具陳。伏乞
聖鑒。謹
奏。

總理衙門奏續修條約請　旨批准摺
光緒七年六月十六日
奏爲上年續修美國條約現今賫遞來京請鈐用
御寶以憑互换專摺仰祈
聖鑒事竊光緒六年七月間美國使臣安吉立照會臣衙門請奏
派全權大臣續商條約當經臣等
奏明奉
旨著派寶鋆李鴻藻作爲全權大臣與美國使臣商議條約事
宜欽此九月間美國修約使臣帥腓德笛鋭克到京與臣
等往返熟商擬定續約四款其有未盡事宜另立四款並
聲明俟一年内兩國
御筆批准再行互换十月十四日由臣等繕具清單恭呈
御覽奉
旨依議欽此臣寶鋆臣李鴻藻於奉
旨後將繕就漢洋文約本共三分與安吉立等公同蓋印畫押以一分收
存臣衙門其二分由帥腓德笛鋭克賫回本國俟批本年六
月十三日據美國使臣安吉立照會内稱去年續定新約已由
本國批准派員賫送至京請奏明辦理等語相應請
旨將上年續修美國條約鈐用
御寶作爲批准仍請由臣寶鋆臣李鴻藻會同美國使臣安
吉立訂期互换所有續定美國新約請用
御寶緣由理合恭摺具陳伏乞
皇太后
皇上聖鑒謹
奏

出使大臣楊儒奏重訂限禁華工保護華民約款詳細情形摺
光緒二十四年四月三十日

奏為遵
旨與美外部重訂限禁華工保護華民約款謹將辦理情形恭摺仰祈
聖鑒事竊奴才於光緒十九年十二月十七日承准總理衙門電開修約事已
奏奉
諭旨所擬各節均妥外部復准先電聞光緒二十年二月初九日又准總理衙門文
開華工修約一事現將擬辦情形業於十二月十七日具奏本日奉
硃批依議欽此恭錄知照到洋仰見
聖主軫恤僑氓懷柔鄰國至意曷勝欽服伏查奴才上年七月接任之始時值美
國迫行華工註册新例美西各埠紛紛拘人方擬遣送回華當經援引條約
嚴詞駁詰美外部始商允議院展限半年被拘工人一律釋放而於註册
之例堅不改移竊念銜
命遠使務在尊
國體而奠民生若苛例不除工商交病既無以盡保衛之心而使職所重尤在
結兩國之懽亦當開誠布公庶彼此無一不達之隱因將接管卷宗逐細查

閲始知美議院立此註册之例專為分别新舊工人欲使新者守限禁之
章舊者享保護之益意在清查不在遣送適美户部送到華工註册章
程當即譯出詳加察核雖涉繁瑣卻無苛虐第念此例果行如於旅
美工商確有妨礙亦當謀取益防損之方以為抵制因函飭領事轉諭商
董速將註册妨礙之處據實直陳毋徒砌詞以冀聳聽旋據禀稱華工
之意蓋以一經註册舊工固有安居樂業之便新工即絶頂名影射之
途是以連年延聘律師控訴察院冀廢除此例今美廷既以立例
難改華工祇可降心相從但求於註册之後仍得往來自便等語奴才查
自光緒六年美國專使來華訂立限禁華工之約自後八年十年兩次
定例皆為限禁新工而設在舊工固無所損惟於回華之時給予執照
俾作回美憑據蓋尚有往來自便之意第因此項執照輾轉相售
新工仍難限制美國土人積忌益深十一年秋間遂有洛士丙冷等案
任使臣鄭藻如懲前毖後始建自禁之意總理衙門因熟慮為自禁之一
端照會美國駐京公使十四年二月前任使臣張蔭桓與美外部會訂
限禁華工保護華民之約意在全生命而遠禍機且正自禁之名不墜
權於外國亦較得體而華工有眷屬財產在美者仍可往來自便當

時用意極為周到詎意約稿甫成事機忽阻是年八月美國更立新例
凡華工一離美境即不准復來即從前已給執照作回美之據者亦為廢
紙始與光緒六年所訂之約大相悖矣自是迄今五六年來前任使臣與
外部駁辨之文不下數十次迄未轉圜上年奴才來美時道出金山華商
環訴市面蕭條生機日絀皆緣華工一離美境不准復來工路既艱商情
亦困籲求設法挽回等情 奴才綜核聞見各端權其緩急輕重籌思積
旬以為註冊之例可以不爭修約之舉不容再緩遂於十月初旬照會外
部訂期晤商外部鑒於積年駁辨之苦一再推延至十一月初旬始得
會晤告以此來專為商量華民寓美長久相安之策務須推誠相示外
部力言註冊領照原為保護華工起見華人誤聽人言冀望刪除此例
實則例經議院議定雖總統亦無廢例之權惟望華人於限內一律
註冊則以後商量各事必無為難之處 奴才詰以自光緒十四年後美國
久已廢約不用長此不變必至邦交日損情意乖睽外部謂如中國
有修約之意美國亦可允從但約中是否照前申明中國自禁之意又
十四年草約未經中國批准現在是否可用抑須另商條款答以當就前
約酌量增減是日晤談後知修約一事粗有把握隨將以上各節撮要

電商總理衙門旋准覆電以先修約後註冊為關鍵當即照會外部
並就十四年草約底本刪去賠償一款易為互交罪犯原約二十年之期
改為十年備文送交續又准總理衙門來電美必欲先行註冊擬令寓
華美民亦註冊以相抵制等因又添註冊保護一款寓華美民亦照辦
十二月初五日擬定約稿送去並電請總理衙門應否將擬辦情形先具摺
上陳此十二月十七日以前與外部議約情形也自約稿送後半月未接復
文續經催訊始據函稱約稿尚須會商改定第註冊限迫如於限內
議約或致窒礙為難擬俟註冊事竣再商修約察其用意似恐一
經議約華工不免觀望致註冊之例迄不得行是以忽變前議當即
備牘詰其何以前後來文歧異且告以此次總理衙門之意原擬先修
約後註冊現許修約註冊同時並辦已屬顧念邦交之意不得變易前
議希圖延宕切實照會去後本年正月初三日接到復文訂初四日晤商
外部謂交犯一款與限禁華工保護華民均不相涉應另訂專約不
列款内十年之期可以允從寓華美民註冊一款議院謂美第令華
工註冊中國無盡令美民註冊之理堅不肯允連日磋磨始允寓華之
美國工人亦聽中國註冊 奴才 以美工在華寥寥無幾名為相抵實

非特乎殊乖中國議立此款之意因力爭寓華之美國教士必須註冊
外部初謂教士與工人不同未可並論繼云另擬辦法除工人外寓華別項
美民自換約日起美國政府允每年造冊一次報知中國政府又云此層在
工人相抵之外讓與中國極大體面想可愜中國之意 奴才驟聞此語頗出
意外答以如此辦理足見公平囑令從速擬稿十一日外部送到約稿大致與
晤商之語無甚出入惟字句間尚須有核改之處續又晤商兩次將擬改
之處斟酌妥洽並於第五款中寓華別項美民之下註明包括教士在
內數字約稿始定仍由奴才備文送交外部向例草稿定後議約之員即
須會同簽約隨將以上各節電報總理衙門二十三日准覆電令定稿簽押
適外部因事他出近日始將約本繕就訂期二月十一日畫押奴才屆期帶同
隨員繙譯前往外部將會訂條約華文英文各二分校對清楚與外部
大臣葛禮山互相畫押蓋印此上年十二月十七日以後至今與外部定約
情形也綜核條約六款惟第五款註冊保護之例為此次添入其餘各款
均係十四年前任使臣張蔭桓已訂未成之約溯查此約中輟之始前任使
臣曾以時局日壞善後無期請
旨飭籌補救終以權不我屬無可挽回上年註冊之議起金山華商惟慮工人

載送西華聯名具稟總理衙門及南北洋呼籲迫切痛苦剝膚茲幸
仰託
朝廷威福事機漸轉已輟之約仍可施行且添訂交犯專約使中國禁令得行於瀛
海之外金山華商又審知註冊之非苛虐徧告工人相率領照並一復載送
出境之憂曩時患苦胥予蠲除又從前每遇交涉事件一經駁辯相持
不下管秃唇焦幾成常例此次外部因奴才之意務在持平商辦故遇
事和衷並無膠執於近年邦交大局似有轉機如寓華美民註冊一層方
初議時不獨慮彼族不允即幸而得允而中外情形不同將來辦理
亦殊棘手乃外部議此辦法除工人註冊外每年由公使詳細冊報總理衙
門既省事端又得大體此皆
國家積年綏懷之效總理衙門平心体察電示周詳俾奴才有所遵守而
美外部顧全睦誼尊崇
上國之誠心亦殊不容沒也美為民主之國外部簽押後尚須議院覆核奴才一面
將約本咨送總理衙門俟美議院覆定後再電達總理衙門請
旨批行除交犯專約應俟議定另摺具陳外所有重訂限禁華工保護華民約
款詳細情形理合恭摺馳陳伏乞

皇上聖鑒訓示謹
奏
光緒二十年四月三十日奉
硃批該衙門知道欽此

總理衙門奏中美保工約本請旨批准摺光緒二十七年七月二十九日

奏為重訂中美保護華工約本遵章請
旨批准恭摺仰祈
聖鑒事竊查上年十二月間准出使美國大臣楊儒電稱美國現允修約保護寓
美華工等因臣衙門將擬辦修約情形於是月十七日具奏本日奉
硃批依議欽此臣等遵即恭錄知照楊儒令與美外部妥商籌辦本年二月間
接楊儒電稱約款現已修定須會同美外部簽押等語臣等亦即電
令定稿簽約四月三十日經楊儒將遵
旨與美外部重訂約款情形詳細具陳並聲明美為民主之國外部簽押後尚
須議院核覆先將約本專送臣衙門俟美議院核覆後再電由臣衙門請
旨批准本日奉
硃批該衙門知道欽此臣等公同閱看約本所載六款與臣衙門上年所擬籌辦情
形均屬相符間有增損字句亦皆斟酌妥洽本月十六日復准楊儒電
中美新約議院已核准等語臣等查此約美議院既已核准自無翻悔
從此僑氓在美可免種種苛虐自應請
旨批准互換以昭信守恭候

命下臣衙門遵照向章將約本咨送軍機處請用
御寶作爲
批准發下臣衙門即寄交楊儒仍在美都定期互換以免轉折所有重訂中美
約本請
旨批准緣由理合恭摺具陳伏乞
皇上聖鑒謹
奏
奉
硃批依議欽此

出使大臣楊儒奏中美保工約本互換日期摺　光緒二十一年二月二十七日

奏爲遵
旨與美國換約謹將日期恭摺馳報仰祈
聖鑒事竊臣於光緒二十年十月初一日承准總理衙門文開本年七月二
十九日具奏重訂中美保護華工約本遵章請
旨批准互換一摺又附奏請
飭楊儒迅將交犯專約畫押一片恭錄

硃批並抄錄原奏咨行到洋又准函開約本另交總稅務司赫德遞寄十一
月十一日奉到
批准約本奴才當即知照美外部訂期互換外部因此約經議院核准閱時數
月疊次催問盼候已久當訂即日互換是日申刻奴才帶同參贊繙譯
恭齎約本至外部衙門與外部大臣葛禮山敬謹閱看葛禮山亦將
美總統簽押約本交奴才閱看並另書換約憑單奴才與葛禮山各
簽押訖即日電達總理衙門在案其交犯專約當時問外部何日可
以定議外部因議院初開公事甚繁請稍緩即議現已閱兩旬尚
未接來文恰值西人年節彼國官紳應酬少暇奴才查中西立約雖
久交犯一事係屬創始恐日內彼國尚須反覆推求未必即允定稿
簽押應將中美保護華工約本互換日期先行馳報以慰
聖廑除美總統批准互換約本照章咨送總理衙門外所有中美換約日期
謹恭摺上陳伏乞
皇上聖鑒訓示謹
奏
光緒二十一年二月二十七日奉
硃批該衙門知道欽此

中美續修條約四款中美續約附立條款四款

（訂立於一八八〇年十一月十七日一八八一年七月十九日在北京互換）

（按）此約係中美天津條約與續增條約之後所續修者其要點為禁止華工赴美修訂期限均無規定

大清國大皇帝大美國大伯理璽天德前於咸豐八年即一千八百五十八年議定和約及同治七年即一千八百六十八年續增條約允宜永遠信守今大美國因華工日往日多難於整理尚欲彼此商酌變通仍與和約條款不致相背是以大清國大皇帝欽命

總理各國事務　武英殿大學士　全權大臣　寶
　　　　　　　署禮部尚書　　　　　　　李

大美國大伯理璽天德欽命

來華辦理修定事宜　帥
駐劄中華便宜行事　全權大臣　安
來華辦理修定事宜　笛

各將所奉諭旨公同閱看就其可以變通之處彼此商酌變通特列條款於左

招工　第一款　大清國大美國公同商定如有時大美國查華工前往美國或在各處居住實於美國之益有所妨礙或與美國國內及美國一處

地方之平安有所妨礙大清國准大美國可以或為整理或定人數年數之限並非禁止前往至人數年數總須酌中定限係專指華人續往美國承工者而言其餘各項人等均不在限制之列所有定限辦法凡續往承工者只能令其按照限制進口不得稍有凌虐

待遇　第二款　中國商民如傳教學習貿易遊歷人等以及隨帶並雇用之人兼已在美國各處華工均聽其往來自便俾得受優待各國最厚之利益

保護　第三款　已在美國各華工及他項華人等無論常居暫住如有偶受他人欺侮之事美國應即盡力設法保護與待各國最優者一體相待俾得各受按約應得之利益

第四款　兩國既將以上各款議定美國如有時按照所定各款妥立章程照知中國如所定章程與中國商民有損可由中國駐美欽差大臣與美國外部公同妥議中國總理衙門亦可與美國駐京欽差大臣公同妥為定議總期彼此有益無損

以上續修條約各款現在大清國大美國各大臣同在中國京師議定繕寫漢文洋文各三分先為畫押蓋印以昭憑信仍候兩國御筆批准總以一年為期在中國京都互換

互換

大清光緒七年六月十六日奉旨依議欽此

大清光緒六年十月十五日

降生一千八百八十年十一月十七日

中美會訂限禁來美華工保護寓美華人條款六款

（訂立於一八九四年三月十七日一八九四年十二月七日在華盛頓互换自互换之日起發生效力）

（按）此項條款以十年為期期滿前六個月彼此不行文知照則限禁再展十年

訂約

大清國光緒六年十月十五日大美國一千八百八十年十一月十七日續定條約曾限制華工赴美嗣因華工在美國境内迭遭苛虐擾損邦交中國政府欲自禁華工出境來至美國茲兩國政府願合力辦理禁止來美華工並多方顧全邦交互立約款彼此加意保護此國境内之彼國人民是以大清國大皇帝特简欽差出使美國全權大臣太常寺卿楊

大美國大伯理璽天德特简外部全權大臣葛禮山各將所奉議約之據公同校閲明白現將會訂條款開列於左

禁令 第一款 茲彼此議定以此約批准互换之日起計限十年為期除以下約款所載外禁止華工前往美國

第二款 寓美華工或有父母正妻兒女或有產業值銀一千元或有經手帳目一千元未清而欲自美回華由華回美者不入第一款限禁之例但華

工於未離美境之前須先在離境口岸詳細縷列名下眷屬產業賬目各情報明該處稅務司以備回美之據該稅務司須遵現時之例或自後所定之例發給該華工按此約章應得回美執照但所[illegible]立之例不得與此約款相悖倘查出所報各情屬偽則該執照所准回寓美國之權利盡失又例准回美之權例限以一年為期以離美之日起計倘因疾病或別有要事不能在限期內回美則可再展一年之期但該華工須將緣由禀報離境口岸中國領事官給與憑批作為妥據以期取信於該華工登岸處之稅務司該華工如不在稅關呈驗回美執照無論其由陸路水路回美均不准入境

第三款　此約所定限制章程專為華工而設不與官員傳教學習貿易遊歷諸華人等現時享受來寓美國利益有所妨礙此項華人倘欲自行申明例准來美之利益可將中國官員或出口處他國官員所給執照並經出口處美國公使或領事官簽名者呈驗作為以上所敘例准來美之據茲又議允華工來往他國仍准假道美境惟須遵守美國政府隨時酌定章程以杜弊端

第四款　查光緒六年十月十五日即西歷一千八百八十年十一月十七號中美

八

敬啟者前肅布第八十號函諒邀
台覽九月初十日奉華字第二號
公函敬悉一是奉
邸堂諭華工禁約已滿飭令向美外部切實爭論等因
奉此仰見
邸堂惠愛商民不遺在遠之至意毋任欽佩謹綜美國
禁工始末縷晰言之自海外訂約通商以來華人漸
次來美同治初年舊金山金礦既開鐵路次第興築

華人充當工役、由工而商、積貲漸豐、獲利頗厚、此後聞風麕至、歲以萬計、久之鐵路既成、金礦亦少、美工以華工價廉攙奪生計、於是禁工之議起、上下議紳、多曲徇工黨之意、特請總統派專員三人來華、光緒六年十月、在北京訂立限制華工專約、當時訂明止是限制、並非禁止、美人緣國家業經訂約、議院有權立例限制華人、遂於八年十年兩次立例議禁新工、舊工回華、請領執照、仍得來美、嗣因此項執照、展轉

相售新工仍難限制。工黨積忌益深，十一年秋遂釀成洛士丙冷等處焚逐之案。前任

鄭大臣懲前毖後，建議自禁。總理衙門釐為自禁三端，照會駐京美使。十四年二月前任

張大臣因就前議，與美外部會訂禁工之約。揆其用意，在保以前之商業，杜將來之禍機。本自禁以正名，不授權於他族。約稿既成，事機中阻。是年八月美國已立新例，凡華工一離美境，即不准復來。惟有父母妻室子女，或有產業值銀一

千圓、或有欠賬一千圓、報明在案、方准領照回美、與從前限制之約大相違背、歷年辯論、迄未轉圜、二十年前任　楊大臣商准總署、以十四年未經批准之約為底本、增入、聽美政府令華工註册、以便保護、一條、期定十年、期滿再續、約內聲明官員、教習、學生、貿易、游歷、諸華人等、領有執照、美官簽名、即可來美、等字所包甚廣、原不專指上文五項而言、而洋字約內無等字、律部解釋字義、謂來美者止准五項、五項之外、不容泛指廛與辨論、仍復堅執如前、稅關稽查之時、復加嚴密、凡商業中人、查無股分、或有股分而仍受工食者、即指為並非商人、即五項人等入境時執照、文字言語對答稍有未符、即扣留不允放行、廷芳抵任後四年來遇此等案、無不抗辭力辨、筆舌並爭、其間因駁論而挽回者、殊不乏人、其因口供不符原船撥回者、亦所恆有、特以例經議院公定、雖總統無廢例之權、形格勢禁、亦無可如何之事、廷芳承乏是邦、職司保護固不能因成約之在先、稍懈駁詰、亦不敢謂議約之失當、輕詆前人、至張任議而未成之約、並未准行、光緒十九年　崔大臣早經交卸、立約更與無干、原稟所呈、指摘張崔辦理之非、大都傳聞失實、惟華工在美、爲數實屬不少、若無海外託足之地、則謀生愈難、不能不全力與爭、期於商民有益、查楊任所立之約、於光緒二十年十一月批准、互換、扣至三十年十一月始滿、即限前六箇月知照、另議亦在二十

九年但議院議禁華人之例、則明年西五月計已屆
期、轉瞬議院一開、必當議及此事、近聞美工黨聯合
數百萬、日夜在各處聚議、擬請議院嚴禁華工、必欲
華人絶跡美洲、於心始快、廷芳早經探明確信、即已預
為布署、歷次函內載述已詳、現經中華會館紳商等
來轅稟商、駁除苛例、輿情甚為踴躍、業經密授機宜、廷芳
復在美都聯絡官紳、暗為援助、並隨時向外部辯論、
志在刪除厲禁、使我商民、如能事機順手、積年苛例

一旦蠲除固所至願即禁約不能悉廢亦必力與辦
争、務使官員游歷教習學生商人等不在禁例之内
者、可以往來自便、庶於大局不無裨益、容俟措理稍
稍就緒再行續陳以上情形務祈
轉回
邸堂是荷專此奉布敬請
列憲
勛安　伍廷芳頓首

美字第八十一號
光緒二十七年九月十八日

附件一

敬再啟者查
寄來鈔件照錄華商原稟據稱華商五萬六千人列名為首者僅有崔子肩唐瓊昌何利司徒芳四人姓名並無鋪店字號現在寓美各埠商民由金山會館商董倡議聯名駁例公舉三十人並無此四人名字紐約各處殷實鋪商亦不聞有崔子肩等之名斷無數萬人公具呈詞推一二不知名之商為首之理惟唐瓊昌一名查是康黨保皇會中人斂錢惑眾開設

報館誣謗
宮廷經廷芳於光緒二十五年咨兩廣總督勒屬提究有案
其餘三人聞亦是康黨昨准　粵督來咨據接稟詞
大畧相同惟出名者為司徒芳崔子肩而無書負弓
其為有意趨避更屬顯然易見若輩往年在洋誆騙
僑民貲財近經廷芳迭奏
諭旨飭令領事等剴切開導華民已多曉喻祗以若輩近日
漸已斂迹且外洋各國凡係國犯無不保護使臣領

事又無拿犯之權祇有隨時開導冀其自新若輩既
知所斂之財無以愜衆心故藉此名正言順之事爲
自文之地借求政府保護僑民爲名以塞衆口其實
譸張爲幻别有私圖廷芳既有聞見不敢不以實陳伏乞
代回
列邸
堂憲訓示是荷專此再啟敬請
勛安
廷芳再頓首 光緒二十七年九月十八日

附件二

敬再啟者，竊查美館向章，使臣常川住美，抵任後次年往日斯巴尼亞，又明年往秘魯，分期恭遞
國書。如有事故，則隨時請示展限。廷芳於光緒二十三年抵任，二十四年例應輪往日都，維時正值美日搆兵，奉
總理衙門來電稍遲再往。二十五年美日和議既成，因即前往日國，經將馳抵日都日期並情形奏咨在案。二十六年輪應赴秘，正擬束裝，是年正月間接奉
鈞署電開：盛京卿現電商續訂粵漢鐵路詳約，如秘

行尚無要公可稍從緩等因旋值奉匪事起急電紛
馳未便擅離致有貽誤今年時局雖定而聯軍六七
月始退現在
鑾輅旋軫重覩昇平亟應早往秘都勉完使事但美國議院
禁止華工明年期滿工黨聚議擬重申前例禁絶華
民今冬議院一開廷芳擬聯絡官紳詳切駁論文奉
鈞署第二號來函飭令趁此禁約屆滿之際力為挽
回伏思駁例禁工事關緊要若於正在吃緊之時屏

置不顧貽誤匪輕應否趁此年内前赴秘國抑待明
年春夏之交美議院停議後再往俾免顧彼失此之
處理合瀝陳實情敬乞
代回
邸堂
列憲訓示俾有遵循專此再請
勛綏
廷芳再頓首
光緒二十七年九月十八日

九

逕啟者，適接到住本國滿他拏省壁嶺式中國人來電云：該處寄寓華人公同恭賀
大皇帝新禧，請代爲轉達等因。相應函達
貴部王大臣查照，具
奏可也。此泐，即頌
日祉。附洋文

名另具 十二月二十九日

附件

F.O.No. 344

LEGATION OF THE UNITED STATES OF AMERICA,
PEKIN, CHINA.

Feb. 7th. 1902.

Your Highness and
Your Excellencies:-

I have the honor to inform Your Highness and Your Excellencies that I have just received a telegram from the Chinese residents at Billings Montana, requesting me to convey to His Majesty, the Emperor of China, their New Year's congratulations.

I avail myself of this occasion to renew to Your Highness and Your Excellencies the assurance of my highest consideration.

E H Conger

Envoy Extraordinary and
Minister Plenipotentiary of
the United States.

To His Highness, the Prince of Ch'ing, President
and Their Excellencies, the Ministers
of the Board of Foreign Affairs.

一〇

頭品頂戴兵部尚書兼都察院右都御史總督兩廣等處地方軍務兼理糧餉陶　咨

咨呈事光緒二十八年正月二十四日據中南美洲各埠商民羅璪雲等稟稱竊美屬金山爲中南美洲之衝由中國而來必經此地自光緒十二年出使大臣張將禁止華工之例遍行畫押而苛虐之法日出日奇凡華人道經美境候船接濟不特禁登彼岸即有親友詣馬頭探望多被巡差毆打不得與言且早晚點名一次不分良歹當作犯人看待時恐走脫其留難阻滯之情形已不可勝數矣至光緒廿一年以後苛待百出令人痛憤由港抵埠船未泊岸先用小舟渡我華人埋一孤島不分寒暑不論男女皆要赤身露體同群浴濯再遣一西醫查驗下體

有無核症然後驅之於木屋之中俟有船啟行乃爲放去因此之故
稍有廉耻者幾於愧不欲生亦有身弱者莫不因寒致病所帶
衣服行李如絲髮貴重之物則入硫磺櫃以蒸之如麻布粗質
之物則用煤氣爐以焙之卒至有色者則變易其色合用者則
變爲無用噫過往之客其殘害一至於此况居彼埠者荼毒
之狀尚忍言哉來年四月禁約已滿今年九月其議院即開
議是事近者舉國若狂均以禁絶華人爲宗旨且聞議院新
出一苛例凡華人往墨西哥及中南美洲各埠皆不得假道其
境計華人旅居中南美洲垂數十年九百餘埠自道咸以來華
人接踵來此者數十萬衆或工或商多獲厚利苟一旦美例一行

中道梗塞而中南數十萬人來往不通進退失據商業敗於
半途生路絶於來日此商等所以覩此危迫之境憂憤激切而
不能已於言也竊思此等例禁不獨環球諸國所無即美國
政府及貴族富商亦不願以文明之國體行此野蠻之苛法
獨其國工黨恃衆稟請議院諸員再申嚴禁華人之例更有
慮者謂華人多從別國私入美境此假道之禁所由節外生枝
也欣聞憲台乃心時局洞悉民艱久諳中外之交素協懷柔之
策今者和局告成交涉之事更易商酌伏乞照會駐北京美
公使妥訂新章改其苛例并電致
出使美國大臣伍向美廷力爭幸例立未久及今圖之尚可挽

回則再造之恩中外咸戴不勝恐懼翹望之至所有謹請
設法以通行旅緣由理合簽具公稟由郵局附遞伏乞俯准察
鑒等情到本部堂據此查此事前據旅美金山商民司徒芳崔
子眉等具稟前來當以中美會訂限禁來美華工條約係光
緒二十年二月所訂載明以十年為期現在尚未屆滿所稱本年
華歷九月間開議之說似有未確惟所稟粵民賴此為生者
甚衆必宜設法力請弛禁以廣粵民生計自係實在情形原
約本有如限期屆滿須於六個月前將停止限禁之意行文
知照現距期滿之日為期不遠候咨請
外務部及

駐美大臣酌核辦理等因牌示遵照及咨請

貴部察照核辦並以中美條約訂於光緒二十年開美國禁止華

工議章本年實已屆期滿另議之期可否先行就近轉商美

使之處仍望酌奪暨咨

駐美大臣伍　查照辦理各在案茲據稟稱前情相應咨

呈為此合咨

貴部謹請察照核辦賜復施行須至咨呈者

右　咨　呈

光緒二十八年

日

一一

敬啟者前肅布美字第八十六號函諒邀
堂鑒美續議禁例一事上議院歸客民股主稿下議院
歸外交股主稿現下議院尚未議定上議院客民股
議出例稿凡寓美華工須領有合例寓美册紙查明
有父母正妻子女或有產業值銀千圓或有經手賬
目一千圓者方能註册領紙回華一年之内可以再
來美國不在禁限之列此是查照舊約辦理尚無大
礙惟娶正妻須在一年以前經手賬目須是的確可

收之款折扣對賬不在此例雖限制稍嚴尚未過於
苛虐至華工一項不獨禁其來美即凡美屬土如小
呂宋檀香山各處亦擬一律禁阻又各島華工雖在
該島生長亦不准來美並不准赴美國屬島如小呂宋不能到檀香山
只准在本島内羣島往來如寓小呂宋只准在小呂宋羣島來往檀香山亦然此條不合
美例又官員來美隨從僕役須照戶部所定章程查
明確實方准入口教習須教授高等之學取有確證
並在美國學堂充當教授之職方得來美學生一項

須入高等學堂或肄業專門備有專款足敷學生寓美之用商人一項須在中國先一年曾充商人且須向稅關證明確鑿實有資本可以貿易游歷人員須向稅關證明現有專款足敷游美之用諸如此類皆瑣屑煩苛此例如行則例准來美之五項人等亦動多窒礙官員游歷稅關可以援此定例任意留難敖習學生幾無合例來美之人貿易殷商亦必聞風裹足查美國立例始意專在禁工今於非工之人亦肆

意揩留尤出情理之外且除此五項之外概歸併工人則工人二字包括更廣他日流弊有不可勝言者跡其所以偏宕之故實緣美國工黨嫉忌華工紛紛具呈議院請嚴禁者日百數十起統計工黨約有五六百萬人工人平日聯行入會按月抽費存儲行内專為有事之用即如車船礦路諸工與洗衣飯館各不同行亦聯為一氣聲勢相倚一行停工各行一同罷業而行中領有津貼可資養贍停工後不以失

業為憂有時勤加工價恃眾要挾殷商股東明知受其脅制亦無可如何故禁華工之議一人創始和者千萬華工散居勢弱勢必不能與爭又美國故事凡舉總統以及地方官紳皆聽百姓投籌籌多者得有時南北兩黨正在相持此數百萬工人附南則南勝附北則北勝向背畧異軒輊迥殊故自總統以下皆有偏徇工黨之意明知禁例過苛有悖公理亦不敢昌言排斥致失眾心此禁工苛例所以日益加甚之

實在情形也所幸者上議院客民股雖已擬就例稿
尚須由上議院各紳公同會議然後定稿下議院亦
須定期核議兩院議定上呈總統畫諾頒發然後施
行計期尚需時日廷芳擬乘此隙再將此例與約章相
背之處逐條切實議駁雖立例是美國內政使臣不
能干預但光緒六年即西歷一千八百八十年中美
在北京所立華人來美續約內有所定章程如與中
國商民有損可由駐美公使公同妥議之文今日華

人來美立例苛虐誠慮有損邦交自應力拒此事上關
國體下繫民生雖大干工黨眾怒顯拂羣情亦所不顧如
欲低首下心聽其抑制目覩華人受其苛待不為爭
論實有所不忍也查南美洲各小國專賴美邦保護
然美邦加抽彼國一項貨物之稅彼國亦必仿照加
抽一項以為抵制此抵制之例不論大小强弱本可
通行毅然行之大國强國亦無可如何必不致有失
和用兵之事昨晤美副外部密談曾將平等之國不

應立此苛例而為詰問伊謂事不由己遜詞以謝廷芳
謂美廷如定此例中國亦將設苛例以待美商或設
木屋於馬頭稽留查驗或將美入口稅則加至值百
抽十五以為抵制則將奈何伊謂平情而論美國亦
無詞以拒廷芳於正月二十七日感電達
鈞署請向康使聲明例如太苛我國商人必請設法抵
制請其電達政府續例務宜從寬即是此意奉
鈞電後美政府亦得康電知我政府顧念僑氓不遺在

遠廷芳仍當全力與爭不稍却顧成敗利鈍雖不能料
但期竭盡愚忱稍寬一分即華人受一分之益容俟
定議如何再行續布祈即
代回
邸堂
列憲是荷專此肅泐敬請
勛祺 伍廷芳頓首
光緒二十八年二月初五日
美字第八十七號

附件

敬再啟者上年十月奉撥美館經費銀六萬兩業已
用罄當於本年正月二十九日豔電請
堂憲示酌撥以濟急需二月初一日奉
東電開豔電悉即在存項提撥經費銀四萬兩等因當
即遵在存項內照數提撥按照是日時價庫平銀每
百兩合美銀六十五圓七角六仙計庫平銀四萬兩
共合美銀貳萬陸千叁百零四圓又於二月初四日奉
江電開即在使費存項內電撥英館經費銀三萬兩交

羅大臣照收等因遵即在於存項内如數提撥查是日時價與奉撥美館經費之日相同每百兩合美銀六十五圓七角六仙計庫平銀三萬兩共合美銀壹萬九千七百二十八圓即日交由紐約匯豐銀行折合英金磅電匯倫敦交　羅大臣照收業經電復並備文咨呈

貴部暨咨會羅大臣在案文二月初二日奉

冬電開本年四月日君加冕奉

旨派記名副都統張德彝充專使大臣前往致賀希告日外
部等因當經即日電飭駐日參贊照會日外部業已
准日外部照復昨又札飭駐日參贊俟　張使到日
妥為照料矣以上各情統乞
代回
堂憲是荷專此再泐祗請
勛安　廷芳謹再啟

光緒二十八年二月初五日
美字第八十七號

一二

敬啟者前肅布美字第八十八號函諒邀
堂鑒美議院續議禁限華人一事當經隨時縷陳
冰案日前下議院業已定議上議院紳連日會議從違
各半正在相持未決之際幸隱為我助者將廷芳擬定
駁詰苛例之稾攜至議院宣讀後眾論幡然頓改其
初以增訂禁例為然者至此亦知此例有失公道日
前約計袒我者有三十餘員迨至本月初九日各紳
投籌以定從違其主行新例者三十三員其以新例

為不然仍主行舊例者竟有四十八員之多殊出意料之外不投籌者七員就現在情形而論新例當可中絀蓋上下議院彼此兩歧應照向章互相參酌而參酌之時斷無專主一偏之説如能照舊例施行將來中美約滿時彼雖重訂舊例而我國有權可以駁論不如此次之工黨氣勢鴟張且是彼國内政專由議院定議竟令使臣無從參預幾難措手特廷芳以其有關兩國交涉故力排衆議不顧利害隨時駁論而

仍以暗中聯絡員紳隱相助我為主尤賴
堂憲迭次照會康使轉達本國政府發交議院大衆咸
知彼族知我政府保衛僑氓不遺在遠其員紳之明
理者未嘗不稍持公道也竊查禁限華人一事本與
條約所指相待最優之國人民相待一語不能符合
彼政府明知其然第美為民主之國政府之權大半
歸諸議院而議院員紳又視工黨之向背為得失於
是議院之權遂倒持於工黨官紳巨室慶受工黨之

挾制伏害於無形此民主之國不能無隱患也專此
肅布乞
代回
邸堂
列憲訓示是荷敬請
勛安
伍廷芳頓首
光緒二十八年三月十五日
美字第八十九號

一三

敬啟者，前肅布美字第八十九號函，諒邀
堂鑒。美續定禁工新例一事，數月來昕夕圖維，刻無暇
晷。上議院客民股所擬之例，苛虐已甚，稿已刊布，畧
具前函。廷芳以此例若行，不特華工受害，勢等倒懸，將
來必致官員、教習、學生、貿易、游歷諸華人同罹苛政，
當即密約助我諸紳設法駁阻，並廣刊報紙，力排此
例之不公，復函致美外部，將禁工原委分晰證明。禁
工之初，本是限制，並非禁止。光緒六年，美派專員三

人來華議論此事

朝廷意在懷柔不忍峻拒姑從所請其後華工在美境內迭遭苛虐我政府慮損邦交不得已願與美國合力辦理禁止華工來美是以有光緒二十年續訂之約自立此約數年以來於美無益於中有損而美國工黨意猶未慊必欲禁絕華工而後快續約所定限制章程第三款內明言專為華工而設不與官員教習學生貿易游歷人等有所妨礙人等二字所包甚廣

而美律部解釋謂約章洋文並無人等二字除此五項之外均應與華工一律禁止是以醫生管賬代理人各項概不許入境歷經駁難迄未更正現新立之例更爲嚴密於五項人等多方挑剔此例如立則美境內將永無華人之跡實屬有礙條約等語嚴切駁論去後美外部明知新例不合公法祗以權屬議員遂將函件移交議院並呈達總統現在新例五十餘款雖幸删除惟於舊例外增訂四條內有推行禁例

於各屬島一款最為妨礙查上下議院現定禁工條例四款聲言與中美約章不相違背第一款將禁工例推行於各屬島凡在各島之華工只能在本島及羣島自相往來（如檀香山之華工只能往來於檀境羣島小呂宋之華工只能往來於呂境之羣島檀呂不能互相往來亦不能來美內地）第二款戶部大臣可照例則約章隨時酌定章程切實辦理第三款賽會之人及承辦賽會人可帶工匠及傭工人入境第四款各島華工須照例註册呂島官可立章程並定册紙款式以杜弊端綜核以上四

款於華人有利有害華工寓各島者遷地弗良本不須各屬島互相往來華工註冊亦光緒二十年續約所有尚非節外生枝但西人立例往往句斟字酌含蓄無盡既有言外之意復有意外之言當其始以一二語引其端及其後則因此類推雖千百言亦不能折此例第一款内推行禁工例於各屬島則在檀在呂之華工不能來美内地其害猶淺而欲來檀來呂之新工均不免被其禁阻其害甚深二三十年之後

華人有減無增壯者老老者死則島內華人必將絕迹第二款户部酌改章程遵行新例則户部授權稅關凡入境之華人均可隨意留難官員教習五項人入境時亦可任意扣留稱為新例如是章程如是第三款專言賽會時准華工來美於華人頗為利便第四款呂島華工照例註册則未註册之華工及新到無册之華工照例均應遞回既委員稽查册紙則設木屋於馬頭拘華人如囚犯均可為所欲為凡此四

款有利有害而害多利少不克相均臆見所及謹以密聞不敢以五十餘款一概寢閣遂謂昔例已除無復他慮作自欺欺人語也當此例將定未定時曾將呂島亟須華人工作無與美國工黨之事向各當道剴切敷陳而議院集議投籌之日謂禁例應推行於屬島者四十一人謂不應推行於屬島者四十人向例數多者勝既多一人此例遂定殊堪握腕廷芳於此例既定之後仍以例由彼國自訂未經我政府允准

照行實屬有碍約章日來一面致書外部謂使臣來
駐是邦守約是其專責今見議院之例有碍條約不
能不盡力以爭貴國如必行此例則與中美續約不
符中美之約可廢查一千八百七十年間英議院於
英美互相交犯約內增入章程一條凡美國如欲向
英索犯須先聲明該犯所犯何案英國交犯後美國
祇可就原案審訊犯人不得牽涉別案美廷以原約
未有聲明謂兩國訂立之約一國不能以己意加增

舊約內如有一款不能遵守則全約作罷英人自以
理虧遂不復增入此前事之共見共聞者美昔日曾
執此以拒英人何今日竟反此以施我國若論報施
之道美既立此違約之新例致妨礙於我國則我國
亦可設抵制之新例以取償於美商若美商入中國
境內亦照設木屋任意羈留美國又將何詞以拒我
此函去後美廷上下不能無所顧慮第因條款業經
總統批准雖扼腕太息無可如何也然細繹此例其

中仍屬有關可乘其第一條首言限禁華人之例期
與約章不相違背在彼特揭此語以杜爭執之口在
我即可執定此語以爲駁論之端續約定於光緒二
十年其時呂島未隸美屬原約既未聲明呂島在内
自未便執前日之條約概禁例之推行至官員五項
人等原約第三款明言不在禁限之例如户部别立
章程妨礙利益即可以違背條約明責其非容隨時
審度機宜竭力辯論又查議院以約期未滿遽立苛

例於理不順故為此懸而不斷之條引而不發之義以待異日之措施若屆議約之期我將有礙條約之處切實聲明不肯輕諾彼亦不能相強蓋議院立例是伊內政我不便過於干預而立約是兩國交涉我可以自有權衡也查中美續約定於光緒二十年則光緒三十年已屆期滿如有更改須於六箇月前彼此互相照會廷芳愚見似應於明年二十九年先行照會可以隨時開議以免臨期匆促不能暢所欲言屆

計瓜期早滿恐不能不留待後賢竟此端緒但公家
之事義在無隱仍當竭誠相告庶有裨大局有益僑
氓茲特將始末駁論情形及議院立例後患可虞各
款詳晰陳明所有駁論往返各函並譯出新例另紙
錄呈以上各情布
代回明
邸堂
列憲訓示遵行是荷專此奉布敬請
勛祺諸惟
惠鑒
伍廷芳頓首
光緒二十八年四月十五日
美字第九十號
附鈔件三件

附件一

鈔件

照錄限禁華人來美新例 一千九百零二年四月二十九號 即光緒二十八年三月二十二日

美國上下議院今將現行限禁華人來美寄寓各例再行續定期與約章不相違背俟行至另訂新例為止一千八百八十八年九月十三號批准之例名為限制華工來美條例其第五第六第七第八第九第十第十一暨第十三第十四各款均包入此例之內此例須即推行於美國屬島凡華工未入美籍無論其當各島歸附美國之時是否已在該島均不得由美國屬島來美此項華工亦不准在美國屬島往來惟同屬之島不入此例至各島凡附美國某省或附亞拉斯喀之地管轄均應作為美國內地

第二款　戶部大臣可照例則約章隨時定立章程酌量推行至所定各例以及中美於一千八百九十四年十二月八號即光緒二十年十一月十三日所訂條約如須派員經理一奉總統批准即可由戶部大臣酌派人員實力辦理

第三款　凡美國議院定議賽會此例及他例並不阻止限制他國來美賽會之人或他國所派之人或他國承辦賽會之人定立合同帶其本國經理人暨各工匠及傭工人等來美以期備辦賽會或備承辦該會允准之事惟此項人等來美暨其回國須遵戶部大臣所定章程辦理

第四款　凡華工未入美國屬島之籍夏威仁各島不在此列當此例准行之時如係已經例准寓居該島者自此例准行後須於一年內即在該島照例註冊違者遞解回國委辦飛獵賓島之官應即定立章程實力遵行此款並定冊紙款式務期據冊紙可以認識本人並預杜頂冒弊端若委辦飛獵賓島之官因此例准行之後一年以內不及完事准該委辦之官有權展限但自展限之日起不得逾一年

以上四條業經美總統批准畫押

照譯美議院客民股所擬嚴禁華人條款

第一款　自此例議定之後凡華工若非按照此例指明一概不准來美暨往美國屬地

第二款　凡華工無論其當各島歸附美國之時已到該島或歸附以後前往或歸附以後在該島出世或將來在該島出世一概不准來美此項華工亦不准在美國屬島往來惟同羣之島不在此列

第三款　凡華人不在此例講解內之官員教習學生貿易游歷諸人均稱作華工

第四款　凡華人或非華工只准官員教習學生貿易游歷之人來美惟必須照以下所定條款講解

第五款　第四款所指可准來美之官員須係由其本國政府按例派往外國充職之人或如充當中國領事須係按照中國國家所定常例委派之人惟該官員之隨從僕役須按照管理僑民入口總辦經戶部大臣批准所定章程查明確實方可一律准來美國

第六款　此例所指教習須係於其未來美之先最少兩年前曾經連接教授高等之學且須向戶部該管官員證明實據堪授高等之學暨曾與美國有名學堂商定充當教授之職並不另作他項事業

第七款　此例所指學生須係有意講求高等之學或肄業專門其在本國或所來之美國屬地無此利便者並須備有專款足敷學生寓美費用畢業後即行出境

第八款　此例所指貿易須設有定處買賣貨物不另作工凡華人來美貿易或由中國或由他國或由美國及其各屬地方往來其准入美之據首要最少先一年曾充商人且須向入口之戶部該管官員證明確鑿來美專係貿易並有資本暨已商定或來美國或往美國屬地設立例准之商業或專股或合股均可

凡華人前時曾到美國貿易如欲回美須領有按例所定回美執照呈驗方准登岸否則除華人不計外須有可信證人兩名向戶部該管官員指其于未離美國之先一年曾已按例貿易並未另作工業違者不得稱作貿

第九款　此例所指游歷須向戶部該管官員證有款項足敷游美之用並係確鑿來美游歷不作別事且一俟行程已畢當即出境

第十款　註冊華工或有父母正妻兒女或有產業值洋一千元或有經手帳

目一千元未清而欲自美回華由華回美者不入第一款限禁之列惟須遵照以下所開條例

一凡註冊華工于此例議定之時領有合例寓美執照以後仍當合例

二此款所指正妻須于華工領執照回華時最少先一年前納娶且當時須無別妻

三此款所指産業不得假託其價值亦不得將所有頂手抵押對賬物業包括在内

此款所指經手賬目其欠債之人須有力量可還且所收之賬一千元須係實收之數並無折扣以及對賬之數在内

四此款所指正妻産業賬目須有着落

第十一款 凡華工意欲遵照第十款由美回華再由華回美須于未動身最少一箇月以前按照定章前赴戶部該管官員據實報明領照以備回美之據如不據實報明一經查出當即科以妄誓之罪華工領照回美只准入其原來出美之口

凡華人無論其係華工或他項人等除中國出使人員或領事人員暨其隨從之人以外如遇來美只准由以下所開各口入境或由以後管理僑理僑民入口總辦經戶部大臣批准所入之口入境

一美國金山 與理岡省之砵崙 砵崙頓 波士頓 紐約 紐阿連士

二小呂宋 文尼拉

三夏威仁島 檀香山

四波都李哥島 山作安

第十二款 凡華工例准寓美或美國所屬各地（夏威仁島不在其內）自此例議定之後于六箇月以內應向戶部該管官員請領寓美執照該管官員如果查明請領執照華工確係例准寓美之人須即遵照定章發給不得收取照費倘于六箇月限期已滿華工仍不遵行一經查出當由美國官員拘拿發交審官判斷遞解出境若被拘之人或因遇有意外之事或因有病或因遇有難免阻礙之事未能于限期內請領執照如果查明確實並係例准寓美之人當即補發執照

凡華人于未請領執照以前曾經在美境或在美屬犯罪已經判定不得援引此例請領寓美執照亦不得請再發寓美執照

第十三款 凡華工領有例寓美執照如遇遺失或遇毀壞被拿發交美國審官判斷遞解出境該華工可向審官證明執照確係遺失或係毀壞戶部該管官員當即另行補發

第十四款 凡華工于此例議定以前領有合例執照回華以後仍可照例回美

第十五款 凡第四款所指之各項華人倘欲來美須將中國政府或

出口處他國政府所給執照並經出口處美國公使或領事官簽名者呈
驗如以上所指各項華人欲由美國往美國屬島或由美國屬島往美國别
處屬島或由美屬島來美須向美國户部該管官員請給執照呈驗
第十六款　第十五款所指之執照須用英文開明應報各節暨遵照管
理僑民入口總辦經户部大臣批准所定章程將本人照相附入
第十七款　凡美國公使或領事官必先考察照内所填情節果無
詭僞方可簽准苟查所填不確則不當畫押户部該管官員亦應查明
確鑿方可發照
第十八款　第十五第十六第十七各款所指之執照須備三分第一分應由
簽准執照之美國公使或領事或由發給執照之户部官員交付本人
第二分應由該公使或領事或户部官員封口寄交船主或火車車守
或管理搭載該華人之人其該船主或該車守或該管理之人須將所
寄執照即行轉交美國户部該管入口之官員違者應科以五十三款
所開之罪第三分應由該公使或領事或户部官員郵寄户部該管入口官員
第十九款　以上四款所指之執照一經户部該管入口之官員簽准當將交
與本人收存以作例准寓美之據惟美國地方官隨時可按例索取查驗如
爭駁不認或遇假冒情事該執照應作爲廢紙
第二十款　凡第四款所指各項華人于此例議定之時既係合例寓美

仍須遵照以下所開條例
一此項華人須向户部該管官員按照定章領取册紙亦須將本人照
相附入其内若不遵行則按照此例當此工人如不駁明即不准寓居美
二此項華人如欲出境有意回美于其未動身最少一箇月以前可
持册紙向户部該管官員發誓報明應開各節該官應按定章將
所開各節暨所附照相一併送交户部該管出口官員查考如無
詭僞管理出口官員應即按章發給執照以備返美之據若該執
照移附他人一經查出當即作廢並罰原領執照本人不准回美僑
未動身回國亦不准寓居美國
三此項華人如領有合例執照回美只准入其原來出美之口若不
願遵此款之第二第三兩條辦理仍可照第八款等条來美均
聽自便
第二十一款　第四款所指之各項華人如係已寓美國其正妻兒女亦可
准來惟須遵照以下所開條例並向户部該管入口官員指明確鑿無訛
一此項華人之正妻或兒女若係由他國啟程其所領執照須由出口處
美國公使或領事官發給並須指明查考後可信無訛
二此項華人之正妻或兒女若係由美國屬島來美國本處或由美國
本處往美國屬島或由美國屬島往美國别處屬島其所領執

照須由美國户部該管出口處之官員發給並須指明查考後可
信無訛
三凡請領此項執照各出口處美國公使或領事官或户部官員
務須認真查考所報情節果無訛僞方可發給
四須將照相按照定章附入執照其執照須備三分每分仿照第
十八款之法辦理　見第十八款譯文

凡婦女來美須按照管理僑民入口總辦經户部大臣批准所定章
程證明委係第四款所指各項華民之正妻其結婚亦合美例
第二十二款　凡出使人員或領事人員或其隨從僕役人等不入以上各款限
禁來美之列均由户部大臣飭令放行只須知有可認本人之據其餘中國
或别國之華人官員暨其隨從僕役必須按照管理僑民入口總辦經户
部大臣批准所定章程查明確實方准來美

第二十三款　凡華人由水路來美户部該管官員當即上船按章查驗
合例方准入境
第二十四款　船隻由外國某埠或某處抵美時船主須將所載華人搭
客敍明報關其搭載單須註明華人姓名及執照所填情節若係華官
暨其隨從僕役奉中國命或奉别國命而來亦須單内註明凡船主呈
搭載單時須照呈貨單之例發誓船主若不遵章辦理或故意忽畧

此事應照不呈貨單之例究辦凡船隻由美國屬島至美國本處或由
美國本處至美國屬島或由美國屬島至美國别處屬島各船主亦
須將所載華人搭客敍明報關一律辦理
第二十五款　此款所論火車車守或管理搭載華人者之責成與第
二十四款所言船主之責成大畧相同惟此款聲明如遇車守或應開
報華人搭載單之人不遵定章辦理或故意忽畧應按第五十三款以
違犯大罪究辦如犯例之人暨其東家不歸美國究辦當由户部大臣定立
章程辦理
第二十六款　華工往來他國仍准假道美境惟須遵守以下所開條例
一華工假道往來他國須將所購之船票或車票交户部該管
官員查驗委係由啟程之處買至所到之處且其票價已經交付
該華工須領有執照仿照第二十一款之第一第二第三各條辦理

如華工由美國屬島前往他國假道美境管理僑民入口總辦
經户部大臣批准隨時即可停止
二過境華工如不遵户部該管官員將其本人暨其所帶行
李以及應查一切之事查驗或未能證明確是過境即往他國
均不准入美
三如華工來美並非過境一經查明不得准其過境

四管理僑民入口總辦隨時可請戶部大臣批准定立章程以杜過境弊端所有華工過境須遵定章否則不准入美

五凡船主凡車守或管理搭載華工之人須將華工姓名及執照所填情節按例開報違者應按以上各例所開之罪一律究辦

六華工過境只准由管理僑民入口總辦經戶部大臣批准所定之口入境惟過入境之處系與墨西哥或與坎拿達地方交界則須管理僑民入口總辦懇請戶部大臣批准與搭載華人之人或搭載華人之公司按章定立合同辦理並將入境之處指明如管理僑民入口總辦查有弊竇隨時可請戶部大臣批准將所指入境之處作廢

第二十七款　凡華人搭船來美未經查明須先扣留船上惟可遵照定章暫行登岸仍被扣留聽候定奪如未定奪按例不准放行凡應扣留華人之人若不遵章辦理或故意忽略應以違犯大罪究辦

第二十八款　凡違例來美之華人當即責成原來搭載公司或原來搭載經理之人送回本國如違例華人或由美國至美國屬地或由美國屬地至美國本處當即送回中國凡應將華人送回之人若不遵章辦理或故意忽略應以違犯大罪究辦

第二十九款　如有人幫助或故縱曾被扣留之華人逃脫一經查出應以違犯大罪究辦

第三十款　凡船隻其船主或船東或經理之人明知故犯此例均可拿獲封廢

第三十一款　如有人明知故犯將例所不准之華人色庇帶入或使人帶來或幫助別人帶來或串同別人帶來一經查出當以違犯大罪究辦

第三十二款　凡華人違例寓美均可由美國官員拿獲發交美國該管審官訊辦或由美國該管律司陳請美國審案委員訊辦該華人若非向審官證明確有憑據例准寓美當即遞解出境美國該管律司應往聽審除華人不計外必須有可信證人兩名方足作據

第三十三款　凡華人來美無論合例不合例須由戶部該管官員允准方得入境否則當解回國

第三十四款　凡遞解華人回國當由美國該管行法官妥辦如遞解尚須暫候該華人應由該管行法官監管若非按照第五十款所指上控之法均不得保釋

第三十五款　如遇美國屬島尚未設有國家審院以及審院之行法官此例准該島審官按法辦理

第三十六款　凡華人違犯此例一經美國該管審官判定當即遞解回國

第三十七款　如有人明知故犯將各項合例執照內之姓名更改或

僞造執照或假發執照或冒充照内本人一經查出當以違犯大罪究辦
或罰洋最少一千元最多不過五千元或監禁最少一年最多不過五
年或罰後再予監禁
第三十八款　凡船隻駛赴别國地方偶因躲避風雨泊入美國界内如
船上載有例不准入美之華人當船離美時必須載以俱往否則即
將船隻暨其船主船東以及經理之人究辦

第三十九款　凡外國船隻來美如船上雇用例不准來之華人該船船主
須向外部具結每華人一名二千元訂以該船停泊港内之時不准登岸凡美
國船隻不准雇用犯禁來美之華人違者即罰美洋不過五千元
凡船隻或因風雨或因意外之事船上水手不敷額數不得已須在他國
港口雇用華人如遇該船來美須向户部該管官員證明當時别無他項
水手可雇一俟另行可雇應將華人開除倘係在美國境内開除該華人
當由原船載回不得仍充水手之役
第四十款　凡教習學生貿易游歷四項之人允准來美厥後按照
此例變爲工人一經查出當解回國如中國官員所使之僕役一經開除
亦須遞解回國
第四十一款　凡華人嗣後生于美國境内户部須遵管理僑民入口總
局經户部大臣批准章程將其所生之年月日子暨住址以及一切情形

記載存案以後如須按照此例查考即可執此爲據
第四十二款　遵照此例所發執照不得典當或發售或移付他人違
者則該執照即作廢紙如係華民違例當即遞解回國若非華民當
按第五十三款所開之款罪究辦
第四十三款　華工領照回國如于兩年限期内尚不回美則將所有
文據作爲廢紙

第四十四款　凡華人不准入美國民籍
第四十五款　管理僑民入口總局按例定立章程一經户部大臣批准
即可實力頒行此例所指户部該管官員須係由户部大臣所委暨僑
民總局所請户部大臣批准授職之員此例所指監察委員如奉僑民
總局之命均可隨時查考中國僑民凡委派奉行此例之員必先發誓
方准任事
第四十六款　凡華人來美如户部該管入口官員判定不准入境不
得另控美國審署惟該華人准于五日内由户部原判之官代總管
理僑民入口總局向户部大臣上控
凡華人指稱係入美籍如遇來美美國該管入口審官或美國該管律
司所指審案委員只得定其是否准入美境其于未定之前當由該管
審署之行法官暫行看管若判定遞解回國須按照第二十八款辦理

凡華人一經判定例不准來美不得另行稱係他項華人亦不得指稱過境前往他國

第四十七款　凡華人上控美國審官自審案委員判定之後須于五日以內上控

第四十八款　凡遇案件須向上察院上控自美國審院判定之後應于五日以內上控

第四十九款　凡遇上控須將以前所審之案以及各證據一併鈔錄送呈如審官須將案內上次別項文據交出呈驗應即照辦惟向上察院上控之時非奉按察司之命不得另呈證據其證據即係未向上次審官呈遞者

第五十款　凡華民上控其于未曾判定以前須由該管審院之行法官暫行看管不得保釋如遇上控審官准其于聽候判定之時暫行保釋亦須每名最少美洋二千元

第五十一款　此例所稱美國凡水陸之處其係歸美國管轄者無論係內地或係海島均包括在內

第五十二款　此例所稱華人均指男女而言

第五十三款　凡違犯此例之人如未指明如何懲辦當以違犯大罪究辦或罰洋最少一千元或監禁最少一年或罰洋後再予監禁

第五十四款　凡美國審案委員審辦此例案件每案給費五元

第五十五款　凡按此例或按户部定章所發執照如遇須備三分每分應照寫明

第五十六款　華人不得因賽會遂違此例來美

第五十七款　凡與此例不符之例嗣後一概廢除惟凡有與原例不符告發在案者不能因此次所定之例致有妨礙須仍照此例未行之先審訊辦理

以上五十七款先經下議院議准旋經上議院集議不行

附件三

鈔件

照錄致美外部海約翰文（中歷光緒二十七年十月二十九日 西歷一千九百零一年十二月九號）

為照會事照得本大臣日前謁見
貴國總統申論不應續立苛例禁限華工一事
貴國總統囑將美國禁工華民受累辦理不公各案開列送覽
茲特遵照將各專案另開節略附送懇請代為轉呈
貴國總統察核為此照會
貴大臣請煩查照須至照會者

謹開節畧於左

案查律政部大臣葛力斯於一千八百九十八年七月十五號（中歷光緒二十四年五月二十七日）知照戶部大臣判詞謂凡限禁華工條例暨各判語總須定明准入美境之人乃係申明例准來美各項華人並非華人所未曾指明可來者概准入境云云戶部衙門按此判詞遂諭各處稅關稱嗣後各處稅員只可允准來美之華人入境其事業曾在中美條約第三款內指明確係官員傳教學習游歷貿易五項人方准入境此外凡貴客賈客書記掌簿掌櫃管銀司事經紀徒弟醫生暨開設飯店及小鋪賣買等項之華人均一律不准入境等語竊思中美所訂各約暨美國初定限制華人來美之條例原本只禁華工自一千八百八十二年（光緒八年）以至一千八百九十八年（光緒二十四年）美國政府向照約例遵行無異茲將並非華工凡以上所稱各項華人均禁入境不特與原定宗旨不符且並非美國政府向來辦理之法溯自戶部按照律政部大臣所定判語諭令稅關遵辦以來實於例准來美華人應享之利益大有關礙而美國政府所派辦理此事之官員置若罔聞殊非公允謹將各專案開錄如下以備察覽

一署理新嘉坡總領事劉玉麟駐英使署水師隨員陳恩燾於一千八百九十八年因公前赴倫敦取道溫古華暨滿地理奧及紐約等處是年西十二月二十六號晚行抵紐約省之麥耶地方車上遇有麥耶副稅司二員一名吉卜士一名素飛勒脫聲稱曾奉紐約省蒲拉斯堡稅司電諭著其將劉陳二君截留須俟接有戶部訓示方可放行該員已向麥耶副稅司言明伊

等確係中國政府所派官員並將其所有文憑宣示又將英國駐紮上海暨香港兩處官員以及美國駐紮香港總領事官所發各執照交出請其查驗詎料該副稅司堅執拘留不得已下車入店歇宿迨至留難已逾晝夜稅司仍不放行直待至本使署接該員等來電代為辯論戶部始電飭稅司准其起程凡一切客寓車費虛糜不少並且貽誤要公似此措阻留難之事迹近侮辱華官稅司並未謝過殊屬非理

二美國教會在中國通州所設華北大學堂之教習邁拿受託料理中國學生兩名來美一名貴起鶴一名孔祥熙伊等於一千九百零一年九月十二號附搭都力輪船行抵金山攜有直隸總督李傳相所發護照內開明伊等均係學生由美國駐紮天津領事拉士得勒蓋戳簽名據邁拿教習稱貴起鶴先曾在小學堂學習繼入華北大學堂肄業八年於一千八百九十八年五月考取出堂去年夏間拳匪鬧事曾在山西之太谷暨汾州兩處學堂先後授徒孔祥熙係山西太谷縣人在該處教會所設學堂學習多年至一千八百九十六年又入華北大學堂肄業去年西六月已完學堂第二班功課請假回家仍欲次年返館卒業當山西鬧事之時美國民人曾被拳匪圍困已逾數禮拜之久貴孔兩生適在該處不忍輕棄舊交盡心護助迨八月十四號該處教民被害貴起鶴異常受苦始能逃至天津傳遞確信其父母親戚均被拳匪殺戮當美國兩女教士被害數日以前一名勃脫一名巴脫理治委託孔祥熙帶信轉付親友孔祥熙曾拚命將信件藏匿一年始得帶出山西境外當時勃脫教士亦有自用零物請其轉交伊母孔貴兩生行抵金山該處稅員指稱伊等所攜護照不合格式不准入境迭經中國駐金山總領事代為陳說稅員仍不允准務必勒令解回原籍旋經本大臣飭將此案上控戶部戶部始允許中國駐紮金山總領事具保准其登岸一面即由中國補發合式執照作據

三中國學生唐貞年十五歲於一千九百零一年十月二十一號附搭加力輪船行抵檀香山攜有香港英國官員所發執照由美國駐紮香港總領事蓋戳簽名檀香山稅務司並非因其所攜學生執照不符只以該生答稱伊係到檀香山中美學堂學習遂不允准入境該生之親友暨其學堂之總教習極力出為具保而稅務司聲言會奉戶部訓示凡華人意欲講求高等之學或肄業專門者方准入境迭經本大臣再三駁論始得放行

四華商余亞南等三十一人由華來美購辦貨物於一千八百

九十九年八月行抵金山金山稅司以伊等所携執照不甚詳
備遂不准登岸查該商等所携華文執照內經聲明所操何項
商業惟洋文漏譯一語雖經上控戶部而戶部仍照該稅務司
原判遞解出境厥後該商等不得已遂往歐洲購辦貨物云

五譚金培黄信泉向在墨西哥國馬澤蘭埠璽門麗公司經商
多年未到美國以前曾向墨國政府請領護照由美領事蓋戳
簽名另有該埠商務局給發執照聲明此二人確係真正商家
伊等於一千八百九十九年二月行抵嘉里科尼省羅生技埠
稽查華民事務委員因驗其手畧粗遂謂並非商人將其拘留
收監自西二月六號至西六月一號伊等仍被監禁始延律師
將其情節錄寄本署經本大臣往復照會仍復任意挑剔閱該
商等無辜監禁已經七月迨至西八月間竟爾遞解出境

六華商李煜於一千八百九十八年十一月十一號由夏灣拿
附搭威尼輪船行抵紐阿連埠意欲前往金山太生堂料理生
意竟被該處稅關攔阻不准入境該商携有中國駐紮夏灣拿
總領事所發合式執照由代理美國政府英領事官暨該處日
國總督蓋戳簽名而稅務司以奉戶部新章按照律政部大臣
判斷謂嗣後中國領事無權發照遂謂不得作為登岸憑據不准
放行

七何滿係香山縣人寄澳門葡萄牙籍由華民父母生長經商
多年携有澳門蒲官所發執照由美國駐紮香港總領事蓋戳
簽名於一千八百九十九年九月十七號附搭急的輪船行抵
金山該處稅務司以執照漏開曾在澳門經商年數遂不允准
登岸將何滿拘留輪船公司馬頭著令稅關看管聽候遞解出
境不久何滿抱病其親友極力懇請准其帶同醫生前往調治
而稅關稅員暨監察華民委員不允所請迨何滿拘禁已逾兩
日病勢日增不得已懇請美國審察院發給保釋紙至十一月
十六號始蒙允准由稅關馬頭移至嘉省監牢竟於是月二十
一號殞命

以上各案諸如此類不知凡幾現只援引數案以見禁例苛虐
累及例准來美之華人此項華人來美非藉工藝餬口有礙美
工只因兩國立約通商是以照約來往其人或是官員或為學
業或因商務皆是上等體面之人詎意一至美境或被拘留或
受侮辱雖間有華工意欲冒騙入境稽查不得不嚴然於例准
來美之人不應過於狐疑苛待遂致無辜者加以犯法之名遞
解回國甚至死於監牢以素號文明之國而有此損礙聲名之
事竊為貴國不取

附件四

鈔件

照錄致美外部海約翰文 中歷光緒二十八年二月十三日 西歷一千九百零二年三月二十二號

為照會事照得一千八百六十八年即同治七年中美所定條約中國政府已於一千八百八十年即光緒六年允將變通酌改限禁來美華工其約內載明如美國議院按約定立章程與中國商民有損可由中國駐美公使與美國外部妥議總期彼此有益無損等語如所議條例果能彼此有益本大臣斷不因有此款故作為難干涉貴國議院之事惟現在所議之例倘若施行則華民受苦匪淺若本大臣緘默不言一俟禁例議准誠恐不及補救故深望貴大臣轉達議院細為裁酌以期妥善方可定議查僑民股日前所議條例六十餘款交上議院集議之時附送中文一件末一節稱美國如認真實力奉行此例則華工來美自必禁阻而華商暨各項例准來美之人均可利便往來中美邦交亦可日益堅固等語本大臣以此例如果准行其效有與僑民股紳所稱意義相反甚有礙中美兩國邦交素來親密之誼貴國議院不日即可公同會議似應請貴大臣代為轉懇酌裁現在議尚未定本大臣固不必逐款詳細辯駁只欲統而論之按現議之例凡華人或非華工只准官員教習學生貿易游歷五項之人來美有背一千八百八十年所定之約其第一款言明限禁係專指華人續往美國承工者而言其餘各項人等不在限制之列且兩國政府於商訂條約之時其意亦不過只禁華工若按現在所議之例遵行則銀行東家暨各最大富商經紀買客賣客文人學士醫生傳教以及他項不入此五項之人均可一律禁阻來美此實不啻將所定條約廢除且其講解教習學生貿易之字意並不與約內原旨相符以致甚難遵辦按照此例凡例准來美華人之正妻其結婚若不合美例均不准來凡現寓美國華工必須再行註冊不知美國初行紀利禁例飭令華民註冊之時本國政府力爭不從後經貴國外部大臣再三切勸是以將就允行當時華工既已遵辦現將作廢又令從新註冊必致受累匪輕此事不應舉行現在所議條例意欲華商暨例准來美各項之人一律註冊中美條約並無此款而此例

以若不遵辦則為之多方阻礙凡華工商民人等既已例准來美居住仍受苛待多端本大臣曾已屢為陳述華人每被拘禁成羣以致侮辱不堪受累甚重即明知無端被屈亦不允准伸理如有被指為例不准寓美國者當未上堂以前必先監禁不得具保須俟定案方可釋放現在議例不特不稍從寬減反為愈加苛虐又華民過境一節此例准管理僑民入口總局隨時定立章程限制然華人前往他國路經美境一時未易悉其詳細誠恐難以遵從僑民股各紳告訴上議院謂此例能使例准來美之人易於分辨可保公平又謂此例意欲保護伊等應得享受約內所許權利等語本大臣以此例實有違背條約按照此例凡例准來美之人必須先由僑民局判定方准登岸本大臣曾於去年西十二月十號（即中歷十月三十日）照會貴大臣謂華商人等來美税關定案均係一面之詞不准華人對質亦不准請律師上堂辯駁則此例實似將條約作廢矣而該紳反謂公平又謂保護約內所許權利本大臣實所不解議院現在議例甚嚴凡華人稍知廉恥者斷不肯來美被辱此例如果准行誠恐華商以後不顧來美購買貨物而學生亦不願來美肄業不特此也此例又議將波多利哥島夏威仁島小呂宋島以及他處將來或可歸附美國之地均包入限禁之列當中美定約之時兩國並未議及各島如未經中國允許遽將禁例推行既背約章亦乖公議殊非交際之道本國政府因美國現在續行禁例曾屢次授意本大臣遵守約款不可稍任華民受苦本大臣以貴國議院現尚未將禁例定奪自當先將以上情形請為代達議院以免日後違言華工來美一節想貴大臣亦知本國政府暨本大臣極願與貴國政府合力辦理禁止惟例准來美之人係專為來美貿易肄業以及享受應得利權不當設法禁阻此項華人來美不多現議新例既不能公平款待反令侮辱受累本國政府與本大臣深願中美兩國邦交日益堅固然恐此例須行甚有室礙相應照會貴大臣請煩查照須至照會者

照錄美外部海約翰來文（中歷光緒二十八年二月十七日　西歷一千九百零二年三月二十六號）

為照會事照得接准貴大臣本月二十二號（即中歷二月十三日）文開議院現在議例限禁來美華工如果議准華民必致受苦甚重應請酌裁等因本大臣當即將來文鈔錄分送上議院僑民股暨下議院外交股查核相應照會請煩查照須至照會者

照錄致外部海約翰文 光緒二十八年三月二十二日 西歷一千九百零二年四月二十九號

爲照會事照得本大臣因聞
貴國議院已訂限禁華人來美條例候
總統簽押定奪茲特將禁例不可頒行之故詳切陳明懇祈轉奏
總統再爲酌裁方可畫押查華人寓居美國境内向有條約保護現美國嚴行禁例華人屢受苛虐不堪其苦經本大臣迭次照會切實聲明在案茲不贅論只將美國現行禁例陳明不當推行於夏威仁暨飛獵賓各羣島當一千八百九十四年中美互訂續約之時各島並未歸附美國彼此立約亦不能預料各島歸入美國版圖因此兩國商議限禁華工未會議及各島應如何辦理各項華人往來夏威仁島歷有年所而飛獵賓羣島各處華人前往貿易居住已數百餘年其地與中國鄰近通商置産歷來甚爲興旺該島華人多有親友家室亦有與土民互訂婚姻者其在該島生長之華人數以千計該島隸西班牙國時華人並不禁止來往今若遽行禁絕華民受累實深貴國素號文明豈宜如此如本國政府知貴國現議將夏威仁暨飛獵賓羣島包入限禁華人條例之内當時斷不允從凡邦國彼此互定條約兩國應照約款永遠遵守不能一國獨任意見遽將他處人民地段未入條約聲敘者包入其内縱欲包入其内必須先與關涉之國籌商妥辦從此允准方能推行否則不特有違
公法且非優待友邦之道貴國總統深明大義諒可先將所訂條例酌爲删去以上所指有礙之事相應照會
貴大臣請煩查照須至照會者

照錄美外部海約翰來文 中歷光緒二十八年三月二十三日 西歷一千九百零二年四月三十號

爲照會事照得接准貴大臣本月二十九號即中歷三月二十二日來文辯論美國議院日前所訂限禁華人來美條例不可頒行囑本大臣轉
奏總統裁酌等因本大臣當經鈔錄來文進呈惟總統已將禁例簽名本衙門始得接奉來文相應照會請煩查照須至照會者

前聞上下議院派員會議此例時即向外部詳切辯論謂此例議院定後本大臣有咨文請總統酌奪切勿遽行批准及聞兩院議妥即日備文照會外部將禁例斷不可推行於檀香山小呂宋之故切實陳明奈總統不與外部商酌立即簽押批准　廷芳注

照錄致美外部海約翰文（中歷光緒二十八年四月十二日 西歷一千九百零二年五月十九號）
為照會事照得近因議院議訂條例續禁來美華工本大臣特
將現在情形詳為陳述查禁例一節凡議紳嚴訂條款無非欲
管理僑民入口總局將中美於一千八百八十年（即光緒六年）暨一千
八百九十四年（即光緒二十年）所定約款定立章程限制增入禁例內以
備按照遵行其限制之處有二一凡華人若非一千八百九十
四年定立條約之第三款所指例准來美五項之人均不准來
美二管理僑民入口總局可聽戶部大臣定立章程增添約內
所未訂及之事須令貿易教習學生人等遵照方准來美凡例
准回美之華工亦須遵照戶部章程限制戶部衙門暨管理僑
民入口總局委員均得有權定奪辦理以上各事已經下議院
議定載入條例而上議院僑民股所擬例稿亦已將此節敘入
惟當上議院會議此例之時內有諳練律例之議紳指駁此例
謂僑民總局定立章程有背條約辯論甚切因是倡議此例諸
議紳迫得自將此節删去又欲將此例再為修改而諸多不合
大半議紳仍不允許是以議院定例之時不過只將舊例續行
其舊例係在一千八百九十四年所定條約以前訂定者現所
定新例言明係按約再行續定並未言明管理僑民總局可以
妄定章程乃該局近來所辦諸事多屬不公聞議院亦不以為
然本大臣曾屢為爭辯再查一千八百九十四年三月十七號
所訂條約兩年以內限期即滿居時兩國政府自當斟酌定奪
是否再展十年為期此事全視期內能否遵守約款條例本國
政府屢為聲明極願會同貴國政府合力按約辦理惟兩國如
欲實力會同辦理則美國議院應不許僑民總局妄訂不公之
章程而總統亦須守其初意整頓該局現在條約限期將滿更
宜將禁例章程酌改以期遵守立約意義本國政府甚望貴國
將僑民總局近來所辦諸事酌為更改本大臣曾經辯論惟恐
本國之意尚未顯明茲特為貴大臣逐款言之一凡華人若非
華工管理僑民入口總局應遵一千八百九十四年定立條約
之第三款所指發給執照允准來美當一千八百八十年美國
簡派使員前赴北京懇請允將一千八百六十八年所定條約
酌改之時美使只請中國允許限禁華工其所開列商辦情形
亦表明並無他意（見一千八百八十一年美國外交書第一百七十一頁至第一百九十頁）按一千八百八十年續定
條約內載甚為明晰其第一款聲明所限禁者專指華人前往
承工者而言其餘各項人等均不在限制之列等語當商議一
千八百九十四年條約之時亦未議及限禁他項華人只禁華

工此約首節指明係將前約續訂限制華工赴美本大臣曾屢次將本國政府之意陳明現在不必再為贅述惟貴國政府向講報施之道本大臣素為欽佩似不妨切直言之如美國禁阻某項華人來美中國亦可援照禁阻美國民人赴華若管理僑民入口總局仍照近來所定章程辦理則美國各項傳教暨銀行東家路礦工程師匠以及承辦建造鐵路之人商務經紀並各項未有定肆之商民前赴中國中國政府自應禁止以示報施二管理僑民入口總局應將現在講解教習學生字義之章程酌改蓋此節意在吹求殊乖公道即欲嚴禁華人之議紳亦謂此事有背條約是以刪去又商民來美應行遵守各節其未經約款聲明者亦當更改三華工往來他國假道美境當遵照約款辦理美國近來限制華工過境之事過於嚴刻幾與禁絕華人享受約內所許權利無異華人多由中國取道前往中美洲以及南美洲各國屢在金山被阻偶因小故不准過境遞解回華於此可見約內所許過境一節實已不能遵照四當一千八百九十四年定約之時所有寓美華工自美回華由華回美所應遵守各節均已詳載此約之第二款自應遵照辦理凡管理僑民入口總局增添各節與約款不符者均當刪除查兩國

定立條約一國未經允許他國不得擅行加減美國前有此案本大臣特為引述證明以上所言各款之理並表明公法之義查昔日美國向英國索取溫士洛犯人一案想貴大臣無不知之查此案係在英美兩國立約允互相交犯之後英國政府以本國議院曾定條例意欲於交犯規條增添一款謂美國索取犯人應聲明所犯何案犯人回國後只可就原案審訊不得牽涉別案美國外部大臣貴舒當即細查法律暨各成案遂於一千八百七十六年三月三十一號答稱此事有關交涉凡兩國定立條約未經一國允許他國不得擅改英國議院於一千八百七十年定立條例豈能令美國將兩國於三十年前所定條約更改意義美國總統以無論某國曾與美國明訂條約未經美國允許不得隨意將約款更改見一千八百七十六年外交書第二百一十五頁至二百一十七頁並將往來公文發交議院謂英國政府以其議院所訂條例強美國將約內所無者將就添入當已直言拒絕等語美國總統又指為與廢除條約無異英國政府以美國名正言順竟將此議作廢現在中美事同一轍美國當時既不允許英國擅改條約目下豈能於中美所訂條約之外任意別生枝節中美兩國既已訂明條款限制寓美華工自美回華由華回美、而美國不應自行再加嚴限至教習學生貿易人等來美約內亦已敘明所須執照款式而管理僑民入口總局豈宜另定他項執照或增添約內所未訂及之事本大臣深願認真遵守一千八百九十四年所定條約特將以上情節陳明請即將管理僑民入口總局所定章程切實删改若該局能從新整頓按約辦理諸事則本國政府之厚望也懇請代為轉奏貴國總統酌核為荷相應照會貴大臣請煩查照須至照會者

照録美外部海約翰來文（中歷光緒二十八年四月十九日　西歷一千九百零二年五月二十六號）

為照會事照得接准貴大臣本月十九號（即中歷四月十二日）文開近因議院訂議條例續禁來美華工中國政府甚望美國按約公平酌辦囑本大臣代為轉奏總統等因本大臣當經遵照辦理相應照會請煩查照須至照會者

一四

敬啟者前肅布美字九十二號函諒邀
堂鑒昨奉三月十八日華字第五號
堂函准粤督咨據中南美洲各埠商民羅璪雲稟稱金
山等處苛例是環球各國所無請為設法核辦前來
本部查此事雖據美康使照稱已為轉達政府究竟
美廷有無變計尚不可知茲值
呂盛兩大臣在滬議立商約已函囑將此事與美力籌
抵制特鈔粤督原文寄達以便内外協力與之磋磨

等因查美立禁工之例其始原為保護本國工人起
見其後變本加厲日益繁苛溯查中美續約訂於光緒
二十年而美議院禁工之例則本年屆滿工黨數百萬
衆口一詞堅請嚴禁其勢洶洶廷迭經密聯同志公
正官紳剴切駮論筆舌並瘁不遺餘力復將美例過
嚴中國商民同懷怨憤必將另立新例限制美商以
為抵制等情懇切諷勸並電陳
鈞署力請主持在案今羅璪雲等呈稱華人往墨西哥

及中南美洲各埠皆不得假道美境查美立新例四條已譯錄寄呈檢核例内原無此款惟華人入美從墨西哥等處偷渡時或有之此是實情美人諗知之故於假道進口之處稽查倍為嚴密二十年中美續約款内原有華工假道須守美政府隨時酌定章程以杜弊端之文其馬頭木屋查驗等事為勢所必至其驗及身體熏壞衣服等事則醫官防痘防疫奉行不善所致本與税關無涉只有隨時聞有苛虐等情

為之駁論以期利便行人如欲將苛例全行删除則須俟國勢既張兵威稍足元氣内固自然外侮不生目前體察情形惟有互立酬報之條妥籌抵制之法查歐美各國無論大小强弱兩國立約皆有酬報一條中國從前只允美立例禁工其後並商人亦時多阻滯實於商務有礙現止在滬議立商約似可明告以華商至美稽留苛待殊失體面如美再不變計則我亦倣照辦法凡美商入境亦須稽留照美例嚴為

盤查庶使美議紳閒而知警至如何措詞如何操縱
盛呂大臣洞悉外情久辦交涉必能善於因應悉協機
宜除咨復
兩廣總督函達
盛呂大臣並隨時電商妥議外謹將豫籌抵制情形先
行詳復希
轉回
邸堂
列憲是荷專此奉布即請
勛綏　伍廷芳頓首
美字第九十三號
光緒二十八年六月初八日

一五

大亞美理駕合衆國欽命駐劄中華便宜行事全權大臣康　為
照復事七月二十五日准
貴部照復以賀挪魯魯入美籍華人具控駐檀香山華領事
楊為賓一案已囑出使伍大臣查辦等因本大臣想查此具控之
事尚小惟使罪人無辜之親眷代罪受罰為最重請查本大臣西本
年八月十四日所致照會曾切言無辜人代罪受罰為非是此係使犯
罪人之心極為慘切與天下各大國所行之道不符且此額外拘束
之法亦不符萬國公正之理開化各國均無用此法者茲無論

伍大臣能否查辦、只請詢
貴國政府能否使各省官員、不再行此苛刻辦法、現時中國既與各
國友睦、
貴國政府即應修改律例、與各國之例相符、在各國均無此代罪受
罰之例、是以再行照會
貴親王查照、切望
貴國政府早將所云此極要節目、著意按本國政府所言之美意、
將代罪受罰之條例、酌爲改定可也、須至照會者、附送洋文

右　照　會

大清欽命全權大臣便宜行事總理外務部事務和碩慶王

一千九百二年九月初壹
光緒貳拾捌年柒月貳拾玖日

附件

LEGATION OF THE UNITED STATES OF AMERICA,
PEKIN, CHINA.

F.C.No. 421.

August 30th 1902.

Your Highness:

I have the honor to acknowledge receipt of a dispatch from Your Highness, dated the 25th of the 7th Moon, in which Your Highness states that the complaints against Consul Yang Wei pin have been referred to His Excellency Wu Ting fang, for investigation, and that he would deal with the case.

With reference to this subject, I beg to remark that, dealing with the complaints against Consul Yang Wei pin is a small matter as compared with the far more serious question of vicarious punishment.

Your Highness will note in my letter of August 14th 1902 that I specially emphasized this point of vicarious punishment of offences, by the imposition of fines and imprisonment upon innocent kinsmen of the offenders. And that it is a species of moral torture, not only inconsistent with the conduct of civilized States, but that it is a form of coercion incompatible with the enjoyment of the recognized rights of asylum.

No civilized State would permit resort to vicarious punishment.

LEGATION OF THE UNITED STATES OF AMERICA,
PEKIN, CHINA.

It is, therefore, not a question of what His Excellency Wu Ting fang can do, but what the Central Government will do to prevent the Officials throughout the Empire, from committing such outrage.

As China is endeavoring to be counted in the Comity of nations, her Government should alter and adapt her laws, so as to be in harmony with the laws of the great nations of the world, which do not countenance vicarious punishment.

I can only reiterate the hope that the Chinese Government will speedily take up this important question and consider it in the same light which prompted the United States Government to draw attention to the question.

I would avail myself of this occasion to assure Your Highness of my highest consideration.

E. H. Conger

Envoy Extraordinary and
Minister Plenipotentiary of
the United States of America.

To His Highness
Prince of Ch'ing.

一六

和會司

呈為咨行事光緒二十八年八月二十四日總理本部事務
和碩慶親王具奏寓美商民報效工程捐款懇
恩分別獎敘一摺本日准軍機處片交奉
旨依議此項捐款銀一萬七千六百八十一兩零著交
頤和園工程處欽此除將捐款庫平銀一萬七千六百八十一兩三錢
二分遵
旨送交
頤和園工程處查收外相應恭録抄奏咨行
貴大臣欽遵辦理並將金山總領事官何祐履歷開送本部
以便轉咨吏部至紐約古巴官商捐款前送捐册内所開銀
數與捐章不符現經奏請准照賑捐減成章程由户部核給
獎叙應將原册發還仍希照章另造捐數履歷清册送部
再行咨送户部一併核獎可也須至咨者 附原册一本並抄件

出使伍大臣

光緒二十八年八月

一七

外務部

咨呈

十月初九日收

頭品頂戴兵部尚書兼都察院右都御史總督兩廣等處地方軍務兼理糧餉陶　為
咨呈事光緒二十八年八月十二日承准
貴部咨開光緒二十八年七月十五日准美
使康大臣照稱有住檀香山賀挪魯魯地方入美
籍華人藍山在美國政府具控中國領事官楊為

賓曾函達廣東一道台謂彼係作乱之人粵省
遂將彼尚在華之祖母與彼親母拘拏監禁彼
母自盡祖母亦亡並將許多華人名在華無罪
之親眷使之受苦均與之離心離德又據王亮
控稱該領事文報粵東撫院謂王亮亦非善類
廣東省官員因囑縣派兵圍彼之村搜獲王亮
宗譜向王亮合族祠堂屢屢勒索銀兩每次索
數百兩祠堂勉强付給以免毁產監押如此兇
害累及親眷傷財各等情美政府詳查屬實甚
望中國雖按公平仁愛之理以辦此事等因前來

本部查光緒二十七年正月十九日欽奉
諭旨各省華民出洋謀生者甚多無不眷懷故土傾
心内嚮乃孫汶康梁諸逆託為保國之説設立富
有票會煽惑出洋華民斂資鉅萬若不詳切開導
破其詭謀使知該逆等藉詞保國寔圖謀逆秉機
作亂誠恐華民受其蠱惑仍分紛紛佽助款項蔓
延日甚為患寔深著呂海寰李盛鐸羅豐祿伍廷
芳選派委員前往各商埠詳查情形剴切曉諭務
令各華民曉然於該逆等並非真心保國勿再聽
其搖惑輕棄資財以定人心而弭隱患欽此恭繹

諭旨惟在開導出洋華民俾知去逆效順益堅其内
嚮之忱若如美使所稱檀香山領事楊為賓即楊
蔚彬以華人藍山王亮等曾經入會不知遵
旨剴切曉諭乃復知照粤省繫累及其親族是使出
洋者甘心外向益堅輕棄故土之思殊不足以
奉宣
德意該省地方官於出洋華民家屬藉端苛虐波及
無辜如果寔有其事尤非體恤商民之道除咨
出使伍大臣將該領事先行撤差秉公確查聲
復外相應抄錄來照咨行貴督轉飭所屬不得

於出洋華民稍存歧視即有在洋被惑之徒亦
與其家屬無涉切勿縱容差役擾累閭閻俾定
人心而安民業並為至要附抄件等因到本部
堂承准此悉查光緒二十六年五月間准
出使美日秘國大臣伍　咨據檀香山正領事楊
蔚彬副領事古今輝詳稱廣東廣州府香山縣
人梁蔭南係首先招致逆犯梁啟超來檀寓留
接濟為保皇會協理並為該逆新中國報館管
庫又香山縣人黃亮係天主教民捐銀最多為保
皇會總理着名首匪請飭押各該家屬勒交等因即經

閣爵李前部堂飭行香山縣將各該犯家屬
提案押令交出旋據香山縣稟復遵將梁蔭
南祖母梁卓氏提回看管其黄亮一名查係通
鄉共惡之人婦孺咸知其名赴檀香山已三十
餘年聞一公司誘賣豬仔父早故母鄧氏妻係番女
不知其姓兩子亦番女所生光緒十八年曾回籍
一次鄉人因其素行不端革胙出祠此後遂不返
鄉其母黄鄧氏亦於二十三年前赴檀香山家中
並無親屬亦無財產無可提辦等情光緒二十七
年正月間又據該縣以梁蔭南之母梁何氏先經畏

罪自盡其祖母梁卓氏亦經在保病故等情申報
在案現美國康使所言藍山具控各節核與梁蔭
南之事近似其王亮姓名與黃亮譯音相同或即
指此兩案而言惟所稱被拏情節亦有不符之
處承准前因除通飭各屬遵照於出洋華民不
得稍存歧視即有在洋被惑之徒亦與其家屬無
涉切勿縱容差役擾累生事外相應咨復為此合咨
貴部謹請察照施行須至咨呈者

右　咨　呈

外　務　部

光緒二　　二十　　日

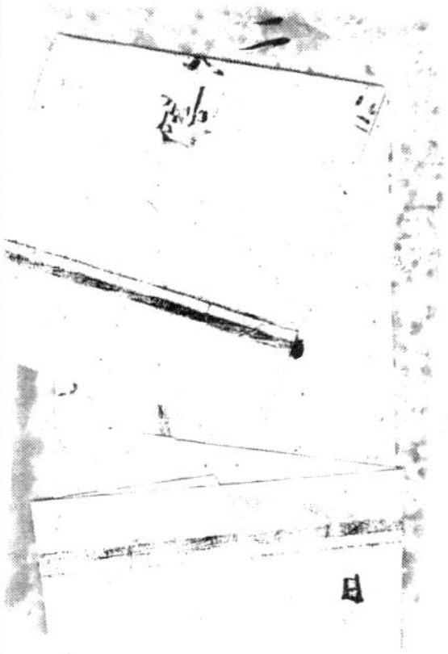

一八

和會司

呈為咨行事光緒二十八年八月二十四日總理本部事務和碩慶親王具奏寓美商民報效工程捐款懇恩分别獎敘一摺本日准軍機處片交奉旨依議此項捐款銀一萬七千六百八十一兩零着交頤和園工程處欽此除將捐款銀一萬七千六百八十一兩三錢二分遵旨送交頤和園工程處查收並行文出使美國伍大臣即將金山總領事官何祐履歷開送本部紐約古巳官商捐款按照賑捐減成章程造送捐數履歷清册再行轉咨核辦外相應恭錄抄奏咨行貴部欽遵可也須至咨者　附抄件

吏部
户部

光緒二十八年八月　日

一九

敬啟者據本國人栢昌禀稱現永租華人寶仁堂姚
住房一所坐落東單牌樓二条胡同又永租陳碩卿
鋪面房一所坐落崇文門内大街新契各一張紅契
各一張請發縣蓋印等因前來相應函送即希
貴大臣查照飭該縣蓋印爲荷所有一切規費祈
示知敬頌
升祺
附新老契各二張
名正具 六月初五日

若士得

二〇

榷算司

呈爲咨行事光緒二十九年六月初七日接據美國駐津總領事若士得函稱據本國人柏昌稟稱現永租華人寶仁堂姚住房一所坐落東單牌樓二條胡同又永租陳碩卿舖面房一所坐落崇文門内大街新契各一張紅契各一張請發縣蓋印等因相應函送即希查照飭縣蓋印所有一切規費祈示知等因前來本部查美國人所租房屋既在京城地面何以轉由美國駐津總領事函請蓋印實屬無此辦法相應將新舊契紙四張咨行

貴大臣查照發還美國駐津總領事可也須至咨者

北洋大臣 附件

光緒二十九年六月　日

二一

摘錄駐美梁大臣來函　七月二十五日

敬陳者：

美國政府向只外部（又名國部）、戶部（又名庫部）、海軍部、兵部、郵政部、律部、農部、內部為八部。近以商務日盛，工業亦繁，經議院於西歷本年二月間議定增立工商部，衙門專管振興內外商務、開礦製造、行船漁業、傭役、水陸轉運等事，額設大臣一員、副大臣一員、文案總辦一員、支應總辦一員綜理部務。向隸外部之通商司、向隸戶部之燈塔司、驗船司、行船司、美國水手司、度量權衡司、水陸測量司、外人入境司、向隸內部之版籍司、向有之傭役局、漁務局均改隸焉。此外特設製造總局，以興工作；公社總局，以理公司合股等事。各司總辦以下皆有定缺。局局長，獨由總統簡派，經於西七月初一日開辦。以總統書記官葛帖由為大臣，亦經議政院准令。視所有華人入境事宜亦歸該部料理，將來有無新章，尚未可知。而華人喧傳將於西七月大舉搜查，凡無冊華人一概驅逐出境，風聲鶴唳，一夕數驚。經誠分飭各領事剴切曉諭，復於華商來稟明白批示，近已稍稍安輯矣。蓋自光緒十九年美國註冊例行，凡華工僑美國者皆須依限註冊，並聲明隨時清查，無冊者逐。時閱十載，人多變遷，富者或貧，幼者已長，流離海外，傭力自贍，比比皆是，則未經註冊之人固不皆不合例之人也。此邦傭值素昂，金價日起，小人嗜利，趨險偷度入境，實繁有徒，無冊華僑何止十居七八。且所謂華商

者大抵販運食物仰給華工以博什一之利者也華
工既少銷路自狹折耗相望勢所必至工商連附
有如蛩蚷是逐無冊之工不啻逐合例之商矣查
旅美工商匯華之銀年約數百萬兩廣東近年
貧困已極民間挹注頗收其益若並此而無之市面
自必益敗況此數十萬不耕不織之倫麕集海口無
所得食鋌而走險急何能擇此又識所關類引伸
私憂過計者也萬一果有清查之舉在彼執法
不得不行在我成約不能不守再四思維迄無
善策惟有隨時防範遇事力爭俟明年修
約屆時再當稟承
列憲指示或與妥訂專條以冀挽回於萬一知關

廑念頃以附陳以上各節統希
代回
邸堂各憲是荷肅此祗請
勛安惟希
台照

二二

外務部

户部為核覆事捐納房案呈准外務部咨稱光緒
二十八年八月二十四日總理本部事務和碩慶親王
具奏寓美商民報効工程捐款懇
恩分别獎敘一摺本日奉

旨依議等因欽此業經欽遵咨行在案茲據代辦出使美國大臣沈參贊開送紐約古巴官商捐款按照賑捐減成章程請獎履歷清册呈請轉咨核辦等情相應將送到原册一本咨部查核辦理並將捐照咨送過部以憑轉行等因前來查前准外務部咨稱總理本部事務和碩慶親王具奏寓美商民報効工程捐款懇

恩分别奬叙摺内陳明小吕宋善舉公所及閩粤
各商共捐銀八千一百七十三兩七錢六分松香山官商
共捐銀四千八百三十兩請由出使大臣傳
旨嘉奬金山總領事官何祐報効銀一千兩請交部
從優議叙紐約各商民共捐銀二千七百七十七兩
五錢六分古巴官商共捐銀九百兩請照賑捐
減成章程由户部核給奬叙等因於光緒二十
八年八月二十四日奉

旨依議欽此欽遵在案茲准外務部咨稱代辦出
使美國大臣沈參贊造具紐約古巴官商報
効工程銀两請獎履歷清册咨部核辦前
來本部按照現辦五成賑捐章程核算所有
册開捐生共計十六名内除謝家樹一名尚應
聲明監生案據俟聲明到日再行核辦外其
伍連山等十五名查核所捐銀數與所請獎
叙均屬相符應即核准相應按照册開履歷

繕辦執照十五張咨呈外務部轉發該大臣
查收給領並將准駁各捐生開單咨呈外務
部轉行該大臣查照所有此案隨收部飯
照費銀兩應照賑捐章程每例銀百兩收部
飯銀壹兩伍錢每照壹張收照費銀叁錢解
部交納以資辦公其金山總領事官何祐請
從優議敘一節應由本部另行辦理外均一
併咨呈外務部轉行該大臣查照可也須

至咨呈者

計單照拾伍張

右咨呈

外務部

光緒貳

月

朱

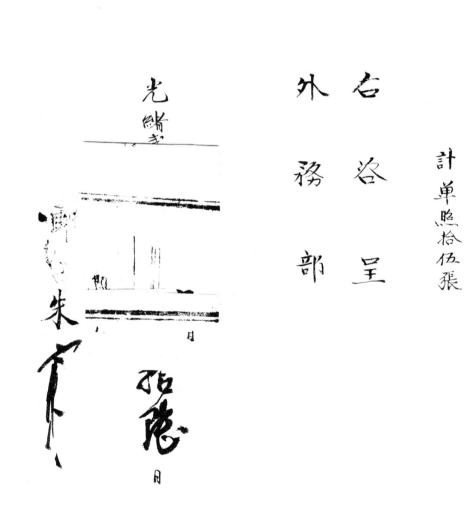

日

附件

核覆外務部咨代辦出使美日秘古國大臣沈將紐約古巴等處商民報効工程銀兩按照賑捐減成章程請奬職銜監生等項各捐生分别准駁開列清單

計開

伍連山俊秀捐銀五百四兩請作武監生給予都司職銜

陳銘斌 李杰元

以上二名俱由俊秀各捐銀三百七十九兩均請作監生給予中書科中書職銜

李煥章　李廷俊
以上二名俱由俊秀各捐銀二百四两均請作監生給予州同職銜
李煜焜　陳榮輝
以上二名俱由俊秀各捐銀二百四两均請作監生給予布政司
經歷職銜
江占春　李謙光　李景揚　周之德　張炳燦
童國安
以上六名俱由俊秀各捐銀二百四两均請作監生給予州同職銜
何永紹俊秀捐銀二百四两請作監生給予布政司理問職銜
陳振先俊秀捐銀五十四两請作監生
以上共十五名查與例案銀數相符應即核准
謝家樹監生捐銀一百两請給予監大使職銜應令該員聲
明監生案據再行核辦

二三

逕啟者，茲有美國人栢昌在崇文門大街路東及單牌樓二条胡同内租置得房產二所，送來該各房產永租契紙及賣業人貼身紅契各二張，懇為送請

貴親王轉交順天府蓋印等因。查在六月十五日

貴部雖曾照會領銜大臣聲明，從此日以後不再通融辦理洋人在京租置房產蓋印之事，而栢昌所租置之房產二所，一則在正月間，一則在二月間，自應不必拘執前照會之言推卻不為轉送蓋印，仍俟順天府將該二契轉行蓋印送還，開明應納稅項若干，再行飭其如數補納可也。特此奉布，即頌

爵祺。附送洋文並房契二套

名另具 七月二十五日

二四

榷算司

呈為劄行事光緒二十九年七月二十六日准美康使函
稱有美國人柏昌在崇文門大街路東及單牌樓二
條胡同内租置得房產二所送來該房產永租契紙
及賣業人貼身紅契各二張請轉文順天府蓋印送
還開明應納税項若干再飭如數補納等因前來查
本部前經照會各使京城非通商口岸不得置買
房產嗣因聯軍入城暫予通融現在時局大定應
照向章辦理等語兹康使來函聲明此件係在本
部照會以前自應准予税契相應將紅白契兩套
劄送順天府飭縣查驗蓋印並開明應納税銀數目
申復本部可也須至劄者 附紅白契兩套

右劄順天府府尹 准此

光緒二十九年七月 日

二五

外務部

咨

順天府為咨送事據大興縣詳稱蒙憲台札飭准外務
部文開美康使函稱有美國人柏昌在崇文門大街
路東及單牌楼二條胡同内租置房產貳所查係在陸
月拾伍日貴部照會以前送来該房産永租契紙及賣業

人貼身紅契各貳張請轉交盖印送還應納税銀再
飭如数補納飭縣貼尾投税等因蒙此遵將奉發契紙
查收照例粘尾税契查柏昌租置寳仁堂姚姓房間
價銀柒百兩又租置得陳碩卿房壹所價銀叁百元合
銀貳百壹拾陸兩共價銀玖百壹拾陸兩應納税庫平足
銀叁拾兩貳錢貳分捌厘擬合將税妥紅契貳張並原發契紙
貳張壹併具文詳送轉咨應納税銀飭發下縣以便轉報
等情前来除詳批示外相應將紅契肆張咨呈

貴部查照轉給收執並將應納稅銀咨送過府以便
飭發可也須至咨呈者

計咨送新舊紅契肆張

右咨呈

外務部

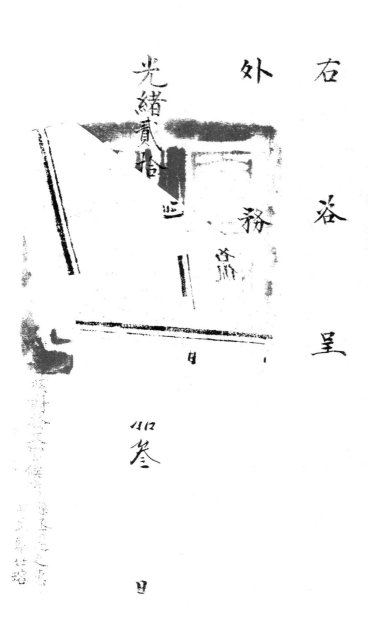

光緒貳拾　　卅叁　　日

二六

逕啓者、八月十七日准

貴王大臣函稱、美國人柏昌租買房產二所之契、已由順天府轉

交蓋印送還、並開明應納稅項、將新舊紅契肆套、函送本館、茲由

柏昌按照補納稅項票銀庫平足銀三十兩二錢二分八厘、附送

貴部查收轉交、再者、柏昌尚有前于

貴部照會以先、本年四月初三日、租買房產一所、係與所已蓋印

房契二所相連之一小所、前送二所房契時、漏未併送、在柏昌租
置此房時、曾携契来館、已經本大臣閱視、故于其係遺漏未送、確
信不疑、兹復將此小所房契一套、附送
查照、即希轉交蓋印、仍俟開明應納税項、再行飭其按照補納可
也、此泐即頌
日祉、附送洋文並銀票及
並請蓋印房契一套

名另具 九月初四日

二七

劄順天府轉送美國人柏昌税契銀函

左侍郎聯 文 九月 初六 日 行

右侍郎顧 文 九月 日 行

榷算司

呈爲劄行事所有美國人柏昌在東單牌樓二條胡同祖置房産貳所經本部將該契紙劄行順天府蓋印發還在案兹准美康使將柏昌應納税契銀庫平足紋叁拾兩貳錢貳分捌厘共計銀票一紙函送前來相應將前項銀票劄行順天府查收可也須至劄者 附銀票壹紙

右劄順天府府尹 准此

光緒二十九年九月 日

二八

敬啟者本月十六日肅布美字第十八號函計邀
堂鑒美國議院因核議古巴稅則報施專約由總統諭集
上下兩院議紳於九月二十一日開特別會連日南
北兩黨互相駁論尚無定見查該約於客冬由駐古
美使與古外部訂定同時所定者有美國借地屯兵
等約皆已即時由美議院批准互換獨該約因古巴
蔗糖入口減稅為美國蘿蔔糖業所持至今始行核
議聞南黨紳民挑剔字句極力攻擊蓋欲散北黨之

民心而阻總統之再任也中美商約昨已到美日間當交議院核奪俟有所聞再當奉布旅美華人開設堂號結黨尋仇自光緒二十一年楊大臣洛籍嚴辦稍稱安靜近三年來又復猖獗去歲金山賁城等處竟有白晝械鬭鎗斃多命之事誠到任後嚴飭領事紳商設法排解商請地方官禁遏較前稍為斂迹上月杪波士頓地方又有堂號黨徒因賭起釁槍斃一人其徒會集各數百人聲言報復事為巡警總辦所

聞添派巡捕梭巡彈壓不至生事而美工商部所派查冊委員（此項委員專以搜查未經註冊華人拘解撥回中國為事各埠有之）乘閒抵隙會同巡警總辦督率捕役數百人於二十一夜將華人居留之處四面圍繞挨戶搜查共拘去華人二百餘名有冊紙者陸續釋放其無冊紙者由親友保出候審此案該地方官以搜捕匪類保全治安為名在華僑原屬咎由自取無可置辭惟工商部委員乘機搜冊辱及無辜騷擾市廛亦非文明公理當經 誠 繕備詳細照會向

美外部申駁已接復文允爲查辦容俟定有辦法再
行奉
聞仍一面董勸各埠華民安分營生毋得以種種惡習
取憎外人自貽伊戚茍有人心或不至噬臍滅頂亦
少悛心也茲將照會錄呈
鈞察中美洲可崙比亞民主國地方四十餘萬里戶口
五百萬跨有巴拿馬海峽近年與美訂約開通該峽
以便航路屢議屢悔迄無定見該國南部志在整頓

地方振興商務其總統部臣皆隸北籍意見不同南部民人遂另舉總統劃疆自立業經美國認許其使臣來遞國書亦已接待如禮矣巴拿馬華僑亦以萬計南北爭戰頗受其累經誠照會美外部電飭駐美使駐巴領事妥為保護昨得復文照辦知關

廑系謹以附陳餘容續布統乞

代回

邸堂各憲為荷專肅敬請

台安諸惟

朗察

梁誠頓首

光緒二十九年九月二十六日

美字第十九號

附鈔件

附件

鈔件

照録致外部海約翰文 光緒二十九年九月二十二日 一千九百三年十一月十日

為照會事照得馬薩朱謝士省波士頓地方一案華人多名被美國官員違法騷擾大背美國立法宗旨有礙中美兩國條約本大臣有不得不出為陳説者此事耳目昭著屢載報章無須供詞作據但將各情敘述一遍貴大臣諒能洞悉查本年西十月十一日禮拜晚七點鐘有波士頓紐約等埠稽查華工禁例委員帶同波士頓巡警捕役多名忽往該埠華人住處肆行騷擾舉動極為狡惡其時正值華人歇工聚會交易該員役等並未預先告知遽將華人會所餐館鋪店房屋重重圍繞四路不通遇見華人任意拘拿而被拿之人實未見有准拿憑票大抵華人中之不能即時交出寓美冊紙者無不即時拿去看管不分何項人等是工是商一律看待間有華人身上帶有冊紙亦被拘禁直至是日夜間或翌日上午始行查驗放出其員役殘虐華人尤有不堪者試舉一事以證其餘凡受驚隱避之人均被搜出百十成羣有如羊豕用車載去收押監禁有一馬車載至七八十人之多開行未久竟致傾覆其逃避不及者及受傷者呼號慘作不可言喻中有老人兩脇跌破更受重傷據醫云老年傷重恐生别症蓋此人年老身弱遭此苛凌受累不輕矣當華人被擾之時伊正由房中下樓忽為巡捕所獲伊告巡捕伊有冊紙收在房中箱内當可往取去查閲如不見信請派人押送巡捕不允反將伊一併推上馬車此老人不特身受重傷抑且無辜受辱皆由該員役等只有討好上官之心而絶不計及華人按約應享屬美之權利故敢如此也華人此次被拿拘至公署者計約二百五十人均拘置小室兩間直至翌日下午始得發落以僅能容足之地通宵竟日立於其中並無卧處間有困倦不堪者不得已蹲於地上該員役等待華人如此奚啻畜類即波士頓日報傳

言翌日美國審官有案須在所困華人之處隔室審訊亦因所留臭吸氣濁
尚且還向别處則當時之華人能忍受耶若謂今日文明最高之美國而
竟復見昔日印度所行卡勒格達黑穴之事果能有人相信否乎據稱
被拿之華人是晚無處可覓飲食直至翌日幸有慈善之人聞此苦況
始施食物該華人等間有親友代交册紙或有人認明爲真正商人得以
即時釋放然延至翌日事登報章始得親友設法請放者尚逾大半也以
上所述各節並非虚傳波士頓各日報班班可考兹將最著名日報兩分附
送察閲足見該埠明理之人其意見爲何若矣當時波士頓埠人民聞此
等員役所爲甚爲忿怒經集衆會議指責此事有謂此舉實屬殘
暴玷辱該埠聲名者有謂此次華人被拿並不合例美官虐待拘禁
大礙美國立法自由宗旨等語本大臣疊訪情形均已的確故特請
貴國政府細爲體察也查該委員報稱所拿華人共二百三十四名内
一百二十一名因有册紙無須候審亦未敢保均已釋放只有五名顯違禁例
已經判解回籍此外仍有五十名尚在聽候審判方能遞解云云本大臣上
援條約下論公理即使此五十人者雖當遞解回籍只可照例辦理亦不
應如此苛待若其餘安分華人二百餘名竟爾被拿侮辱不堪若非由
貴國政府將此種苛待之人嚴行懲戒將何以慰人心而息輿論況乎華
人並未犯法又何致如此虐待乎安分營業之人忽被隨意拘拿無端受
辱竟無自由之理能不爲之伸理乎至謂華人違例寓美有無其事本大
臣姑不深辨惟現在加拿大暨墨西哥等處邊界地方以及各處入美
港口均有專員管理稽查出入至極嚴密違例寓美者想必不多查近
年户口册寓美華人日見減少尤可爲證貴國爲顧全邦交起見曾爲此
項違例寓美華人明定辦法於一千八百八十八年九月十三日所定禁例第十三
款内載凡華人或華人後裔違例寓居美境者不論何人或美國官

府或美國審官皆可赴署矢誓領票拘拿前往美國審官或美國審
事委員審判一經審定違例寓美應即解回原籍等語本年西七月
間工商部大臣有擬增訂議院定例以便稽查各員辦事之議嗣以
該大臣無權定例未能即將發票拿人一節任意變更故該部所頒章
程有准可疑之華工限時交驗寓美冊紙一條此次拘拿華人不特未
遵議院定例且不顧工商部所定章程矣見章程第二十四款不特此也一千八百六十
八年議院未定禁例以前美國曾請中國定約俾使兩國民人彼此任意
往來無阻嗣因美國政府以此約勢須變通特派專員前赴北京商議
本國政府心存友好又經美員承認凡寓美華人絕無凌虐所享利益
均與相待最優之國者無異是以聽從所請當時本國政府答稱中國深
信美國用意所在凡寓美華人美國政府自應公平款待諸事均遵條
約辦理迨一千八百九十四年美國又請限禁華工本國政府以貴國外部

大臣屢言美國自應盡力設法保護華人是以亦允於是年所定條約
另增新款該款內載查光緒六年十月十五日即一千八百八十年十一月十七
號中美在北京所立華人來美續約第三款本已敘明茲復訂在美
華工或別項華人無論常居或為保護其身命財產起見除不准入美
國籍外其餘應得盡享美國律例所准之利益與待各國人最優者
一體相待無異茲美國政府仍允按照續約第三款所訂盡用權力保
護在美華人身命財產等語試觀西前月十一日波士頓被拘華人之
事實不顧美國從前所許各節暨有意公然違背中美定約此種殘暴
諸舉均由美國政府所派前往素稱文化城邑之官員熟籌而出固
非由愚民一時奮激而成者也向來寓美華人被擾歷任本國公使大
臣原不樂於屢煩貴部但此次之事不顧當年所許公平款待之言
違背定約藐視國法實非尋常可比況乎美國憲法不特准認保護

本國人民身家物業，即外人來至美境，亦均一律保護。即以常言之，各國駐使似不應向外部干涉內治，但此事有關要重，美官悍然不顧，致違定約，實有不能已於言者。本大臣姑將貴國憲法援引數行，想可見諒。查憲法載有民間身家、房屋、物業、契券、字據，不得無故搜奪，如請搜檢，必須案出有因，又必具誓確實指明應搜之處、某人某物應行搜拿，方准發票等語。此案華人無辜，忽被美國政府暨馬省地方官員拘拿騷擾，顯然有違憲法之意。本大臣並非任意指控美官，故爲煩瀆也。假使紐約德人聚居之處有數人疑爲犯事，美官並未預先通知，又未持有拿人准票，偕捕前往該處酒店、鋪戶、房屋，混將德人數百拘拿監禁，多般苛待侮辱，俟至查明確實犯事之人，始將其餘釋放，德國政府雖未如中國政府曾經美國屢許保護其本國寓美人民，試問德國駐美公使究將如何？即比例以觀，當可恍然。此案華人被擾情形，本大臣特爲詳告，事關重大，當蒙代達貴國總統迅速辦理。貴國總統深明理義，我國政府素所欽佩，當能洞悉華人無辜違法被禁，應可按索賠償。該官員等違約背法，苛暴異常，係直由貴政府委派之人，我國政府深望貴政府概行斥革，治以應得之罪，以免華人再被騷擾，庶得按約保護。相應照會貴大臣，請煩查照。須至照會者。

外部海約翰復文 光緒二十九年九月二十四日 一千九百三年十一月十二日

爲照復事。照得接准貴大臣西本月十日來文，指稱波士頓埠華人被美官違法騷擾一案，請囑本國政府細爲體察辦理等情。本大臣當從速交由本衙門裁酌。相應照復貴大臣，請煩查照。須至照復者。

二九

敬啟者：本月初八日肅布美字第二十號函，縷陳明年僑約辦法，計邀

堂鑒。美國庇哇達省託奴巴地方工黨毆逐華人，傷斃華工張炳隆一案，經誠向美廷詰問，轉咨查辦，業於第十三號函上陳

承案。茲准美外部復文，轉據該省總督咨復，當時拘獲滋事工黨十七人，分別審訊，除隨聲附和並未行兇以及查無證據或證佐不足者保出候質外，其為首

滋事及指證確鑿者七名均由承審官分等定罪祇
以美國律法有許罪人翻控之條須俟七犯延請律
師向總察院控訴再行復訊確無誣枉始得按照原
擬罪名盡法懲辦誠當隨時相機辯詰務成信讞以
伸冤抑而安僑寄此案華工損失財物均有可稽亦
應向美廷索賠以昭公允已飭中華會館向該華人
等查取確切失單彙案照會外部酌取償款俟辦有
眉目再當奏

聞此等逐殺之案近年數見不鮮若不認真追究僑民
更無安日　識所以不惜全力斷斷與爭使知我
政府保衛商民有加無已彼地方官紳感當稍知著力
不至仍前犬馬吾民也譯呈美外部復文用備
詧覽中美商約已交議院核議聞日內可以議准轉呈
總統簽押十九日美外部海約翰來言擬派前駐京
使署繙譯哲士氏充當駐奉總領事欲其早日赴任
不知約本何時可以寄到互換　識復以商約訂定於

十二箇月之内互换不至逾期此時可無庸亟亟海
謂奉天開埠領事先到者例得領銜美領事若充領
銜辦事較易爲力大局尤有裨益堅請代爲探詢以
便飭令哲士氏預備行裝迅速前往　鈞查該外部探
詢一節尚無窒碍不便堅執不徇所請當肅效電敬
陳上遨
堂察二十一日奉
電撥發經費叁萬兩得免脱節感荷無極計本年應領

經費庫平銀貳拾壹萬陸千陸百餘兩將次足額惟
臘月中旬須預撥各署正月經費不得不再作發棠
之請耳以上各節統乞
代回
邸堂各憲是荷肅泐敬請
台安
梁誠頓首 光緒二十九年十月二十四日 美字第二十一號
附譯件

敬再啟者巴拿馬自主另立政府前奉
支電允認當即照會巴國駐美公使請其轉達彼國政
府昨晤巴使談及該國開河招雇工人當以華工最
為合宜美巴新訂條約尚無禁阻華工之議該處地
當衝要適達太平大西兩洋海於我國商務殖民均
有關係似應加意聯絡以為後圖惟聞此次巴國自
立美廷實陰主之將來事機有變勢必援檀香山成
案歸美版圖則華人利權不無少礙再法德荷諸國

均已次第復文認准俄英亦有認許之説即希
代回是荷附呈與巴使往來照會繞乞
鑒詧專此再請
台安
梁誠文頓首
光緒二十九年十月二十四日
美字文第二十一號
附鈔件

附件一

附三十五

照錄巴拿馬公使來文 光緒二十九年九月三十日 一千九百零三年十一月十八日

爲照會事照得巴拿馬前與哥倫比亞共隸合立之政府管轄原期共享利權不得彼此侵碍嗣因一千八百八十五年内亂之後哥倫比亞未經巴拿馬地方國民允准自行改變政治有背定盟原意大碍巴拿馬主權且哥倫比亞近年國中行事既害民生又乖天意現在巴拿馬國民公同建議另立政府以期復享原有利權並盡保護各國僑民之責守用意甚爲公正美法兩政府因此已允明認並已派員與之交涉想貴國政府亦能體諒照辦本大臣曾經本國政府派充駐美公使並令即將情節知照貴大臣代爲轉達貴國政府察核相應照會貴大臣請煩查照須至照會者

復巴拿馬公使文

爲照會事照得前准貴大臣文稱巴拿馬另立政府屬本大臣代爲轉達本國政府察核等情當經電達在案頃奉本國政府電復允認貴國自立合行遵照達知貴大臣察照本大臣深望貴國從此坐享昇平我國人民僑居巴拿馬各處者應享一切利權不論現時或日後均可照各國僑民一律無異相應照復貴大臣請煩查照須至照會者

附件二

附三

照録美外部海約翰復文　光緒二十九年十月初一日　一千九百三年十一月十九日
爲照復事照得前准貴大臣西十月二十日文催辦尼哇達省托
奴巴地方驅逐華人一案本大臣當經電達尼省總督並即照復
貴大臣在案兹准尼省總督復文附來該管律司詳報地方官
現在查辦情形前來謹一併抄録附呈察閲相應照復貴大
臣請煩查照須至照會者

計附　尼省總督復文一件
尼省該管律司詳文一件

尼哇達省總督阿林致外部海約翰復文　光緒二十九年九月二十三日　一千九百三年十一月十一日
爲咨復事照得接准貴大臣前月廿六日咨查尼哇達省托奴巴
地方驅逐華人一案先經本總督因該處有人滋事當已派役
前往拘拿飭交本省按察司督同該管律司按律審辦兹據該
管律司詳報現在情形尚屬認真辦理謹將該管律司所報按
察司詳文抄録附送察閲請煩查照須至咨者

尼哇達省迺縣該管律司李渣斯詳報按察司文
爲申復事承詢本縣華人被擾一節本律司當即盡力澈底清
查以期務將犯人懲辦兹謹將逐日案情開列於後請煩察
閲須至申者

一千九百三年九月十五日　華人被擾

西九月十六日　阿蘭達暨威勒森兩人被告毆擊華民有
意損傷本律司即將事由存案

同日　梅勒克被告毆擊華民有意損傷本律司即將事
由存案

西九月十七日　阿蘭達暨威勒森以及梅勒克三人由本省
官控告故殺張炳龍即將事由存案其所犯較小之事照

例註銷

西九月十九日　阿蘭達　粗斯戴　蘭格　格勒闊

威德　来勒　揮德　楂克森　威勒森　黑勒

維薩　布羅疏　征斯　麥士維勒　古樹滿　布魯盛

比另斯　以上諸人被告故殺本律司即日存案

同日　審署免阿蘭達拿問即交刑官看管聽候陪審

同日　所指以下開列諸人犯事因無實証着即釋放

格勒闊　威德　来勒　黑勒　比另斯

同日　粗斯戴　揮德　維薩　征斯　麥士維勒

古樹滿　布魯盛　以上開列被告諸人審官均着釋放

同日　蘭格　楂克森　威勒森　以上三人均經陪審

官審訊着令每人交美洋三千元方准保出候審威勒森

當日保出

西九月二十八日　賒倫畀格由本省官指告有關故殺張

炳龍審訊之後暫行釋出候審

西十月二十七日　陪審官會審之後因以下開列諸人故

殺張炳龍遂擬請審署西十二月二日復審判案

阿蘭達　蘭格　楂克森　布羅疏　威勒森

賒倫畀格

三〇

具稟人旅居美國商民等

十一月廿日到

稟為美國禁約將次期滿懇請籌策抵制力爭以全

國體而順輿情挽利權而培邦本事竊商民等僑居海外遠沐

國恩身雖居於重瀛心常縈於故國孳孳勤動於茲有年惟美國自光緒十年即西歷一千八百八十四年與中國訂定禁工之約訂以十年期滿迨光緒二十年即西歷一千八百九十四年復再展限其約以西歷三月十七日在美京簽押以西歷十月十七日互換實行聲明再以十年為期如有不滿意當由滿期前六箇月先行知會等因計此二十年來美政府所頒苛例日新月異法如牛毛僑民之困莫可名狀此中隱況想久在

賢明洞鑒之中現察美國政府之意嚮民間之輿論一若中國政府必默許此約之繼續

無俟再更者續頒苛章方日出而未有已商民等竊計

朝廷關心民瘼軫念僑氓斷無漠焉不校之理諒既早經擘畫具有權衡

碩謨宏遠固非商民等所能仰窺外交謹嚴尤非商民等所容參議特以事中之甘苦每

身受者言之較詳彼族之情形亦習處者能窺其隱况
聖世每採輿人之誦河岱不辭涓壤之微是用不揣疏逖謹集衆議試籌挽救之策為
大人陳之竊查美國禁工之議本起於西方卡[齒韋]寬尼省之沙地黨不過一無賴市儈欲
煽惑愚民以徼權利一唱百和吠影吠聲舉國若狂每下愈况彼美國者民政之國
也上自總統政府下及各省庶僚必順民情乃獲選舉以故工黨之勢愈横則禁
約之立愈密雖然禁華工之議持之最力者西方一二省而東方諸省未甚以為意
也姤我最深者為下等工人而官吏紳商殊不與同情也即以工人而論其真正美
産者尚不肯太為已甚其最叫囂强暴無禮者大率從歐洲新來入籍之意大利
人猶太人德意志人耳彼等驟入膏腴之新地分茲餘潤而其作苦及其技巧皆
不逮我華人故因劣生忌因忌生淩禍源之起皆由彼輩試問彼輩之專横於上流
殷實之人果有利乎彼輩以聯盟挾制為不二法門日索增其工價日索減其時刻
稍有不遂立刻罷工全國紳商病之久矣幸有華人不隨波逐易就範圍故紳商之
歡迎華工非特昔日惟然即至今未或有改也而國中立法行政諸人皆所謂上等
紳商者乃竟甘舍其所利而就其所害何也則以工黨之勢頗大國中兩大政黨
恒視其所加以為輕重緣其所附以為升沉故無或有一黨焉敢大拂其意且相率
以仇視華人為取悅彼輩之一法門為擁護黨勢之一捷徑此即禁約之所由來也
夫彼所藉為口實以禁華工者豈不曰奪美工之業乎哉然意大利人及其他拉丁民
族之人歲入美國者殆八十萬彼工黨何以不患彼之奪而顧日尋瘢索垢於區區

歲進不滿千百之華人則以彼等入境後旋即入籍入籍後即有選舉權而為工黨
輔翼故耳知此病源則我國所以乘間抵隙以圖補救者殆亦非無道矣其道云何
則利用其上等紳商使為我助而已或曰彼紳商昔既受制於工黨不惜就其所
害而助彼以禁我今昔等耳而何從易之此又不然夫工黨雖横而國中兩大政
黨固非事事仰其鼻息聽其指揮也或時出全力以制之茍遇重大事件而兩
政黨各出全力以制工黨工黨終非兩政黨之敵也顧其於他事則制之而於華
工之事獨順之者何也我國既不與力争然則有華工焉不過其一人一公司稍覺便
利禁之則稍損焉爾而於大局無害也故彼中政治家不惜以此區區權利讓諸工黨
而借以買其歡心茍中國非挾持一物牽動其全國之休戚者則無以轉移其輿論
於此而欲彼兩政黨中有一袒我者而必不可得何也甲黨一袒我而乙黨將乘其隙
挾工黨以掩襲之也然則所謂牽動其全國休戚之一物維何以商民之愚竊謂關
稅問題可以當之矣近者美國與我所定新商約以減税免釐諸事相要索以覔
等所聞議既定矣而尚未
用實畫諾實一可乘之機也夫關税問題我國向來不甚以為意而各國動斷斷而争
之者蓋主國藉此以保護本國之工業而使利不外流客國藉此以推廣工業於他
國而使利可壟斷也今美國已由農國而進為工商國有旭日初升之勢其工商業
能制勝地球與否全視其能推廣於中國與否故中美關税問題美國一國休戚所
由繫也夫今日之中國殆非與美國争税則之時也雖然或可借此以為弛禁約之

地步焉商民等之愚竊謂莫如趁此新約未畫押之時將禁約併為一談由我
外務部先行提議謂十年期滿請廢斯約彼政府必仍前十年之議謂華工多來有妨民業有害治安固也吾亦可反唇以稽之曰貴國既絶我民海外謀生之路貴國作俑各國效尤我民相率株困不得不圖擴張工業於本國以圖自存如是則我國必當為保護關稅之策以蘇民困夫條約者必兩利而後可久者也貴國既大拂我損我以求自利則我亦宜求一保護我利我者以相償貴國可獨行其志以禁工我國亦可獨行吾志以加稅各為内治計不能相難也如此則美國之輿論必大譁嚣而禁約之轉機必伏於是此所謂圍魏救趙之謀也夫關稅輕故美貨賤美貨賤故多銷於中國美貨多銷於中國故土貨滯土貨滯故吾民失業失業故貧貧故求餬口於外然則今既禁我而我加關稅為補救理之至順者也美廷不能難我者一也籍曰華工奪美工乎則歐洲各國貧民歲至者以數十萬何以彼不奪而惟我為奪且更何以解日本人之源源而至也美廷不能難我者二也商民之愚以為趁此新商約未畫押之時能行之最善也即或他端相逼而新約不得不速畫押則雖至禁約之時再以此相抵制亦未始不可行何也吾初以為此約限滿而廢今不待吾國之合意而強續行之則我前此之約亦可以視為無效也論者或曰以吾今日國勢之弱他國不有挾以要求我亦云幸矣我安能復有挾以要求人萬一以此再傷邦交禍將不測矣夫國威未張則外交無一事不棘手此中曲折雖商民等之愚亦能窺見一二
朝廷慎重邦交之苦心早已為薄海所共諒雖然商民等竊聞弱國之待強國非徒以順

從而能買其歡也時亦以强立而能起其敬子產有言國不競亦陵何國之為以
鄭之弱而時能左右晉楚亦視其所以利用之者何如耳夫關税内治也各國常以
此為抵制權利之衡樞此近今數見不鮮之通例亦彼中政治家所習聞也歐洲列國
其弱小於我什伯倍者何限未聞慴於他人之强而於此事不敢提議也英國之
屬地疇昔且以施諸母國矣豈其中國而獨憚之且今日之美國昌言以保東亞
和平自任其斷不至因此以傷我邦交又昭昭明甚矣然商民等之獻此議抑非
謂欲以我政府之提議而抵制彼政府也實欲以我政府之提議而使彼政府及上等
紳商有所以藉口以抵制工黨人以商民等考之東方諸省之紳商其本心實穩禁華
工之議者百不得一焉即西方一二省素以仇視華人著名而其紳商之袒此者亦十不
得一焉若夫上下議院之議員即以是為比例至如輪船公司鐵路公司亦一國之最有
力者也而其袒華人則明目張胆矣凡此皆我

欽憲

領憲所熟知而無異言者也而彼尸立法行政之職者往往作違心論何也我國既無所
要求而彼忽袒我則工黨集矢無辭以自解免而誰肯為之我若堅持關税問則紳
商有辭矣曰是一國利害所關也此議既發自紳商則兩大政黨皆共之工黨不能藉
詞以獨傾一黨是可望决勝之道也蓋自禁工以來彼紳商受種種損失厭之已久商
民等聞與彼輩交接往往相語曰貴政府殆已默許此約之永行乎窺其意若深為中
國惜者又若欲援手而無從著力者歎惋之聲溢於言表比比然矣故商民等以為我

外務部果有所挾以求則美國人挺全力以相助者必接踵起無可疑也若能一面提議
一面特派名望素著且嫻習西語諳練美例之人游歷全美到處演説陰相聯絡則力
更倍蓰而事立就矣凡此所陳一得之見未必有當或久為
賢明所洞知無俟喋陳位卑言高自知其罪但獻曝之誠不敢自外抑亦切膚之痛難已於言冒犯
威嚴敢求
憫鑒柳商民等更欲有言者自互市以來漏卮日甚一日近年出入口貨不相抵者歲且四
五千萬似此朘削何以克堪夫商務之尾閭既已若此而民間彫敝尚未至遠甚於前者
賴有海外華僑取諸彼者稍足以相償也僑美人數不過十萬餘而每年滙歸本國
之工銀尚可及千五百萬其辦華貨入美口者所值亦將千萬若華工絕跡於美國則
華商亦不能自存彼之千五百萬既喪而此之千萬者亦隨減是流通國中之泉幣
歲缺二千五百萬矣溯光緒八九年間旅美華人三十餘萬迨禁約行後至光緒十八
九年間銳減至二十萬今光緒二十九餘十萬人耳以此比例推之苟禁約不廢則十
年以後全美國無一華人足跡有斷然矣況美例既行各國紛紛效尤前年澳洲既已禁
絕近則英屬加拿大加抽入口人頭税至美金五百元明年西歷正月一日實行此例之
後加拿大之路斷矣雖以墨西哥新闢之地數年前殷殷求立約招華工近且效尤翩
反而古巴檀香山非律賓皆同美例苛章日施率此以往則茫茫大地竟無復我華
人託足數年以後諸路皆路絕則我國每年損失殆不下五六千萬夫一國通寶而驟
減於今日五六千萬民生之彫敝尚可問耶況入口貨之率年增一年數歲以後漏卮必

又僑旋於今日加以償款本息每年攤派是歲輩一百兆以上之金錢瀉洩於外國國
力幾何何以堪此民苟非窮必不肯餬口於四方餬口路絕勢不得不還於本國當彫
敝之際而復增百數十萬失業之民𢇲聚於一隅不餓莩即盜賊耳此又不徒為商民
等一人一家之近憂抑亦一國之隱患也故商民等以為此事所關似小實大雖
朝廷稍費周折猶當為之失今不圖禁限再展十年大局已不可問為此不避僭越竭
盡其愚伏惟
大人公忠體國視民如傷碩畫嘉謨當更有進商民等生長市廛不學無術區區芻蕘何足以瀆
清聽獨是上念
宗社下撫身家忌切屏營罔知所措是以連合全美百餘埠僑民公同商議計惟有直抒所見以呼
籲於
賢父母之前冀
垂哀憐
俯加采擇除專稟
欽憲外理合具稟瀝陳商民等一得之見是否有當伏乞
大人鈞鑒訓示施行謹稟
謹將各埠店鋪圖章蓋列呈
電
光緒二十九年十月　日稟

三一

附件 二月十九

美國阿利岡省摩門卑順埠華人被匪焚掠索賠案與美外部往來照會

伍前大臣致署外部愛地文 二十八年七月二十五日 西一千九百二年八月二十八日

爲照會事。本大臣昨據阿利岡省碧喀悉底地方華人許榮林、華周柏等於西八月十七日稟稱：阿利岡省摩門卑順埠旅居華人約五十餘人，鋪戶十九家，於西八月八日夜間十點鐘時，突被西匪十數人縱火圖劫，華人國即逃出，喊救，西匪攔途搶掠財物一空，又復鎗傷鄭基、鄭蒲、梁乾三人，各鋪戶因火勢甚烈，撲救不及，盡付一炬，貨物器皿蕩然無存。商等即在本埠西官存案究辦，以冀雪奇冤而償巨失，但人微言輕，料難取勝，懇請照會美廷轉商等因。本大臣查此事不特有損華人，且於有礙該省吏治大局，深望該管地方官員設法速將人犯拿獲懲辦，並將所失各款嚴緝追還。特照會貴大臣，請即轉知阿利岡省總督查辦，務期按律遵約，保護該處華人。相應照會貴署大臣，請煩查照施行。須至照會者。

署外部愛地復伍前大臣文 二十八年八月初四日 一千九百二年九月五日

爲照會事。照得接准貴大臣前月二十八日文，開據碧喀悉底地方華商許榮林、華周柏等於西八月十七日稟稱：摩門卑順埠華人西八月八日被匪焚劫一節。本部當即電告阿利岡省總督，並將來文鈔錄轉送，請其設法妥辦矣。相應照復貴大臣，請煩查照。須至照會者。

署外部愛地致伍前大臣 中光緒二十八年八月十二日 西一千九百二年九月十三日

爲照會事。照得前准貴大臣八月二十八日來文，指稱摩門卑順埠華人於西八月八日晚間被匪焚劫一節。兹本大臣接到阿利岡省總督本月九號電開：前月廿九日來電均已領悉，是日即札行該管律司查究。當經文復在案。頃據該管律司復稱：此案已於本月二日開辦，務必盡法究懲等因前來。相應照會貴大臣，請煩查照。須至照會者。

外部海約翰致伍前大臣文 中光緒二十八年九月十六日 西一千九百二年十月十七日

爲照會事。照得前准貴大臣文稱：摩門卑順埠華人於西八月八日晚間被匪焚擾一節當經本衙門轉知阿利岡省總督查辦並將該督來電照復在案茲本大臣接到該省總督本月七日文開據該管律司稟稱業已追究被告人犯到案不日審訊按法懲辦等因准此相應照會貴大臣請煩查照須至照會者

沈前代辦致外部海約翰文　中光緒二十八年十一月二十三日　西一千九百二年十二月二十二日

為照會事照得摩門卑順埠華人被匪焚掠一節當經本使署於是年西八月廿八日據情知會貴部查辦旋經貴衙門西九月五日暨西九月十三日先後照復在案茲據該埠華人四十二名開列失單前來共計美洋十萬七千九百圓零五仙此外另附美國殷實安分人民所具供詞各件謹將一併轉送查核本代辦曾聞阿利岡省總督業已知照貴衙指明此案所具供詞之美人內有該省總督知其平日為人誠實可靠自應秉公核辦等語查該埠華人無辜被禍蕩析離居深堪憫惻貴大臣素稱公義似宜從速設法體恤以期照數賠償俾伸冤屈實為公便相應照會貴大臣請煩查照須至照會者

外部海約翰復沈前代辦文　中光緒二十八年十二月初十日　西一千九百二年正月八日

為照復事接准貴代辦前月二十二日來文摩門卑順埠華民四十二名於去年八月八日被匪焚掠一案所失財產物業詳開清單請照賠償等情本大臣前經即將此案電達阿利岡省總督去年十月七日接准該督復稱此案業已開辦務獲滋事之人盡法懲辦等語茲准貴代辦來文本日已再咨行阿省總督詢問現在查辦如何情形一俟接得復文本衙門再行奉復相應照復貴代辦大臣請煩查照須至照復者

外部海約翰致沈前代辦文　中光緒二十九年二月二十五日　西一千九百二年三月二十三日

為照會事照得昨准律政部大臣本月二十日咨開摩門卑順埠華人於去年西八月間被匪焚掠一案現已委派美國衙門律司查明務令據實詳報以便秉公核辦等因到本大臣准此除俟接有如何訊結明文再行奉達外相應先行照會貴代辦大臣請煩查照須至照會者

梁大臣致外部海約翰文　中光緒二十九年十月二十九日　西一千九百三年十二月十七日

為照會事照得摩門卑順埠華人被匪焚擾一案當經本使署於一千九百二年八月廿六日據情知照貴大臣請煩查辦其詳細情形自可無須再敘查此案無辜華人約五十餘人鋪戶十九家被匪縱火攔途搶掠財物一空三人又復鎗傷其餘悉逃往碧喀悉底地方各等情均已由貴部咨行阿省總督諭令地方官追究現聞至今尚未拿獲人犯懲辦一千九百二年十二月廿二日本使署曾將華

人所開失單轉送貴部懇請按照賠償現觀情形似有任令該匪幸
逃法網之意本大臣仍望貴國地方官員務將滋事之人盡法懲辦俾
得遵約保護中國寓美安分良民倘或目前不克拿獲人犯懲辦貴
大臣似宜秉公設法以期受累華人所索償款得以從速賠給至於美
國寓華人民間被匪徒滋擾以致財物損失美官迫索賠償之力以
及中國政府懲治人犯賠給財產之速本大臣不必陳說矣相應照會
貴大臣請煩查照須至照會者

署外部盧密士復梁大臣文 中光緒二十九年十一月初四日 西一千九百三年十二月廿二日

為照復事照得接准貴大臣西本月十七日文催辦一千九百二年摩
門卑順埠華人被擾一案並請即將此案秉公辦理以期受累
華人所索償款得以從速議妥賠款一節本部現在商議此案
一俟議定若何當即切實照復相應先行照復貴大臣請煩查
照須至照會者

署外部盧密士復梁大臣文 中光緒二十九年十二月初十日 西一千九百四年正月廿六日

為照會事照得摩門卑順埠華人於一千九百二年八月八晚被匪
焚擾一案當經本部於西八月廿九日知照阿省總督請其設法務
將人犯拿獲懲辦並將所失各款嚴緝追還旋據該省總督於
西九月九日暨西十月十日先後復稱此案業已開辦務使匪徒不得
漏網等因各在案嗣一千九百三年二月五日接阿省總督咨據該
管律司稟稱被告人犯本律司暨行法官均無證據指其確實
且犯事之處離署頗遠本律司未曾到過無可稽查等語本部
當於西二月十四日行文懇請該省總督仍將此案另行設法查究
旋據西二月廿二日復稱華民被擾一案來文所請設法查究按照
本省法律無款可供費用深為抱惜本總督曾向犯事地方之
居民多人查訪似難確悉人犯下落如貴部允給費用自當代
為追查等語本部隨於西三月十三日即將所有關涉此案之各
文件鈔錄附送律部大臣請其轉飭美國派駐阿省之律司查
明稟復旋准律部大臣西四月廿四日咨復並將美國律司何路稟
報情形附送據律司何路稟稱所指華人被擾實由戴假面具
之人四五名入山突將華人聚居處所縱火焚燬當時該處因此紛
擾伊等遂將華人身上所有財物搶掠一空此事只係意圖搶
劫並非欲將華人驅逐等語本部於西五月四日曾將律司何路
來稟鈔錄轉送阿省總督請其務飭地方官極力拿獲人犯懲
辦嗣准阿省總督西五月十二日復稱來文附送律司稟報情形
本總督曾一併鈔發本省該管律司令其切實查究務期按照
本省法律辦理旋准該總督西五月廿七日來文據阿省律司稟

稱被告人犯現在無人可認其確實擬請審司懸賞美洋二百五
十圓指出證據以便拿獲人犯懲辦本律司一面務仍切實查究
等情本總督甚願極力幫助惟日前曾與廣居該埠附近一帶
之人民商議據云誠恐人犯難以拿獲等因本部准此隨於西十
二月廿二日照會該總督詢問是否仍照阿省律司所許切實查究
暨現在辦理如何情形旋據西十二月廿八日復稱本省無可再查其
故業已知照貴部在案本總督未能為力殊屬抱歉等因本部
查此案似由阿利阿省地方官員未曾切實查究以致不克拿獲人
犯懲辦因為公平優待起見本部尚可擬請議院籌撥款項俾將
華人所失財物按照賠償惟華人所請賠償各款與律部委員
何路就近查考核算之數大相懸殊華人所請償款共計美洋約
十萬零七千圓並無確據何路律司查得華人所失財物共值不
逾美洋二千圓之數本部意存公平優待允請議院撥給美洋二
千圓送交中國作為了結此案如貴國政府以此為然懇祈見復
俾得從速按照辦理相應照會貴大臣請煩查照須至照會
者

梁大臣復署外部盧密士文
中光緒二十九年十二月十六日
西一千九百四年二月一日

為照復事照得接准貴署大臣前西月廿六日來文歷陳貴部曾
與該省總督等官商辦摩門卑順埠華人被匪焚掠情形本大
臣深知貴部極欲設法拿獲人犯懲辦並允將美國律司何路
所核償款擬請議院籌撥照數賠給承荷美意不勝感謝惟
何律司所核之數與華人所請賠償各款數目相差過鉅本大
臣應先飭員再為查明方可定奪答復相應照復貴署大臣
請煩查照須至照會者

三二

收

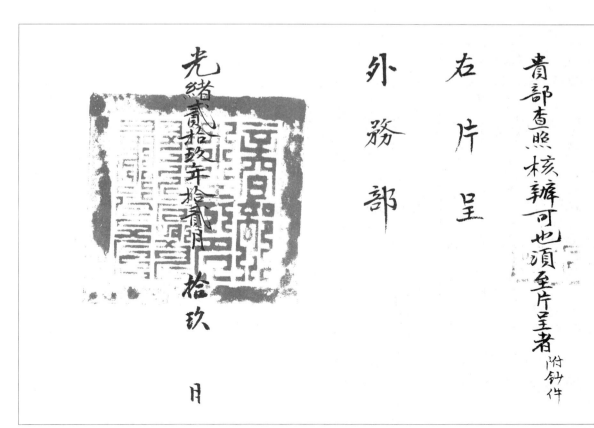

商部為片呈事光緒二十九年十二月
二十六日接准出使美國大臣函稱中美
禁工條款將屆期滿應如何預籌修
訂之處請示機宜等語前來本部
業將原約應行修改申訂各則分晰
函覆在案事關交涉要政應否先
與美使提議相應鈔錄原稿片呈

貴部查照核辦可也須至片呈者 附鈔件
右片呈
外務部
光緒貳拾玖年拾貳月 拾玖 日

附件

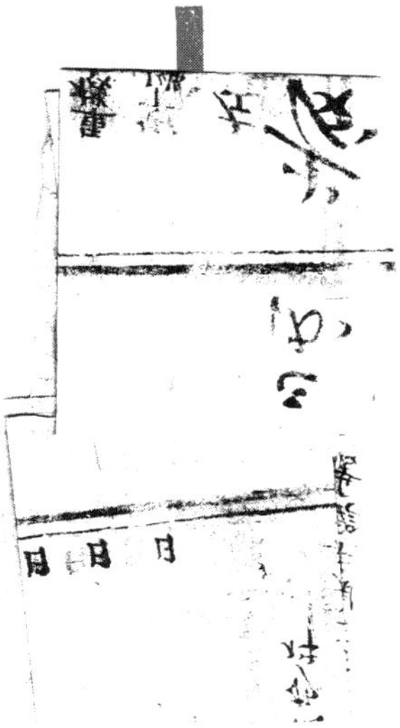

照錄覆駐美大臣梁

逕啟者：本年十月廿六日接准
來函并　尊致外務部函稿，所論美禁華工事
竟委窮源，洞悉利弊，綢繆未雨，藉事補牢，以全邦
交，以安僑氓，一切深紉。
茲准商部據旅美華商先後具上本署陳訴苛
備述虐政，懇求修改禁約，冀覓生機，詞命之詞不
忍辭讀。本署業於外務部會商妥議，具附稟所
陳不能不爭者八條，不能不應者十條，核其情
事，尤為迫切，亮早就近咨達。
此案無庸贅述。查光緒六年十月十五日在北京
所訂中美續約第一款，尚以整理華工為詞，下文
已極。厥後苛例日出，皆由隨時酌定四字為之萌柢。
第二款云該稅務司須遵現時之例或自後所訂之例，其語亦同此弊
屬皆所自言之，可痛，亟宜刪除
此句。或詳度事理，考查美政府所待日本工人章程
參酌重訂，與彼訂明約款，此後按照日工一例辦理，不
得歧視，必應修改者此其三。第二款云：寓美華工來
往華美，由稅關給憑，以為回美之據，今乃於領憑
時多方挑剔，動需經月，持據回美時，又復拘禁木
屋，守候審訊，此則恢張權力於原約之外，亟宜力
爭改革，必應申訂者此其一。第三款云：例准來美
華人由出口處領事簽名為據，今乃于入境時
動拘稅關木屋之中，經旬累月，始行提訊，供詞
少殊，即便擯回，以原約為不足據，以領事為不足
信。夫領事，美政府之代表人也，領事許之，不啻
政府許之。今宜切實訂定，力據前約，此後華人
抵境，驗明領事簽名文憑，即便放行，不得有故
為挑剔之舉，必應申訂者此其二。第五款云：為保
護華工起見，均須註冊。查此所云註冊，係專指華
工而言，其餘僑氓不在此例，今乃時有查冊之舉，不問

並申明並非禁止前往字樣，又云係專指華人操
往美國傭工者而言，夫曰傭工、傭做美國人民之工也，
其自行做工者初不在禁例，可知。至光緒廿年二月十
一月楊前大臣會訂禁工條約六款，語氣渾含，遂為
美政府種種苛例之依據。然原約詳加酌核，有
必應修改者三，有必應申訂者三。第一款云禁止華
工，渾稱曰工，而並未指明某等某等之工名目，未定，遂致
影射。今美政府之肆意羅織，盡包括於工字之內者，
實此語為之弊混也。亟宜重加更訂，列為表式，凡不在
此格中，概不在禁例之中，必應修改者此其一。第三款云
不與官員、傳教、學習、貿易、游歷諸華人利益妨
礙，將工字之外分列五格，美政府遂指此文為定界，
五種人之外概目為工，竟概予嚴禁，以至捲網
織成，諸廠並學生等人均遭屏斥，殊欠詳審，
待援以柄。亟宜刪除此句，即明不與某工某工之外
諸華人利益妨礙，添註字樣，劃清界限，必應修
改者此其二。第三款又云華工假道美境，須遵守
美政府隨時酌定章程，曰酌定，曰隨時，詞意含混，
是工與否無界者，概行驅禁，遂捕夫禁工禁其未來
之工也，若乃及在美之工并及在美之並非工人，而概
予驅禁，尤與原約文義大相背謬者也，必應申訂
者此其一。前三者之弊在原約之中，後三者之弊
更在原約之外，與之申論，不患無辭。至於工商部
去歲頒行新定禁例六十一款，變本加厲，更為苛
虐，揣其命意，務使華人絕跡於美而後已，誠如
尊函所云，應約則禁例盡無所顧忌，而網羅愈
密，為治標計，似不如就原約條款詳加改訂之為愈
也。惟工商二者實相附麗，有製造而後市業以
盛，工禁日嚴，商情日困，商之不能離工以獨立也
明矣。今雖不能概除禁例，亟應明定界限，直禁
下等之工而上等之工不與也，直禁受傭美人之工
而自行製造之工不與也（此與光緒六年之約往美承工字樣相符，尚可援以為證），
直禁未入美境之工而業經至美之工不與也（此則禁工條款原義，今則漸越此範圍矣）。
如此設法，稍為鬆動，否則華工絕
則華商亦無以自存，舉數十萬之僑氓一網打
盡，彼豈止中國民失其本業，務必別滋事端，後患且

不可收拾矣。且查本年八月十六日在上海所訂中美商約，其第九款有中國人民在美國境內得獲保護商標之利益等語；其第十款有美政府允中國人民將創製之物在美注册，發給創造執照，以保利權等語。文曰商標，曰創製之物，其爲製造之華工所知（西例，工有能製新器造新物者，許呈驗給予商標，俾其專利，是商標之利用在商，而究其得此商標利用之原，皆實在工，蓋新器新物由工製造也）。其曰在美保護商標，曰在

美注册發給創造執照，其爲美政府許華工在美製造可知。就約文論此款，不能强目爲專指商而言也。即據此約乘間立論，以矛刺盾，更爲確鑿。查各國交涉，往往以最後之約作援，我就新訂商約與爭，彼又奚辭？而況商約所定裁撤釐卡，添開商埠，設立關棧，給予商標，與美國人民以種種之利益甚鉅，爲顧全邦交起見，值此商約初定，將禁工一事即與迅速開

議，分別改訂，彼此相抵，較易措詞。失今不圖，後此更難著手。且查美國上等社會中頗有明曉公理、深非禁工之議者，特爲工黨所持，迫而出此。可否由執事就近聯絡，設法勸諭，或於議會之時陳說利害，或於報章之上騰布論議，或大聲疾呼，持之以理，或微詞婉諷，動之以情，苟得美國士大夫一二贊助，俾其開導工黨，隨在辯

論，乃釜底抽薪之計，似亦足備一策。而且禁約所訂在美國轄治檀香山、菲律賓之地，乃該二島亦用此例，尤違萬國公法。隱忍自甘，倘毀迭函駁致，英政府有澳洲紀洲禁絕華人之議，積歲層累，不堪設想，茫茫大地，側足無所，嗟吾國民罹此荼毒，從速籌辦法，內外合力，不辭筆舌之勞，冀收桑榆之效。上以重

國體，下保華僑，其事亟爲重大。台端盱衡時變，深諳亟計，請將以上各節逐加詳察，即與美外部先行核議，亟於僑集在美華商籌商，采訪合羣策羣力以籌抵制，甚善甚善。如有高見卓識，更可隨時電知，彼此參酌。亟於華僑之惡習、華商之渙散，貽人口實，招人欺凌，其事之尤甚，

因是在各領事因事切導，隨時告誡，固不得因此而任令其失所也。除與外務部詳細籌議外，合將臆見所及，先行奉箋，藉此順頌

日祉

三三

敬啟者本月十五日肅布美字第二十五號函度邀
堂鑒日俄事已決裂日本海軍得利聞陸路布置亦頗周
備俄人雖橫暴未必能制彼島國也連日各國政府
多已頒布局外中立諭文我
政府辦法若何未見明文西人報章頗多臆度之議二
十二日 誠往謁海外部約翰談及此事海以俄人居
心叵測中俄接壤袤數千里萬一防護未周被其闌
入中國之局外固不能守東南之民心且恐搖動內

而京師戒嚴外而洋兵登岸種種禍患不可不預為
防備　諭查所稱各節於我國情形尚不隔膜且觀其
詞語頗有願為我助之意因說以中土安危關係匪
淺庚子之役曾承美國照會各邦不許侵佔我國疆
土雖俄獨食言然其在東三省舉動尚不能無所顧
忌此次美國必將文有妙策使得彼此相安有裨大
局海遂陳辦法擬聯請各國同告日俄認遵中國局
外中立之地位以及行政現存之權已分電駐英德

法等使臣轉達各該政府俟得復音後即電請日俄照行兵聞駐美德使已表同情英政府欲限明戰事地方法政府則視俄意為從違大約日間必將次第具復也　誠查遼瀋地方現有俄兵斷非我國勢力所能約束若不及早聲明將來必多含混且不論何國勝負我亦須預為籌畫以為他日收復之計今得美廷仗義執言儻能善為捭闔可以不煩一兵收回三省未始非計至於京師安堵各省平靖尤可上紓

宵旰之勞下奠商民之業我
邸堂列憲德化及人所爲斡旋而安定之者正不可尋常
計也當將美外部所議辦法於漾電肅陳
堂察俟續有聞再當電達禁工條約明年届滿亟須脩改
情形經於十月初八日美字第二十號函詳陳一切
項美外部稱接康格來電得
貴外務部照會屬將該約届時停止電文簡畧不知
貴政府是否決意停止該約又謂此時提及未免太

早可否暫緩再議文謂縱使脩改亦未必能勝前約等語誠查光緒二十年續約商民久已苦之無論如何斷難遷就海約翰所稱此時太早者蓋以西歷今年十一月選舉總統之期現任總統盧士佛氏頗望蟬聯涉及華工問題工黨勢必要挾若主持公道處失工黨之歡心若故定苛章又違交涉之公理其天良固未盡泯沒也所稱新約未必能勝於前者係故為決絕之詞以沮我脩改之志蓋一息之明文為利

祿所蔽矣聞海約翰將電飭康格將續約仍可照行
等意向
鈞署饒舌務望
邸堂列憲終始堅持使知我之宗旨所在必求達其目的
而後已彼若顧念邦交迫怵公理自不能不就我範
圍也至於有碍選舉一節係彼實情若以緩議為請
似不妨量予通融俟至西歷六月七號以前數日再
行知照停改則在我有從容策畫之時在彼無進退

維谷之苦操縱亦尚得中萬望
鈞裁酌奪為幸擬改約款一事經誠博採輿言參考近狀得取益防損辦法分列十條以為約款大旨其中未必盡屬可行若第二三四五等條勉強辦到華商出洋獲益實非淺鮮工商部委員駐華蓋印簽名即與現行領事辦法相同准其附駐領事館內既得領事鈐束而條約文載明權限自不容干涉他事似無流弊註冊前已允行此時若不能刪廢應准其普行

重註一次分別辦理以前無册之人皆化為有册可
免查册之騷擾矣謹將擬辦十條附列案語先行列
摺呈請
鑒核迅賜訓示俾得領為遊說免致臨事張皇其餘未
盡事宜仍當隨時續陳上備
採擇即希
代回
邸堂列憲是荷附呈與美外部問答一扣擬脩中美禁工

條款應辦事宜一扣統乞
詧閲專肅敬叩
台安
梁誠頓首
光緒二十九年十二月二十五日
美字第二十六號
附清摺二扣

附件一

抄

照譯美外部海約翰來文 光緒三十年正月初四日 西一千九百四年二月十九日

為照會事，案照俄日開戰，貴國遵守局外中立之例，業經本大臣將本國所擬辦法知照俄國政府在案。兹准本國駐俄公使文稱，俄國政府甚願中國坐享太平，如中日遵照下開各款辦理，俄國自當允許約各國同認中國遵守局外。其所開各款：一、中國必須認真行守局外中立之例；二、日本政府不特須照曾與各國所立條款辦事，且須遵守公法所認之公理；三、按照現在情形，滿洲地方須作為戰事布置之地，則局外中立之例自不能推及該處等語。本大臣准此，當即照復本國駐俄公使，畧謂美國與各國所擬中國遵守局外辦法，既承中日兩國允許遵從，又承俄國政府照復許可，本國政府自當再將俄國復文知照中日兩國政府一律遵照辦理云云。除電知本國駐華公使轉達貴國政府外，理合備文照會貴大臣，請煩查照施行。須至照會者。

附件二

抄

謹將擬修中美禁工條款應辦事宜十條列呈

堂鑒

一中國允認美國限禁華工來美此項華工係指作苦力
工人而言其餘各項人等不在限禁之列
二上項限禁之華工須指明各項工人名目其未經指明
者即不在限禁之列

查中美禁約原為華工而設則凡非華工皆不應在限
禁之内光緒二十年條約第三款聲明不在禁例者祇
有官員教習商人學生遊歷等五項故近十年來除此
五項人之外一概歸入禁例殊非限禁之本意今特反
其道而行之務令聲明應在禁例各項工人名目則除
所聲明各項工人外其餘均准來美按照最優之國人
民一律相待

三裁撤水陸碼頭所設羈留華人木屋

查華人持有合例護照來美或曾寓美多年領憑回華
復來美國抵境時仍須扣留木屋候訊恒有羈禁數月
始得傳訊一言不合復被撥回者禁例之苛莫此為甚
應訂明一概裁撤嗣後不得仿照此意另設別項苛法
如果須有羈留之人亦須照現行歐洲移民辦法一律

四查驗華人護照准由美國工商部派員駐華辦理凡護
照經該員驗明蓋戳簽名即可任便來美抵境時憑照
入境不得留難

查現在華人領有關道關監督及香港澳門官員所發
合例護照經出口處美領事簽名抵境時仍多方挑剔

數月羈留枉遭撥回者十居六七華人出洋謀生本不得已虛糜川資往往破家蕩產擬照英屬坎那大辦法准美國工商部派員常駐中國出洋港口如上海香港等處或附駐美國領事館凡華人領有護照經該員查驗果無朦冒即行蓋戳簽名准該華人附船來美抵境時即憑照放入與別國人民一律毋得阻留

五寓美華人如欲回華向所住地方工商部委員請領護照須隨時發給其復來美者驗憑無訛即准入境並不得定復來年限

查現在寓美華人不論商人或已經註册工人其欲回華者須工商部委員給以憑照始能復來美境立法原非甚苛乃當請領憑照之時動須守八九十日之久始得批復而准否發給尚未可定即使准給而持憑復來仍留木屋候訊種種挑剔實不公允應訂明華人領憑務須隨時發給復來者驗憑後即准入境

六凡經部員批駁不准入境之華人均准上控

查現在辦法華人除持有美國土生憑據外一經工商部員批駁不許入境即刻撥回不准上控極不公允應訂明不論何項華人持有何項憑據因何緣由被工商部員批撥者均准按照美國通例上控候審

七美屬檀香山飛獵濱（即小呂宋）祇准限制華工不准禁絕仍可聲明人數年數

查檀飛兩屬需工甚殷時有持開禁之議者應相機討索能訂入約款尤為至便

八華人假道美國應照准行無阻

查光緒二十年中美條約有假道華人一語現在假道華人苛待至極竟至不許華人假道應與訂明不得阻礙

九約內聲明寓美華人應得自由安居樂業凡其身家命產均得享美國憲法Bill of Rights所授之利益

查現在華人寓美以木屋註冊查冊等事不堪騷擾大非美國許人自由本旨新約定後工商部既派專員駐華稽查華人護照凡來美及寓美華人俱係合例則以上擾害自由之事均應訂明永遠停止

十凡華人不論何項事業不論曾否註冊果有確係禍首妨害治安應准查明撥解出境與此約限禁工人無涉

查華人無賴各立堂號彼此仇殺美官藉口彈壓强拘無辜查無冊照即行撥解出境如近日波士頓一案枉拘良善華民三百餘名而真正堂匪未獲一人是其明證即偶破案獲犯不過監禁數年彼既有權居美仍得為所欲為損中國之名譽礙華人之治安莫甚於此應訂明凡有此等華人案情審實科罪之後仍撥解出境不得藉端擾及他項華人

三四

收　正月廿

左侍郎聯　月
軍機大臣尚書會辦大臣瞿　月
　月

光緒三十年十

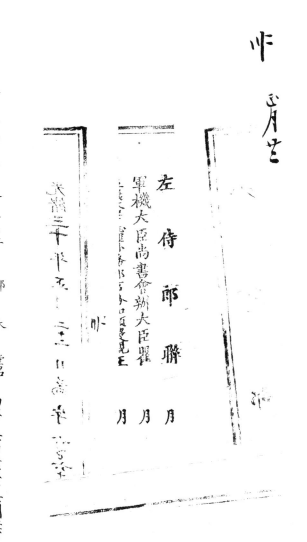

欽差辦理商約事務大臣工部大堂呂 太子少保尚書銜前工部左堂盛　為咨呈事案查美國禁工專
條計至西歷一千九百四年十二月七號即光緒三十年十一月初一日期
滿如須酌議修改應先期六箇月知照等因本大臣等與美國議商約時即
索此款當經美國議約大臣古納等稱此係專約不能牽混商約之内不肯
相商屢經辯論迄未就範本大臣等抱疚於心無時或釋茲據美國旅居華

商等禀稱禁約將滿瀝陳苛例困苦情形閲之可憫並擬挽救之策該商等
身歷其境言之有物自非泛論可比相應將該商人等原禀備文咨呈
貴部存案以備修約時採摘於中國旅居工商不無裨益須至咨呈者

附送原禀一摺

右　　咨　　呈

外　　務　　部

光緒三十年五月十一日

預用空白

附件一

照鈔金山中華會館商民等稟批 光緒二十九年十月二十一日

據稟並附件條陳修約事宜均已閱悉查中美限禁華工條約於光緒六年在北京訂定原係酌中定限並非盡行禁絕亦未聲明奉行年期嗣以華工來美日多無可餬口愁苦萬狀加以工黨構殺驅逐慘無天日無可如何始倡自禁之議以為責言之地鄭張兩任相繼商辦於光緒十二年與美外部訂定禁工條約載明除華工外一概不禁適有奸民謠惑約本未經批准美政府探聞消息遂將該約作廢議院恃無條約乘機定例公行苛禁旅美商民於約廢例行之後興水深火熱之嗟日以訂約為請殊有迫不及待之勢光緒二十年

前大臣楊所以有續約之訂也該約於一千八百九十四年十二月七日批准互換計至明年西十二月七日期滿應於西六月七日之前由我

政府知照美外部或停止或修改刻下為期已迫本大臣業經預為籌畫通飭各會館紳商人等各抒己見條議備用在案茲據該商民等所稱各節與本大臣意見多屬相符附件臚陳八端十事關係頗多自應竭力與爭亟圖補救所請將中美商約停止

用寶藉以要挾美廷利用紳商使為我助一節議論明快不無可稱惟於商約情形似未洞悉本大臣特為爾等詳言之此次中美訂立商約原係辛丑年聯軍退出北京時所許實與尋常通商條約不同英日各國均已一律辦理豈美

國獨聽我操縱耶且內地釐金之害爾商民素所共知即

外國不允加稅亦須裁免以恤商艱況借免釐而加稅得相抵制在我惟恐其不成反欲自阻其成有是理乎況中國稅則附入商約已授外人干預之權以今日之時局作空言之憤激庸有濟乎縱使

外務部輕於嘗試美國置之不理我將若何各國商約告成美國援例遲行又將若何本大臣實不能於此再下一轉語也所議廢約辦法在

朝廷軫念民依

外務部曲徇衆意遲即照會美廷請將工約停止諒美廷不能强我以續行惟是約廢之後彼族自須禁例勢必益加嚴密本大臣固不敢惜筆舌之勞日事駁斥苟駁者自駁而禁者自禁爾商民等能一日安居此土乎本大臣回憶光緒十二年約廢例行苛擾情事殊有後視今今視昔之感所以遲回審慎不欲輕言廢約逞一時之快論而貽無窮之隱患爾商民洞達事情特為剴切質直言之其各熟思審慮果必以廢約為然仰即稟明本大臣咨商

外務部核辦如其不以為然則應將現行工約之顯有室礙者斟酌删改總求利便吾民裨益大局較為得計本大臣責任攸關自必黽勉從事將所開八端十事力與磋磨列入約款能得一條允行即多一分利益斷不至敷衍因循置爾等於水火之中而不顧區區此心可以自信若夫成敗利鈍實非本大臣所能逆睹惟望爾衆商民勸勉鄉族人等務將煙賭仇殺污穢貪鄙種種惡習一切湔除毋得貽人口實庶幾易於著手則大局之幸也將此通飭知之批

鈔發

附件二

考工司

呈爲存案事光緒三十年正月廿二日收

商約大臣文一件相應存案備查可也

存一件

朝字肆拾柒號

華工

三五

敬啟者：客臘二十五日肅布第二十六號函，度邀
堂鑒。二十七夜奉到
感電兩道，傳奉按守局外
諭旨暨各項辦法，仰見
廟謨深遠，
藎畫精詳，曷勝欽服。經於翌晨譯出洋文，面交美外部
海約翰接收。該外部捧誦再三，同深佩仰，並謂保護
商教，彈壓地方，歐洲列强不能藉詞干預，沿邊一帶

重兵駐紮俄人自不能闌入至於滿洲地方俄兵未
退不能實行局外之例當為寰球所共諒誠詢聯約
一事各國有無復文海允再電各駐使催商本月初
二日英德法均已復允日本復文尤為切實有此番
宣戰並無爭據中國土地之心東三省
陵寢
宮殿官署民生自必敬謹保衛等語初四日晨俄廷復文始
到約以三事一中國須實行局外之例二日本須按

曾與各國所立條款辦事且須遵守公法三按照現
在情形滿洲地方須作爲戰事布置之區局外之例
自不能推及等語准美外部照會前來當於初五日
歌電撮要飛達
鈞鑒兹將來文録出並譯漢配呈上備
省覽此次美國政府仗義執言聯歐洲之列强制俄人
之横恣實爲全我治安保彼商務起見用意殊可嘉
尚亦由各報館近兩月來危言莊論有以激發而推

移之總統諸人所以相時而動出此外交之善策也

十五日奉十二月初十日

堂函以工約屆滿飭令籌酌修改並鈔示致康格照會飭

向美外部聲明現行禁約應即停止另行商改以為

將來開議地步伏念

邸堂列憲子惠僑民有加無已又承

指授機宜至周且密誠自當勉竭愚忱婉切磋磨期得

萬一之當前於二十六號函曾將擬辦修約事宜十

款列摺呈請
訓示計期二月中旬可達
冰案務乞
蓋籌裁度將何款可行何款應增之處一一電示俾得
擬定草創藁本向美外部先行私商並託桑克義工
商部及各官紳從中説項彼此推敲大致就緒俟約
匡期滿之時美國總統亦已舉定然後照會訂期公
然開議似此稍分步驟預爲布置庶外部無投鼠忌

器之心而工黨失太阿倒持之恃於取益防損之道
不無裨益是否有當仍候
邸堂列憲訓誨遵行金山中華會館商民於十一月間曾
有禀來言僑約事與投遞
鈞著之禀詞意相同其十事八端殊多可採當經批復
飭遵矣謹將批詞附錄呈請
備案以上各節即布
代回
邸堂列憲示遵爲叩專肅敬請
台安
梁誠頓首
光緒三十年正月十六日
美字第二十七號
附清摺二扣 洋文一件

附件

照錄美外部海約翰來文 譯漢附呈

光緒三十年正月初四日

Copy.

DEPARTMENT OF STATE,

WASHINGTON.

February 19, 1904.

Dear Mr. Minister:

I have the pleasure to communicate to you the reply of the Imperial Russian Government to the proposal of the United States concerning the neutrality of China in the existing war, which I receive this morning from the United States Ambassador at St. Petersburg. It reads as follows:

"The Imperial Government shares completely the "desire to insure tranquillity in China; is ready "to adhere to an understanding with other powers "for the purpose of safeguarding the neutrality "of that Empire on the following conditions:

"Firstly, China must herself strictly observe "all the clauses of neutrality.

"Secondly, the Japanese Government must loyally "observe the engagements entered into with the "powers, as well as the principles generally rec- "ognized by the law of nations.

"Thirdly,

Sir Chentung Liang-Cheng, K.C.M.G.

etc., etc., etc.

"Thirdly, that it is well understood that neu-
"trality in no case can be extended to Manchuria,
"the territory of which, by the force of events,
"will serve as the field of military operations."

I have instructed Ambassador McCormick to make the following response to the above communication:

"The answer of the Russian Government is viewed
"as responsive to the proposal made by the United
"States as well as by other powers, and this Govern-
"ment will have pleasure in communicating it forth-
"with to the Governments of China and Japan, each of
"which has already informed us of its adherence to
"the principles set forth in our circular proposal."

I have transmitted this correspondence by telegraph to the United States Minister at Peking for communication to the Chinese Government.

I am, my dear Sir Chentung,

Very faithfully yours,

(Signed) John Hay.

三六

照會

大亞美理駕合衆國欽命駐劄中華便宜行事全權大臣康　為

照復事西本年四月八號收到

貴親王文　伍大臣送來禁華工入美節畧內中有如不允

展緩之一言本大臣不能不行致辭查展緩該約期限非美政府

不肯允准前與

貴親王晤談此事時曾聲明本國

大伯理璽天德與外部大臣均願無論若干月數展緩此約只以該約內

已列明若展期總以十年為滿是以如非上議院批准不能展與十

年期限較少之年數若請上議院批定現所請展年月之數不免
衆議沸騰本大臣彼時已言及衆議情形定有不幸之結果適接
本國電稱美國各新聞紙列有中政府意欲停止禁華工之約即有
與華工相抗之一党人大為感動立意阻攔美政府如何能再定此
等之約本大臣曾數與
貴親王談及於此想所面達之言
貴親王自能悉若展期最好須再展十年如必欲商訂新約
難免辯論紛紛轉致有不幸之事

貴親王若弗聽予言定欲停止該約將來再商新約上議院恐不能議允兩國既無此成約難保不生有未便之端設至有此情形其責應惟

貴國政府任之故必再行切請

貴親王在西本年六月七號以先收回前所致停止該約之言甚望

貴政府允按此法辦理緣於兩國均最有益也爲此照會須至照會者

右　　照　　　會　附送洋文

大清欽命全權大臣便宜行事軍機大臣總理外務部事務和碩慶親王

一千九百四年　肆月　拾貳

光緒叁拾年　貳月　貳拾柒　日

三七

敬啟者三月十二日肅具美字第三十一號函計荷
堂鑒美國下議院議定新例九款苛禁華人交由上議院
核議經 誠備具說帖據理力爭已於前函詳陳在案
十二日上議院紳集議之時將此例提議逐條駁詰
而於所定審判等款折辯尤力遂將各款盡行刪除
祇留第三款改為第五款大旨係俟約滿後所有禁
限事宜均照一千九百二年定例辦理經 誠於文電
肅陳計達

冰案十三日下議院會議復核辯論竟日迫於清議且
散院在即不能久延始勉强畫押照行查此例之初
設也實緣我國廢約之説執持甚堅出彼意外工商
部諸員本與工黨相爲援倚遂以廢約之後禁例不
行華人任便往來工業大有關碍等語危言聳動全
國幾爲傾耳總統諸人顧慮公舉雖明知非義亦不
能不雷同附和以息輿言下院諸紳與政黨工頭尤
有密切之關係與工商部員遂爲蛩蚷之附連故曲

徇所請設為新例九款推展原定之例復補前例所未及其中如第五款指定華人種畜第六款將各項華人均以華工二字包括第七款工商部員有判定華人准否入籍之權第八款華人遵照禁例之外復須守外人入境則例第九款華人被阻祇准赴上察院控告等條不但於未來之華人強施苛禁並及在美之華人逐漸驅除復將原例所載不與條約違背一語刪除以為他日背約施禁地步此例若行不十

年後統美國四十九省六屬部之內華人必將絕跡矣查禁約期滿在西歷十二月而彼等乃於前期八月急求定例者固以議院將散恐約滿而後禁例或停亦以為倉卒之間我不及察一邀上院發行縱以全國之力未必能翻此鐵案也所幸前託諸紳探告消息得以及早布置廣為運動將所擬各款詳細指駁復令律司福士達出名遍謁諸紳反復陳說數日之間竟得轉圜雖約廢例行於我不無窒礙然一千

九百二年之例經
秩庸堂憲駁詰改定較之此次所擬新例寬嚴已大不侔
上院議紳力維大局實非誠初料所及儻能終始不
渝主持公道將來議約一事得其助力或可挽回萬
一未始非僑民之幸也謹將原定條例表理說帖暨
改定條例各一件譯成漢文鈔錄附呈
鈞覽正繕函間祗奉正月二十日
堂函指導一切曷勝欽佩美政府以選舉在即不敢偝

恕工黨誠如

鈞諭　誠愚慮亦曾及此正月十六日第二十七號函請

將約稿先與美外部私商俟公舉完後再行照會開

議今承

訓示自應遵照辦理容將約稿擬定即當寄呈

堂覽核奪所有各節即布

代回

邸堂列憲爲荷肅具敬請

台安　梁誠頓首

光緒三十年三月十六日

美字第三十二號

附譯件一冊

附件

敬再啟者，十五日午刻美總統在白宮舉行開會之禮。是晨散魯伊斯會場執事人員延集官紳依次演説，先期安放電機直達白宮之藍廳。屆時部院大臣、各國公使衣冠咸集，總統演説數十言，親以金匙撥動電機，鳴砲二十一響，會場國旗即時展開，所有會場各所水機電機同時發動，作為開會。各使上前握手致賀，總統優詞復答，於誠尤為拳拳，並謂此會承

中朝鼎力襄助，特遣親貴光臨，不但為一國之光榮，且為商務之提倡也。合併附陳，統希

代回為幸。再請

台安

梁誠又頓首

三月十六日

美字又第三十二號

三八

敬啟者六月二十五日肅布美字第四十號函計荷
堂鑒脩改約稿早經擬定函送
詧核前晤外部海約翰據云須與工商部斟酌方易接
洽適該部僑民局總辦沙庚氏與誠熟識因邀來館
晚餐示以約稿沙庚指出數處以為所索過多恐議
院未必批准誠再三陳說告以禁工一事變本加厲
勢非極力補救無以固邦交而蘇商困約稿各款皆
持平可行之事幸勿囿於積習致多疑慮沙云外間

工黨窺伺極嚴不得不慎終於始俟約稿交本部會議自必從中主持惟重行註冊抵境免查控訴審院等事深慮或有阻力耳誠於本日加具照會送交外部並晤海約翰請其定期開議並告以業經密商僑民局員海云此事係由該局主議苟無大礙當易商辦俟秋涼開議自必竭力相助海於日間往北省避暑西九月杪可回開議之期總在重陽前後此次照會以辨駁曲折徵引繁多專向外人說法非就英文

措詞不盡得其語妙故先用英文擬稿然後譯出漢文兩相比較尚屬脗合照會主意係將二十年原約奉行流弊遂條揭出所有禁外人等聲明不得限定某項而華工回美辦法華人領照事例一概更改務求簡易此就原約所有之義加以整頓者也工人限出等類此外即不得作爲工人禁工祇行於美國本境而美屬檀飛兩處一律開禁此係原約所無之事別爭利益者也補行註册一次抵境不得扣留批撥

入境者准其赴審院裁判所控訴此係原約所未及而禁例章程所限制不得不力圖補救者也約文疑義允交公斷以免美國政府之把持約期届滿隨時可廢以免續行十年之束縛此則懲前毖後補苴萬一不得不於新約内預爲訂明者也謹將照會録呈

即希

代呈

邸堂列憲詧奪訓示不勝寅感專肅敬請

台安惟祈

朗照

梁誠頓首

光緒三十年七月初二日

美字第四十一號

附清摺一件

附件一

三十年九月十五到

梁大臣致海外部文 光緒三十年七月初二日 西一千九百四年八月十二日

為照會事照得光緒二十年即西歷一千八百九十四年中美會訂限禁華工條約於本年西十二月七日期滿業經我國政府按該第六款知照
貴國停止施行在案今本大臣特將我政府不得不停止之故以及必須另訂各節備文照會
貴大臣詳切言之尚希
垂聽自一千八百九十四年之約頒行以來兩國政府人民均不愜意時有爭端已有明證良由兩國訂約之本意未曾實行而約款文義又復妄行強解致將原約精神全然抹煞若非脩改斷難續行我
帝國政府為中美睦誼起見故欲將限工條約重行脩改以期彼此妥洽惟欲訂立新約以慰我政府之願望則現行按約所訂華僑例章諸未愜意必須議入而凡諸弊病日日滋長以至今日情事不可復忍亦應改革夫中國人民應享之權利中美約章所鄭重認許者也乃奉行禁例之官員往往藉詞行例顯為破壞而歷任律部大臣又將其中要義講解互歧以至實行律例之章程竟於定例之外及例未許行之事強添例得頒行之辦法而律例益糾纏而不可解救矣總而言之藉口於行例而違背條約復藉口於行章程而違背律例是今日之奉行章程固未嘗計及條約並不計及律例也而且此項章程隨時可改任意加嚴並不須先行知照縱於千百華人權利有關亦祇由該管部臣批准即可施行職是之故凡華人抵美之初其批放入境固有種種之異常留難既准入境之後雖安分守業仍不免官吏之時時騷擾則脩約之目的當以遏止此等不可忍受之情事為宜而凡欲施禁限之華人須與不入禁限之華人詳晰區分矣即此一端中美政府從前及現今之意見果何如乎溯查美國專使赴京議訂一千八百八十年之約初次所遞節畧聲明祇欲限禁華工即所報美廷商辦情形之文件亦無別項要請見美國一千八百八十一年外交報告第一百七十頁至一百九十八頁即訂一千八百九十四年之約以代一千八百八十年之約實一千八百八十八年三月一日美上議院始創此議其議曰現因禁限華工章程為中美條約所限推行殊多窒礙擬請美國總統與中國
大皇帝別訂條約載明一款華工不准入美云云由此之說足見上議院非欲於華工之外禁及別項華人矣查一千八百八十年條約首節載中國與美國前於咸豐八年即一千八百五十八年議定通商條約並同治七年即一千八百六十八年續增條約允宜永遠信守今

美國因華工日往日多恐難整理尚欲彼此商議變通仍與前之
和約條款不致相背等語又一千八百九十四年條約首節載光緒
六年十月十五日即一千八百八十年十一月十七號中美續定條約曾
限制華工赴美嗣因華工在美國境內迭遭苛虐慮損邦交
中國政府欲自禁華工出境來至美國茲兩國政府願合力
辦理禁止來美並多方顧全邦交互立約款彼此加意保護
此國境內之彼國人民等語兩國政府主見絕無歧誤又可知矣
一千八百六十八年條約即俗稱蒲安臣條約者原准華工任便移
殖美國嗣以華工之來有碍美國某地之治安美廷得請於中
朝將前約脩改為限制華工赴美之計遂有一千八百八十年十
一月十七日之約聲明限制華工前往美國其後美國意又未愜
再請中國盡禁華工入美遂又訂一千八百九十四年之約此約
將華工移殖美國一事全行禁止就兩國政府所表白之主意
觀之此數條約者皆直對華工而言且僅對華工而言也按一千
八百九十四年條約我國政府允禁華工原祇以十年為期今雖期
滿仍未嘗有意弛禁蓋深知禁工一事實已成
貴國國家政策姑不再為理論也然工字字義果包括何項人等
不得不詳晰明辨也按一千八百八十二年五月六日
貴國議院定例第十五段稱華工二字包括粗細工人及華人之
在礦務作工者一千八百八十四年七月五日脩例第十五段解釋
華工二字句語亦同一千八百九十三年十一月三日脩例第二段稱此
例及此例改訂之例所載華工二字包括粗細手工礦務工及沿
街喊賣及擔賣什物之小販洗衣服捕取魚介或曬或醃以為
本土或出口銷售者而言等語此段所釋似已包括靡遺則凡夫
工者專倚其力作工巧以為生活之人中美兩國訂約所准列禁
限之內亦祇此一項華人而已且也禁限之設原專指美國本境而
言蓋當最後訂約之時所認許施禁者實祇美國本境其時
夏威仁飛獵濱諸島國之主權實未隸美也各項華人以及華
工與各該島皆有絕大利益之關係地方生計情形與美國本境
實有不同華工之在該島與美工固不相妨而振興一切倚賴華工
之處反多似宜訂明條款由兩國政府或各該島地方官酌定條規
招募華工前往以為振興屬土之計又查條約所允限禁係專
指現不在美及不應來美之華工而言現在留美華工為數甚
鉅此項工人准其暫離美境而復回美果應如何辦法又起一大問
題矣光緒二十年條約第二款指明註册華工暫離美境如何可
回美國畧謂寓美華工或有父母正妻兒女或有產業值美洋

一千圓或有經手帳目一千圓未清而欲自美回華由華回美者不在
限禁之列等語此表面公平之款實已終歸無濟蓋華工之能以
有父母妻子在美而享有此種回美之權者殊不多覯彼工人而
有至戚在美及有而聽其留美亦鮮矣設如有華工其正妻在
美按照條約伊自可離境復回毫無阻礙然伊苟試行之當必
立見舛誤蓋禁例實有以阻之也試觀一千八百八十八年九月十三日

貴國議院定例第六段第二節内開此項妻室其成婚至近須在
請領回美執照之前一年且須一向同居確爲夫婦等語華工之
能呈具憑據證供以符此例蓋亦難矣且禁例既於條約議允
之外強定一年限期豈不能推展限期由一年而二年而三年而
五年而十年甚而五十年以至將條約全行廢壞耶此例又於華
工之因有產業帳目准可回美者加以不公之限制如第六段末節所

稱此項產業必須的確真實並非影射冒例始能作准此項經手帳
目必須係未定未妥之欠項並非允交銀之期單及别項相類認款
憑據始能作准等語查須有確鑿產業方准回美一節無甚緊
要蓋華工未必置有實業即有家私物產亦必於離境之先變
賣現銀矣惟帳目一層情形實有不同收帳本係難事華工若
須倉猝回華或有帳目甚多未能清理苟爲此例所限則應收

之帳未結之項所應得者殊少矣至於允交銀之期單及别項
認款憑據均不准作爲欠項常人不諳法律義理遂不知定例
所指欠項字意究何所屬是禁例於華工例准回美故嚴限制
殊不公平實與廢約無異矣而况奉行禁例流弊滋生至於今日
遂有不可復耐之情事凡華工請領回美執照欲知其詞虚實則
有所謂檢查者其形式精神皆未盡善而又類乎審訊之法凡

請照之人須經詳細查問而問官任意問話每設疑義以期答語參
差有碍所請甚至詰其鄰居偵訪私事又或探問證供以駁其請
大抵問官不通華語華人亦不諳英語不得不藉通事傳言宜其
往往不能滿意也問官既由各處訪得緊要情節不論是好是莠
是否相符竟詳報總局該華工無從查閲所作何語而總局按
據詳報已分别准否給照矣華工請照能得公平相待亦大可詫

異也且也僑民官員應華工之請給發回美執照實未嘗保其回
美復得入境也領照華工回抵美國口岸復求入境須經一番爲難
譬如該華工回抵舊金山埠不得憑所持執照遂准登岸其在美
原住處即波士頓紐阿連之遠亦須由該處僑民官員再爲檢查
於此二次之檢查極力吹求無論其爲公平或苛枉總期使初次領
照所具供證不相符合維時又復詳細閲供則專以抉摘矛盾之

詞為能事矣此蓋由一千九百三年七月二十七日新章第三十七條辦法而
實力施行者也其詞曰凡註册華工回至美國口岸須將回美執照呈
遞該管僑民官員查核如所呈憑據實無虛僞當即准入美境
無阻否則再備確據呈驗方可云云蓋檢查辦法之細微誠足觀矣
華工未離美境已迫令證明按約准回美國猶以為未足及其返也復
須如式再受檢查始得託足於美土而當檢查之頃又復多方竭力以
破其已准之供狀而陷以言語不符之咎其身經盤詰免於駁斥者
亦絶大之幸事矣又查僑民官員行所謂檢查之事其延擱之久
實有足供指摘者一千八百八十八年九月十三日定例第七段載華工
向僑民官員請領執照復回美國須於離境前一月具呈一節實非
條約所許且多為難之處華工若預早安排回華尚亦無甚出入而
人事變遷運途不測儻華工遇有至戚病危急書促返或有非常
要事倉卒首途祇因於例未符不得回美兩國約章鄭重允給之權
化為烏有殊非公允至於回美華工其當受之挫折應經之審訊尚
未已也當其守候檢查准否入境之際必先困置於名為羈留實則
監禁之木屋公事延滯有如鈍磨案懸經月猶未判決當此之時為
華工者延企待命既經風濤之苦復受拘禁之嚴又不許與外人通
訊多有經此茶苦淹然成疾醫藥不適衛生不宜以至痍斃者矣此

項華工所求不過安分入境稍以仁慈之道相待似亦宜然哉
帝國政府之意凡奉行禁例種種不合之事有違條約亟宜一律停
罷以符公理夫華工在美應享權利兩國歷次條約經已深切著明
如一千八百六十八年條約第六款明載中國人至美國或游歷或居住
美國亦必按照相待最優之國所得游歷與居住之利益俾中國一
體均霑等語一千八百八十年及一千八百九十四年兩約不獨認有此項
利益而且極力申明以為信據一千八百八十年條約於利益均霑一款之外
復列第三款内開凡已在美國之華工及别等華人無論常住暫住如
有偶受人欺侮之事美國應即盡力設法保護與待各國最優者一
體相同俾得各受按約應霑之利益等語一千八百九十四年條約亦有
相類者如第四款云查光緒六年十月十五日即一千八百八十年十一月十七號
中美在北京所立華人來美續約第三款本已敘明兹復訂在美華
工或别項華人無論常居或暫住為保護其身命財產起見除不
准入美國籍外其餘應得盡享美國律例所准之利益與待各國
人最優者一體相待無異兹美國政府仍允按照續約第三款所訂
盡用權力保護在美華人身命財產等語以上各款語意詳明無
可疑惑乃
貴國政府官吏屢次顯然違背疊經本使署照會

貴部有案可稽美國華人居留之處屢經僑民官吏指揮布置顯行
擾掠即安分華人亦往往被該官吏等入屋巡查肆行騷擾而華人旅行
國內亦恆受其侮辱蓋
貴國政府官吏不特不設法按約保護在美華人反似設法困擾華
民不遺餘力而鼓舞好事愚民苛待華人視為魚肉誠哉
貴國官吏於

貴國政府立約訂明保護在美華人一事久已恝然若忘甚至工商
部大臣於本使署指駁波士頓騷擾華民一案復文曲為僑屬迴護
竟以為按照中美條約華人在美視他國人民有別該大臣出此可
驚之論於中美條約解義毋乃得之耳聞未曾親究耶我
帝國政府為保全現在寓美華工應享權利起見不得不力請按

第一節 凡在美華工應准復回美國毋庸限期請領執照亦毋庸問
其有無親屬財產在美
第二節 凡向來華工回美由僑民官員扣留木屋聽候二次查明憑
據辦法應即廢除
第三節 凡在美安分營業之華工不得任僑民官員時加騷擾
以上三節為保護在美華工及伊等暫離美國給予入境權利而

設亦不過應有公平之舉若欲實行保護應享此種權利之人自應
予以機緣俾得領取寓美執照收執即認為原人例准回美之據則
繁瑣之檢查木屋之監禁種種苛刻可以挽救矣華工既在美國
境內即應作為例准居美之第一妥據應得任便前往本國各處
不虞僑民官吏之騷擾稽留若無確實憑據指為不合居美自應
以合例居美論苟無據妄指即顯犯其應享條約之權利英國人民

日本人民無須憑據皆准居美則在美之華人自應一律無異蓋中美
約章已鄭重認明准其利益均霑一體相待也一千八百八十年暨一千
八百九十四年兩次條約專為嚴禁華工來美曾改定華工居美及
假道權利而於華工之外各項華人相待辦法並未更變則兩國
訂約之宗旨已昭然若揭矣一千八百八十年條約聲明除華人前
往美國承工外別等華人不在限禁之內見第一款一千八百九十四年條約

第三款大致相同文載明此約所定限制章程不與官員教習游學
商人游歷諸華人但非工人現時享受來寓美國利益有所妨礙等
語此款漢文用字與英文譯語微有不同漢文載有此約所定限制章
程專為華工而設不與官員教習游學貿易游歷諸華人等現時享
受來寓美國利益有所妨礙等語顯見所開五項華人僅為解證
之詞並非指限之語前因

貴國律部大臣强解約義經於一千八百九十八年十一月七日前任伍大
臣承我
帝國政府之意備文照會
貴部剴切申明在案縱謂
貴國議院定例之意向與律部大臣所謂理解者同符合契亦知此
種理解推行之實足將
貴部十六年無改之辦法一筆勾除而上察院近來之判决牽涉作
廢乎豈不已擅侵定例之權乎縱謂律部大臣之解語可爲成例
豈違背約章之咎足以施行苛例自爲解免乎又查條約訂明凡
例准來美之華人應呈驗本國政府所給或出口處别國政府所給
經美國外交官或領事官簽押之執照云云此款頗有未盡妥善之
處蓋所稱别國政府給照一層直欲强未與此約之别國政府同遵
此約也當時訂約大臣列入此節自必注意香港故爲此言顧自訂約
以來除英屬之坎拿大及香港外從未得别國政府給發此項執照
蓋未與訂約之國固無庸襄助他國實行條約其故甚顯也然而爲
難之處不特此也美國僑民局定章此項執照必須由政府專派之
員發給始爲合式此則十案之中必有八九不能遵照者矣以華人散布
地球之上若必求各國政府特派專員給發華商赴美執照所望未
免太奢彼英屬坎拿大香港派員給照實以華人流寓過多耳茍
有華商來美由比利時或墨西哥外務大臣給發執照並經美國
駐紥公使或領事簽押乃以該外務大臣非彼政府專派發給此
項執照官員之故不准登岸是條約所訂利權已爲該局武斷之
章程所廢矣按約載禁外之人應由中國政府給發執照云云然
則誰爲中國政府授權之代表人又不可不明辨矣前爲利便華人
旅行起見曾訂定由中國通商口岸關道發給此項執照在我國政
府固非欲專以此權歸之關道也乃僑民官員故作此解而於奉行
禁例無理拘牽習見不鮮視爲固然馴至祇認派出之委員而不
認該管之長官如前游學生二人持有前直督李爵相所發執
照抵美不得登岸是其明證矣當發給執照之時其代表我國
大皇帝
辦理中外交涉者實李爵相自北方奉亂李爵相爲全政府之代表
北京會議善後條約各國公使索閱我國政府所授憑據李爵相仿法
前皇路易十四之言答以我即政府各使咸相信而不疑乃美國舊金
山僑民官員獨不如各國公使之易與獨不允認爲中國政府之合格
代表人而堅索所派關道發給之照此豈非見蚊蟲而忽泰山披羽
毛而索疵瑕乎然而可駮之端尤有甚者則僑民官員屢屢不認
美國公使領事簽名之執照是已查美國憲法各省所辦公事須

彼此推誠相信乃獨各部官員所辦公事一似不必彼此推誠相信
者且似此部官員極力吹求彼部官員所辦之事務期其不足取信
者美國兩部官員交相億逆而從中受累者則無辜之中國人民也
美國駐華公使領事之職既在實行成例則華人持有中國政府所
給經美國合格公使領事簽押之執照來美自必深信美國政府之
必認准苟無假造冒簽等弊何可輕易作廢哉總之不論何案勿以

美國官員曠廢職守之故致令無辜華人受累庶足以昭平允按律部
大臣原議謂按一千八百八十四年七月五日定例第六段此項執照有一錯
漏即不得作為持照之人例准入美之據該例並稱此項執照須用
英文以中國政府所給來美之執照而謂須用英文何異各國政府
所給游俄之照而謂須用俄文乎以中國政府之日行公事使其強用洋
文亦可怪矣然我國為便益

貴國起見特允將此項執照用漢英合璧文字其漢文一分由關道
署填寫其英文一分由美國領事館填寫兩分字義想必相符惟
領照華人恆不諳英文不知執照填寫是否合式縱使格外留意將
漢英兩文校正無訛而謄寫錯誤恐亦難免無如僑民官員遇有此
等錯誤亦不略與通融凡禁外之人執照偶誤不得登岸之案久已數
見不鮮而廣州珠玉商人一案行例尤為嚴刻該商等在粵海關監

督署領取執照經駐廣州英領事簽押照內華文已將事業註明
而英文漏未填寫及行抵舊金埠該處僑民官員指為錯漏不許
入境其實漏填一節儘可按照華文補入伊等並無冒騙情弊且顯
見其確係例准來美之人祇以照內錯誤不可救藥雖多方表白亦
屬無濟遂勒令附搭原船回國此固尋常數見而非偶然僅有之事
也奉行禁例官員藉端挑剔批撥華人無理之極實可概見舉凡謄

寫之錯筆誤之微詞意之稍未明晰無不立時指出欣然得意以為
持照人不合入美之唯一證據種種苛細更不待言矣此類苛察之行
在僑民官員或以奉行成例可為邀功之地而華人受害實已不堪其
苦蓋不准登岸拘留挫辱每有強健之體氣變成孱弱或有多年
之貿易因以倒盤若曠時費財其害猶較小耳然而毫無錯誤之執
照猶不足憑以入境而無阻也禁例本意原祗以此項執照作為第一

證據僑民官員遂因以絞其腦汁多方設策殆欲使照內情節顯見
不符而後已華人抵美審訊之嚴幾與美國大學入校考試相等
而僑民總局復行士他詹伯之法以為禁絕各項華人之計請觀下開
章程各款當可見矣第六款云凡華人行抵第四款所開之各口該管
禁例官員須設法阻止毋令與所屬員吏以外之人通語並須從速
按例審訊其合例者即准入境第七款云第六款所開查訊辦法

惟政府官吏及審官指出之證人在場訊問不得當眾取供等語此等訊問之法即路人觀之亦必以為異常不公矣華人縱極體面欲來美國必須經受如許折磨如許挫辱有非稍知自重之人所能任受者其端有六不許岸上親友與之通訊一也聽由言語不通之官枉加研訊二也須聽私取供詞三也須在隔太平洋之美國取有證人及別項憑證以為例准來美之據四也與彼反對之供證不許駁辯五也復

答問官訊詞須聽問官所用通事傳譯（此種通事專以混亂供詞阻礙入境為事）六也由此觀之以異方之人履異邦之域經歷如此種種苛法實不知其何由得直矣以上所謂審訊辦法有可以描摹盡致者審訊之際種種不相關涉之事亦必詢及其支離淩雜有如託基麻達之墨西哥英甸史實不合訊供之例前有十餘華童游學來美問官令以英文拚廣州等字間有錯誤遂據為定讞判謂該童不應入美游學此一事也類此者又

有舊金山某華商未及歲之子來美一事查美國上察院曾判定廳美華商之未及歲子女均准來美援案辦理當以為合例無疑殊不料僑民官員又別有所指摘也問官訊得該商子稱本鄉有河在東北方其父稱河在南方兩說或皆無誤而僑民官員指為口供矛盾批駁其入美之權呈報總局然則原籍河流之方向與按約來美之權利有何關涉蓋非尋常之人所能辨別矣以上兩事不過畧舉以

見梗概禁外上等華人摭拾小故不准入美如是等案不知凡幾無辜華人枉受僑民官員之苛待祇有控告於工商部大臣或該管之僑民總辦以冀得直無如此等控訴辦法不公與控訴字義殊欠脗合蓋一切辦法無非庇護行法官員而華人控訴反覺無以自護試閱原定控訴章程各款苛刻之端實已昭然若揭不待喋喋解釋矣章程第七款云第六款所開查訊辦法惟政府官

吏及問官指出之證人在場訊問訊問後一經批駁不准入境當即告知該華人准其延請律師控訴其官員所錄批駁之證據祇准律師查看不准鈔錄第八款云凡批駁入境之華人欲向工商部控訴限自批駁後兩日內呈報該口僑民官員第九款云按照第八款呈報控訴之後該華人得候工商部大臣判結始定去留除另有證供待查准其展緩外須於呈報後三日內將所有全案證據供詞以及文件之與原案有

關者一概由該口僑民官員加具判詞送交工商部僑民總辦所有證據非經該口官員查明申報僑民總辦即不承認第二十一款云凡華人請求入境或居住必須自備妥實證據務求見信於僑民官員所備證據除按例載明各項外不得作准若遇情節可疑之案該管官員須報明美國政府各等語僑民官員批駁入境須向其長官控訴此長官者固曾明飭所屬嚴禁華人者也赴訴於彼殆非公允固不如赴訴

於審院之為妥善矣又查律例章程解釋商人學生兩字名義其
不合之處正可連類及之一千八百九十三年十一月三日禁例第二段載此
例及此例所改之例所稱商人字樣專照下開之意並無別解凡商人
須責買貨物須有實地營業又須用本人姓名暨除經理本人營
業外自認商人即不得作各種手力工夫等語按照上開例文解釋
商人字樣專指責買貨物而言則凡大小銀行各項經紀鐵路公司
總辦託辣斯總理保險公司製造廠總理以至雄於資財體面之華人皆
不得款關入境斷非我兩國政府訂約之宗旨也商人須有實地營業則
凡遊行查察諸商皆不得與矣商人果何由擴張事業乎商業須用
本人姓名多見其昧於商務行規也此事在歐美兩洲固無一律辦法
而在中國更無用本人姓名之商業若拘文牽義以求之即此一端已舉
華商而禁限及之矣縱使如華商李簡一案通融辦理然此例載在
律條究足以誤稱引也若僅謂商人不應作工則此例末節所指何關
輕重耶似不必作畫蛇之添足矣此例解釋商字於商務行棧中必不
可少之人如書寫人記帳人司理人收數人責手買手代理人管錢銀人
販貨人等皆不敘及誤必為章程所不認儻華人來美貿易不許聘
用各項人等相助為理實不知其何以能經營順遂按例載明辦法
華商行棧祗許一二股東經理大小各事自司理以至於責買手皆

此一二人兼之而收數書寫諸職則以其妻孥充役小本營業如估衣
小鋪或可如此諒我兩國政府之意未必祗准小本華商到美而故為限
制使殷富碩賈裹足不前也然而照行此例則明明成此景象矣禁例
既誤解商人字義強為限制乃復有誤解學生字義遙相對待者
戶部法律顧問官著有學生之解釋僑民局承用之其畧曰凡學生
係專指有意習高等學問或習專門之學為本國所無者須自備
資斧足供旅費學成之後仍回中國云云儻將此義增入士丹得英文字
典前賢威布士特得不於九京之下大聲疾呼急為表白乎此等解釋
於日用行文為何如乎此論第一端謂來美游學須有意習高等學
問一節何項學問稱為高等著名教育家議論紛如未聞有意見相
同者諺曰名醫聚訟誰能解紛豈僑民吏獨能於此等疑難問
題遽加武斷耶且以華人有意習高等學遂許入美將不問其程
度能否習高等學耶若謂僅有習高等學之意便可入美則人人
皆可存此願念若謂須合習高等學之程度則僑民官員必須先具
大學掌教之資望然後能知學生之是否合格又謂或習本國所無
之專門學青年子弟固能在中國肄習各項專門惟成就之法中美
各有不同彼僑民官員果能深知中美專門教育之規模乎抑或令
來美游學之人自行證明何項美國專門教育非中國專門教育所

有乎皆在必不可得之勢也第二端謂華人來美游學須自備資斧
足供旅費第三端謂學成之後須回中國此二層直與學生之資格無
涉綜觀此論第一端兩事華人非績學如大學畢業生不得以學生
論第二第三兩端無關於學生之真僞且所指學生資格尤與兩國條
約所載不符按一千八百六十八年中美條約第七款内開嗣後中國人欲
入美國大小官學學習各等文藝須照相待最優國之人民一體優待
美國人欲入中國大小官學學習各等文藝亦照相待最優國之人民
一體優待等語我國今與泰西諸邦廣通商務講求交際將為我歷
史别開新局泰西新學新法之智識關係日大是以世家望族之子弟
多往外邦考求學業計往日本者以千數計往法德英者以百數計
亦有少數前來美國若果能保其抵美之時得邀優待迅速登岸不
至無端擯辱徒涉波濤多費資用則來美者自必益多而學生之
外來美遊歷訪奇選勝亦必較前為衆美國既欲在中華擴充商
務華商自必以赴美營業為主義本大臣以為我兩國苟能鼓舞中
國學生商人遊歷前往美國實可交獲其益蓋此類之交通愈便
則兩國之信遇愈真而彼此人民之德意愈相推重本大臣為以上
各端起見兹特承我
帝國政府訓條擬就改訂條約稿一件備文照送
貴大臣詧奪查約稿第一款載入
貴國例文所指華工名目將其嚴禁入美惟聲明祇禁此項工人此外華
人均不得有所妨礙此固我兩國政府之本意而一千八百八十年及一千八
百九十四年兩次條約之正義本大臣業經反復闡明現議脩改條約自
應於新約中聲敘明白也查一千八百九十四年原約第二款所訂辦法
貴國議院定例及僑民官員顯然違犯無以復加而於華工正妻解
釋不公錢與廢約無異即產業債目辦法亦全失條約本意原約謂
凡華工回華應向關員呈報眷屬產業帳目情形准領回美執照並
訂明所報查出不實不准回美此外並未准予該關員別項特權不謂
條約雖有明文而關員及僑民官員復限該工於離美一箇月前請
照據其供詞嚴加研訊而應否給照又竟以己意斷定種種辦法
皆非第二款所允許然而不止此也該華工領照回華復抵美境仍
須再受訊驗不許他人商議若僑民官員謂其不應放入該工即須遵
照章程第三十七款另取憑證始得放行又與條約此款華工所報查出
不實不准回美辦法不符蓋查察之責由美國政府任之而另取憑證
則係責令華工自行證明與約章明明不符也既有以上各項弊端亟
應將一千八百九十四年原約所訂辦法删除另訂華工寓美執照一款
以圖利便查現今華工居美本已無多年來又人數銳減即任其回華

復入美境當亦毫無妨礙約稿第三款於假道一節並無更改第一
款限定禁止華工前往美國本境及第四款訂明准此項華工赴夏威
仁飛獵濱各島實緣從前兩次訂約之時各該島尚未隸美華工向
准前往自
貴國兼併之後始推行一千八百九十四年禁約當時未曾商准我國
我政府以為不合況各該島利源所關甚大亦願華工移入儻聽由該
處地方官訂定章程招入華工兩國利益必有裨補也又查原約第
三款弊病叢生一切情形經本大臣略為指及今欲掃除廓清特訂
第五款載明禁外之人前來美國須領有中國官員所發執照敘
明職位事業由美國政府所派官員簽押所有查訊領照人來歷
等事須在中國本籍辦理蓋就地查詢確實易舉不必照現行
辦法在美查驗也第六款係因原約第四款未得實行而設所有詳
情業經本大臣於上文贅敘及本使署歷次照會指陳似可無庸贅
述惟中國人民雖經
貴國切實允認保護仍有違法拘禁羈留之事不許前赴國家審
院訴請申理復時有官員入室騷擾不按法律而奪其自由不待
官票而加以拘縶如此種種違犯約章近日上察院總按察布魯兒
氏判語有云報紙喧傳中國不允將禁約展行十年吾無感焉見美國報告一
千九百四年四月二十五日華人滕德案其不可忍受之情形殆可想見矣第七第八兩款係申
明原約條款之意第九款係報施應有之權當必可行第十款係將
美國所行總統所許之辦法載入此約並無別意此件照會長篇
瑣說有瀆
清聽本大臣殊深歉仄惟事體要重不得不鄭重分明以表我
帝國政府之意專賴
貴大臣將上開各節詳細秉公參酌以期妥善當此之時
貴國綜理外交得明達忠恕如
貴大臣者以當其任實我政府暨本大臣同深欣幸用特擬具約
稿照送
詧閱以備商訂為此照會
貴大臣請煩查照施行須至照會者

附送中美禁工條約稿本一件

附件二

DRAFT OF PROPOSED TREATY BETWEEN CHINA AND THE UNITED STATES RELATING TO THE EXCLUSION OF LABORERS.

Article I.

The High Contracting Parties agree that, from the date of the exchange of the ratifications of this Convention, the coming of Chinese laborers, except the return of registered Chinese laborers hereinafter provided for, to the mainland territory of the United States shall be absolutely prohibited. The word "laborers", wherever used in this Convention, shall be construed to mean both skilled and unskilled laborers, including Chinese employed in mining, fishing, huckstering, peddling, and laundry work, and in taking, drying, or otherwise preserving shellfish or other fish for home consumption or exportation; and no Chinese subjects other than laborers shall be included in the prohibition.

Article II.

The prohibition stipulated in the preceding Article shall not apply to the return of any registered Chinese laborer who shall have temporarily left the United States. To entitle such Chinese laborer to return to the United States, he must,

before

before his departure from the United States, deposit with the nearest Chinese consular officer his certificate of residence, and obtain a return certificate issued by the said Chinese consular officer and countersigned by the proper immigration or customs officer of the United States for the district from which he departs. Such return certificate shall be conclusive evidence of its legitimate holder's right to reenter the United States, if presented within the period of two years from the date of issue.

It is agreed that Chinese laborers now in the United States, who are not provided with proper certificates of residence, shall be permitted to register and obtain such certificates upon application through the nearest Chinese consular representative to the immigration or customs officers of the United States for the districts within which the applicants respectively reside.

Article III.

Chinese laborers shall continue to enjoy the privilege of transit across the territory of the United States in the course of their journey to or from other countries, subject to such regulations by the Government of the United States as

may

may be necessary to prevent said privilege of transit from being abused; but such regulations shall be reasonable and shall not put burdensome restrictions upon the enjoyment of such privilege of transit.

Article IV.

The labor conditions of the island territory of the United States being essentially different from the labor conditions of the mainland, Chinese laborers, whether under contract or otherwise, may go to the Hawaiian Islands and the Philippine Archipelago, ~~under such conditions as~~ the local authorities of those islands ~~shall prescribe~~, provided that they shall first obtain permission from the Chinese Government. No contract for Chinese laborers shall be valid unless it has the approval of the Chinese Government.

Article V.

Chinese subjects other than laborers shall be permitted to enter all parts of the territory of the United States and to reside therein. For the purpose of identifying such Chinese subjects as belonging to the exempt class, they shall present a certificate in the Chinese and English languages, containing the name and occupation or profession of the person

to

to whom it is issued. This certificate shall be issued by the proper representative designated by the Chinese Government in China or in other countries, and it shall be viséed by the authorized representative of the Government of the United States in the country or port whence the exempt subject departs. In countries or places where the Chinese Government has no diplomatic or consular representatives, such certificates may be issued by the diplomatic or consular representatives of the United States, in those countries or places, acting for or in behalf of the Chinese Government. A certificate thus authenticated by the signatures and official seals of the representatives of the two Governments shall be conclusive evidence of the legitimate holder's right to enter the United States and to reside therein. The form of certificate required by this Article is appended to this Treaty, ~~marked~~ "Exhibit A".

Article VI.

No Chinese subject seeking to enter the United States shall be held in detention or in prison pending a decision of his case, provided that he shall furnish a reasonable bail bond.

From

In any investigation [illegible] inquiry instituted by an administrative [illegible] of the United States affecting the right of any Chinese to enter the [illegible] States or his treaty rights, he shall be allowed the option of having [illegible] attorney to represent him.

(the United States affecting the treaty rights of a Chinese)

In case a Chinese subject seeking to enter the United States [illegible] be found without a certificate or with a defective certificate but [illegible] intention of evading the provisions of this Convention [illegible] would be great hardship to forbid him to enter or refuse him [illegible] of transit across the territory of the United States, the administrative officer of the United States [illegible].

by domiciliary visits from administrative officers of the

Art VII. A Chinese merchant or any other Chinese of the exempt class permanently or temporarily residing in the United States shall have the privilege of sending for his own parents wife or children to come to the United States upon the production of a certificate issued by a Chinese Consul.

The provisions of this Convention shall not affect the rights and privileges of the diplomatic, consular and other officers of the Chinese Government freely and without hinderance in entering travelling or residing in the United States upon official business or for pleasure together with their suites the members of their families and servants.

their persons and property [illegible] by the laws of the United States to citizens of the most favored nation, excepting the right to become naturalized citizens; and nothing contained in this Convention shall be construed to prejudice the rights guaranteed by this Article. The Government of the United States hereby reaffirms its obligation to exert all its power to secure protection to the persons and property of all Chinese subjects in the United States.

Article

any investigation or enquiry instituted by an administra-
[...]er of the United States affecting the right of any Chinese
[...] the United States or his treaty rights, he shall be
[...] the option of having an attorney to represent

From an adverse decision (of an administrative officer of the United States affecting the treaty rights of a Chinese subject), appeal shall lie in all cases to a judicial tribunal of the United States of competent jurisdiction.

Chinese subjects pursuing their lawful vocations peaceably in the United States shall not be molested or harassed by domiciliary visits from administrative officers of the United States; nor shall any Chinese subject be restrained of his liberty except by due process of law, nor be subject to arrest without warrant issued by competent authority.

Article VIII

Chinese subjects either permanently or temporarily residing in the United States shall have for the protection of their persons and property all rights that are given by the laws of the United States to citizens of the most favored nation, excepting the right to become naturalized citizens; and nothing contained in this Convention shall be construed to prejudice the rights guaranteed by this Article. The Government of the United States hereby reaffirms its obligation to exert all its power to secure protection to the persons and property of all Chinese subjects in the United States.

Article

Article ~~VIII~~. IX

The Government of China having agreed not to object to the registration of Chinese laborers in the United States, the Government of the United States, reciprocally, recognizes the right of the Government of China to enact and enforce similar laws or regulations for the registration, free of charge, of all laborers, skilled or unskilled, citizens of the United States, whether residing within or without the treaty ports; and the Government of the United States agrees that it will furnish annually to the Government of China registers or reports showing the full name, age, occupation and number or place of residence of all other citizens of the United States, including missionaries, residing both within and without the treaty ports of China, not including, however, diplomatic and other officers of the United States residing or traveling in China upon official business, together with [illegible] laws or regulations which the Government of the United States [illegible] necessary to [illegible] with respect to Chinese laborers or other Chinese subjects, in the enforcement

Article ~~VIII~~. IX

The Government of China having agreed not to object to the registration of Chinese laborers in the United States, the Government of the United States, reciprocally, recognizes the right of the Government of China to enact and enforce similar laws or regulations for the registration, free of charge, of all laborers, skilled or unskilled, citizens of the United States, whether residing within or without the treaty ports; and the Government of the United States agrees that it will furnish annually to the Government of China registers or reports showing the full name, age, occupation and number or place of residence of all other citizens of the United States, including missionaries, residing both within and without the treaty ports of China, not including, however, diplomatic and other officers of the United States residing or traveling in China upon official business, together with their body and household servants.

Article ~~IX~~. X

Whatever may be the laws or regulations which the Government of the United States deems necessary to enact with respect to Chinese laborers or other Chinese subjects, in the

enforcement

enforcement of this Convention, the Government of the United States recognizes the reciprocal right of the Government of China to enact and enforce similar laws and regulations with respect to citizens of the United States.

Article X.I

If any difference shall arise between the Governments of China and the United States relative to the interpretation or enforcement of the present Treaty which it may not be possible to settle by diplomacy, it is agreed that such difference shall be submitted to the permanent Court of Arbitration at The Hague or to an arbitrator specially selected by the two Governments.

Article XII

This Convention shall remain inforce for a period of ten years beginning with the date of the exchange of ratifications, and if six months before the expiration of the said period of ten years neither Government shall have formally given notice of its final termination to the other, it shall remain in force until terminated by a twelve months' notice to be given by either High Contracting Party to the other.

Exhibit A.

CERTIFICATE REQUIRED BY ARTICLE V.

This Certificate is issued under Article V. of the Treaty between the Governments of China and the United States, dated ______________ day of ____________, 1904, to ______________________________, a Chinese subject other than a laborer, whose present occupation or profession is that of a _________________ and whose proper signature and the description of whose person is attached hereto.

DESCRIPTION.

Age, ________________years.

Height, _____ feet, ___inches.

Physical marks and peculiarities __________________

____

____

Signature of Bearer.

____

SEAL.

This Certificate is issued as evidence of the permission of the Government where the said ___________________ last resided for him to go to the United States, as a means of establishing his identity, and as evidence of his right to land and reside in the United States. As witness my hand and official seal this_______ day of_____________, 190_.

(Signature of the official and his office or title.)

I do hereby certify that I have examined into the truth of the statements set forth in the foregoing Certificate, and found upon examination that the same are true, and that the signature and seal to the foregoing Certificate are the genuine signature and seal of ______________________.

As witness my hand and official seal this__________day of ____________, 190_.

____

Signature and Title of Officer of the United States.

三九

收　十月廿二日

咨呈

欽差出使美秘古墨國大臣梁　為

咨呈事竊照巴拿馬埠自主立國將開通海峽全權讓歸美國疊議招僱各國勞工前往開掘前聞有美國人魁爾利 H. L. Curry 自稱爲香港中國公司 The Chinese Company 代表人集有鉅本稟請美國開河公局准其包僱華人承工每工每日祇索美洋六角凡住屋醫藥衣食一切均包在內本大臣以該處水土最惡工作艱難傭價過廉公司苛刻種種情形均與華工有損無益當

經函達廣東愛育廣仁香港東華醫院各善堂查明情形列布告白俾華人知所趨避不至誤遭騙誘在案茲據巴拿馬商董戴國棟稟陳各節與本大臣前聞大畧相同所擬訂立合同邀求利益各事尚有可採惟招工一事美政府向不與聞此間礙難駁論若由招工地方預為防範似較得力如果為疏通游惰起見亦應由地方官勒令該公司優給傭值妥定章程由美國領事官簽印作保始不虞或生他變除分咨外理合照錄該商董

原稟備文咨呈

貴部謹請察核分咨辦理須至咨呈者 計鈔稿一件

右 咨 呈

外 務 部

光緒叁拾年玖月初拾日

附件一

抄件

照錄原稟

欽憲大人鈞鑒敬稟者竊棣於西九月十七號得閱占咪架西報據稱美
國擬招華工開鑿巴拿馬運河現經有華人包攬其事許以羅
致華工幾萬名之多每名日給美金銀六毫擬於舊金山香港
兩地分設局所代爲招募等因誦悉之餘實深憂灼竊以爲
萬一輕與成議貽患滋深倘能迅行遏阻固屬消禍於無形
即或不得已而爲殖民之計亦須亟籌弭患之方棣久客是邦
習聞華工慘狀不敢緘默自安謹獻其一二之愚以希
垂察溯咸豐三年美商因開通巴拿馬汽車軌道曾招華工一千
名而生還者僅十之四其餘或以不勝勞働筋疲力竭而死或
以不堪苛虐箠楚幽繫而死或以不習水土嗜烟犯瘴而死
死者踵相接也即幸而得生者亦以百物騰貴醫葯頻繁
皮骨僅存胥囊垂罄國棣初抵此埠時猶及見當日華工之流落者
述其曩事甚悉今雖瘴癘漸消然晴雨不時水土仍惡安坐而執
商業者尚且動輙致疾況苦其筋骨於烈日暴雨中而無所
逃避者可慮一巴拿馬既設華人入口之禁則美人益得以藉
口防閑其拘限華工必倍加嚴酷職役所在固不能望越雷池半
步即工人之親戚僑居巴國者欲一往問疾周恤亦必隔閡而不
使之通役同犬馬而拘若囚徒將有視近日非洲招工而更虐者
可慮二聞美國初意擬招黑人而彼處堅索日給美金一元二毫
始允應募後以該包攬之華人許以華工每名僅受該價之半
故樂得改圖竊思此間衣食所需莫不昂貴所獲工金六毫
就使務從儉嗇且又身無疾癘而日用之外所餘無幾矣而況乎
醫葯之費爲必不能逃免者乎彼包攬者幾不知有汗血之勞

惟恐吾華民之豐財折福者豈以堂堂
大清之國民其生命勞力之價值竟視黑人霄壤若此耶利不酬
害可慮三又查法商河工雖輟因舊有工停約廢之議故仍留
多數黑人循例作工其領發工金均係按期給足自美國承受
即用此華黑人為平治道路之工乃其所發工金則給無定期
期無定數黑人窘苦嘖有煩言夫今日之事草創尚如此則
他日之興作大工可知美對付強項之黑人尚如此則對付我華
民可知矣尤可慮者美巴河約該公司既得貨物免稅之權利
則當衆工大集時必發工票而不發現銀強令工人憑票取貨
一則利權不使外溢一則任意昂價使吞聲飲恨而莫可誰何
此美人之慣技而必不能免者也可慮四況種種可慮皆在意
中且所徠工人至數萬衆即使生還者視前此千人之役成數

較高則填溝瀆者已不勝數矣夫內地覓食維艱貧民每以
出洋為樂而不肖莠民為外人鷹犬者遂得抵間而入諱其
害以安之張其利以誘之則投其阱者必多其以數萬人自命
者必非誑言但草菅人命以充扱私囊固不暇計耳仰惟
憲德帡幪不欲使一夫不獲竊念此舉關係民生故敢覼縷瀆
陳伏乞早為
設法阻止倘能挽回此舉則仁壽斯民造福固非淺鮮然或者內
地各　大憲以為民窮財盡不能不移殖於外以謀其生是亦
裕民弭盜之一端棟等何敢非議則惟有乞
恩妥為
咨商請於訂立招工章程合同時要求利益數事以資抵制庶免
貽害綦深茲就管見所及謹擬要求數端條列於後附以瀆

陳乞
垂察核斟酌施行即或美國不能全應然磋磨得一分利益即蘇息一分民困棟鯫愚之見迂繆闕略在所不免不勝惶悚待命之至
專此恭請
鈞安
光緒三十年八月二十六日巴拿馬商董戴國棟叩稟

謹將華工應募妥擬要求事條列附呈
憲鑒
一開河公司宜設常備華洋醫生及常川葯局遇有華工染病無論輕重均須贈醫施葯概不索謝以免貧病之人束手待斃
二應請美國乘此招募華工之時使巴國盡弛華人入境之禁庶不損傷
國體而工商亦交受其益且華上華僑探問工人亦不致阻閡
三開河公司不得以非理凌虐華工倘遇有苛待情形准華工華商人人皆可稟訴若查有証據當即照會美政府轉行該公司討還原人雖未滿約期亦須由該公司補足舟車等費
四以日給六毫之值酬十分危苦之工未免過於菲薄宜與極力磋商縱不能得一元二毫亦須酌中定價
五每月所給工值須分為四期每期給足現銀不得少欠工人領銀後欲向何處買物須聽其自由勿加抑制不得須發工票及强令取貨抵銀等情
六至華工合同滿時其工人愿返原籍者該公司例必載回原籍其不願返籍而欲留此地營生者則須聽其自由不得勉强壓制

四〇

再稟者議約之際若能藉
國家之威稜當軸之碩畫竟廢全約書奏膚功此所謂如天之福也但近今外交之難辦商民等亦畧知一二豈敢好為大言不求實際或不得已而思其次則禁約雖不克全廢亦當有所要挾廢其續增條例之已甚者以爭回權利於萬一謹再將鄙見為我
大人瀆陳之

一禁例本起自美國迨檀香山菲律賓改隸美版相繼照辦華僑益困無路可行今縱不能遽廢全約則檀菲兩島必須力爭以期豁免夫檀島以糖業為出產最大宗自禁華工以來糖商大窘財政日絀此檀人所同病也菲律賓土人難用美國新經營此區非有華工不能得力此又美國報紙所常論及也况美國本境白人居多華工分彼工之利故工黨持之最堅若夫檀香山所爭者則日本人之工耳菲律賓所爭者則該土人之工耳本於美國工黨無甚大關係其所以仍禁我者不過以是為國例所在云爾故若吾國以此等實情指明抗辯持之稍堅美廷必讓步無疑矣

一美國禁例本為工人而設然則凡非工人皆在例外明矣查光緒二十年條約第三條內載除官吏商家教習游學游歷各人員皆許入境云云夫此五種以外之人其非傭工者尚多多也約僅禁工乃並此而禁之其悖戾於論理莫大焉推原立約之始美國作此含糊字面實以為藉口舞弊之地也商民等以為若能遲廢全約最善也就令不能亦宜與之斷定界限凡工人之外一切不禁所謂工人亦須指明某項某項資格如鐵路坭工洗衣工洋廚工等數項作為工人凡在此外者即以非工論庶幾界線分明不至礙及他色人等

一美廷禁例日新不可思議其意非徒欲將未來者拒之不使來也實欲將已來者驅之使盡去彼見夫通商有約凡為商者不能拒絕也於是乎務縮窄商字之範圍自光緒二十四年以後而開酒食館者謂為非商矣迨至今年而開捲烟廠織帛廠縫衣廠者皆欲謂為非商矣以前此等諸商可以不取册紙可以取商照來往華美今乃強辭厲禁寃抑孰甚夫酒食館裝修之費動數萬元中西紳商往來入口貨物充斥稅關歷歷可稽如華人所開捲烟廠縫衣廠其大者每歲向西店購買烟葉絨布等類以為原料所值動以百

萬計此而猶謂為非商則商之名義謂何矣充此類也則華人雖集千數百萬之公司來美開大機器廠謂之非商焉可也此實强詞奪理之甚矣其故皆由條約中語句不分明未嘗云於工之外不禁而剛至於彼五等人以外皆禁故也故劃清界限為議此約第一義酒食館為東方大利源所在捲烟織帛縫衣諸廠為西方大利源所在應請實力保護

庶安僑氓

一條約中載明凡合例來美者經地方官吏發給文憑由該處美國領事簽名蓋戳即可入境乃近年以來美國屢設苛禁多方留難在税關建設木屋凡華人到者無論持何種文憑皆須拘禁屋中遲至一月半月方始提審審時若供詞稍有牴牾便撥回原籍似此苛制實出情理之外夫領事者政府之代表人也美領事既已簽名蓋印則是已認此人為合例是不啻美政府之認此人為合例矣然則其人持照抵境時只須辨認領事之名及印之真贋焉可耳苟非贋矣則其人雖不合例亦非其人之咎實美領事之咎亦不啻美政府之咎也此而留難孰謂合情應請我國政府與美廷申定前約再加切實凡

華民來美其在本國出口者經地方官發給文憑美國領事簽名其在別國屬地出口者
經該處華民政務司發給文憑美國領事簽名則到境時驗明屬實即便放行無得留
難稅關木屋制同犴狴玷辱
國體莫此為甚應請力爭務求撤去即有疑竇或須審問只得取保上岸隨時到案
一條約原文凡已居美國之華人可以隨時來往華美惟須由關吏給以憑據為復來
時登岸之證乃近年以來亦復多方留難當領憑之時動須候三四十日始回覆准否持
據復來仍拘木屋中待訊費時誤事其害實深應請申明前約凡有在美境領憑者務
須立即給與俾隨時出口如光緒八年所出鷹紙一樣其持此憑復來美者不論從何處
稅關登岸皆要准入不得阻延至二十四點鐘以外又該華民回國不拘久暫但持有此
據即能隨時任意回美
一歷次條約皆聲明已居美境之人美國一律保護與優待之國同例乃近年以來復
有查冊之例溯原此例之起所藉以為口實者因光緒十九年　前欽憲楊許其

以前入美境之工人一律注冊此後無冊者即撥回籍開此厲階至今為梗近一二年因無冊之故押令出境者每月以百數計致使我民騷擾驚皇岌岌顧影病民之政莫此為甚夫當注冊之時其例必須注者不過工人耳則其餘非工者自應無冊也明甚而美吏尋瘢索垢無論工與非工動輒逮捕況工人之冊亦間有遺漏遺漏之後則雖合例而亦不准居矣甚至本年八月間使署參贊汽車途中亦以查冊為名橫遭盤詰其辱我

國體孰甚焉查美廷所以嚴設此例之意殆以為我華人時有不合例而私逃入境者故為此以相驅除也夫立約只禁其來既來之則安之若有偷漏攔入是不過該關吏之不慎耳只當自咎而烏可以波及無辜之人平等優待之謂何矣此例為現在華僑人之切膚之痛懇乞持理力爭務求剗除不然不及數年全美華民將盡絜以去矣

一華民有從美國假道往別國屬地者或往英屬加拿大或往墨西哥或往哥林比亞或往西印度羣島或往秘魯或往智利皆以美國為孔道勢不得不經過其間或搭火車

或候火船總須踏入美境任其往既非美屬則亦當准其來往無得阻留美員亦無權可以審問之昭昭然也乃近年種種盤詰苛碎或藉詞言之誤強撥回籍其損吾民身體自由之權利實甚應請與美廷訂約凡有此弊實致我民失時損財許向美政府要求賠償損害之費

一近年又往往以傳染病為詞雖合例亦不准登岸其甚者如本年七月間有學生江某由北洋大學堂卒業持有合例游學護照乃竟謂眼疾恐致傳染強撥回華夫眼疾傳染誠前古所未聞也似此上下其手非特條約所無抑亦例案所未有推此以往則雖朝廷官憲前來苟欲拒絕何患無辭蓋近來苛例類此者更僕難數此不過其一端耳推原其朔實由光緒六年十月十五日北京條約許美國有隨時限制華工之權所以日出日新而我無以為難懇乞將前約修改凡此等語句務請删除淨盡即云禁也亦當有一定法律免致朝令暮改使我民迷惑無所適從

以上八條皆所謂不得已而思其次也縱不能遽廢全約苟爭得此數事者亦可稍為

補苴以得所慰藉苟
大人始終堅持以商民等度之事未有不濟者也若更不得已而再思其次焉則猶有數條
萬不可以不爭者且如入口時審問之例必不能免也則外國審問罪囚猶有定例有律
師以為之抗辯焉有陪審員以為之判證焉乃現在美國關員盤問入境華人之口供不
許一人在旁知狀苟非最野蠻之國其訟庭未有若此者也應請凡此等案必須許我
使署領署人員臨場聽審許聘律師代辯此萬不能不爭者一也又近例華民到岸其父
母妻子親朋到船探問一概不准據美國刑律雖罪犯極等猶許親友入獄問訊華人何
辜而待之苛於死囚曾是公理而若茲耶此萬不能不爭者二也又西例審案凡有被屈不
服者例得上控求再審今華人入口之案除持美國土生護照外其餘各種人一經寃抑批
駁即便撥回不准上控不公實甚此萬不能不爭者三也且如查册之例終不能免也則
萬不得已亦宜將現在有工人重新再給册一次以後無册者乃作為違例不然前此失
去册紙之人既有許多濫肆逮捕何太强暴也此萬不能不爭者四也雖然此舉不過暫

赦一時而貽患於後日者方長苟能稍進似斷不應行此下策又光緒八年美國初行禁例之時每工人發照一張名為鷹紙許其持此復能返美此種紙連發至光緒十二年乃忽戛然而止計前後所發凡萬餘張及十二年五月有工人五百餘持此紙來稅關不認强撥回國以一國政府而失信如此豈謂合情應請持理與辯凡前此鷹紙務准復來此萬不能不爭者五也又近日美國新例雖持合例護照以入境其入境之時關員將其護照留下不再給與然則其人甫離岸數武萬一有陰持之者指為無册縶之而去彼人無憑據以自明也此係最新之例行之不過兩月餘耳其所以設此例之故立心殆不可問此萬不能不爭者六也又今年新例凡入口之華人由關員特設量身機器將其全身骨節之長短乃至耳目口鼻肘指膝踁之距離一一度之此種機器乃法國所創今日歐美諸國專用之於獄中以防囚徒逃逸者也今吾民之來美為經商也作工也非罪人也烏得以此而污衊我此萬不能不爭者七也又如學生或屬寒士不能全備學費往往於晨間晚間或暑假之時傭工以自給此其志之可嘉亦甚矣漢之丁寬明之王艮為世大儒皆

從此起日本學生在美者數百人其且傭且學者十而七八即美國學生類此者十而五
六斯可謂天下之達例矣而美廷於中國學生或有持游學護照前來不得已借此以自
給者則從而逮之曰是工人也其寃孰甚夫中國今日亟思變法而苦乏才則游學歐洲
之人愈多愈妙無待言矣官派既難於籌費私家又每多寒士得此一途庶可補助於
萬一若復塞之是杜絕全國之生機也應請訂明有我國學生經在某校肄業者雖其
晨暮及暑假時為人傭工不得以工人論此萬不能不爭者八也又男女居室人之大倫查
美國現在新例惟商人許携妻來住其餘工人一概不准夫既在美國之工人美已准其居
住則何使其夫婦離羣號稱文明之國似不應爾此萬不能不爭者九也又華商店鋪中
皆應有管庫買賣手等種種職員此等人不能以工人論今美例凡此等人皆入禁中
然則一鋪店中僅有店東一人遂足乎如此禁法實何異制華商之死命也其萬不能不爭
者十也以上所陳略舉大概其餘煩苛苦擾之情形雖更數僕難悉數焉要而論之苟能力
持全廢禁約之一大事則前此之八端不爭而自除即不得已而能爭前此之八端則後此之十

事亦不能而自破若他不能得而惟於茲區區小節相辨難焉是孟子所謂放飯流歠而問無齒
決也即能得之亦百步與五十步耳雖然今日外交艱難商民等具有天良亦豈敢過於求備誠恐我
賢父
母於僑民困苦之狀雖哀之而未能盡得其情萬一所求廢約之一大事稍有所窒礙而不能
行更思小小補苴以蘇民困於一二而又不知實情無從按條批駁則憾莫甚焉是以不辭
冘沓縷述下情伏惟
大人
哀憐焉而一援手之僑民幸甚大局幸甚抑商民等更有一言竊聞天下事理求其上者僅
得其中求其中者必得其下故今日之約非從大處落脉不足以收功就令僅欲補苴一二
似仍當以遲廢全約提議搓磨之極雖極不得手猶足以爭回種種之權利況美國上等
紳商有可以利用之道而廢約之事實非空懸奢望者耶此則
大人
自有權衡無俟商民等再為詞費矣商民等焦灼下情干瀆
清聽伏惟
鈞鑒謹附片陳明旅居美國商民再稟

81

商部為咨呈事光緒三十年十
據旅居美屬檀香山中華會
等合詞稟稱美國禁約將次期滿懇請籌
撤檀禁廢去全約又據附稟若必不得已則
請擇其原定禁約之失當者與其續增苛例
之難堪者駁除一二以挽救於萬一各等情
前來本部詳閱來稟歷述新例禁制之苛
與夫目前補苴之計情詞迫切亟當設法磋
商以慰僑氓内嚮之意查中美工約之
值限滿改訂之期前准駐美梁大臣函稱須
俟西十一月初間選舉定後方可開議現在
計已屆期相應抄錄原稟咨呈
貴部查照希即轉達梁大臣一併酌核提
議可也須至咨呈者　抄原稟

右咨呈

外務部

光緒叁拾年十月　拾弍　日

附件一

照錄檀香山中華會館總理鍾宇等稟

具稟商民旅居美屬檀香山中華會館總理鍾宇偕闔埠華民等

稟為美國禁約將次期滿懇請籌撤檀禁并廢去全約以保

國體而順輿情事竊商民等向居檀島遠沐

國恩身雖在於異邦心常縈於故國蓋

天威可庇

王者無外遐瞻雖屬疏遠而關係固自密切也檀香山實為澤國宅於太平洋巨浸之中為東西半球往來孔道諸島奇零突兀海上自故夏威夷王國時效尤美人已有禁例但旋禁旋開迄無一定或小示限制嚴額以招之來或大開門戶撤禁而迎之至商民等為農為商聽其自擇生計之易冠於他埠迨一千八百九十八年即光緒二十四年地屬美人即嚴行禁例法日織而日密禁愈久而愈厲於是商民等已不聊生矣當檀地屬美之時檀香山有華人將及三萬六年以來或去而不得復來或來而不能登陸今日統計留檀者已不足二萬人坐是之故耕植之工務農因而折閱者有之貨物不銷商戶因而倒閉者有之目前商民有致富數十萬或十餘萬者今則日坐愁苦大有朝不慮夕之勢此則禁例有以致之也然禁例之行美人必先得我之認可是禁例又藉禁約而後行也查美國禁工約初立於光緒十年即西歷一千八百八十四年訂定十年期滿迨光緒二十年即西歷一千八百九十四年復再展限以西歷二月十一日在美京簽押以西歷十二月七日互換實行聲明再以十年為期今年西歷十二月七日即滿期矣此數月內即為以後十年之定局寔我僑民生死絕續之關也美國自立此工約以來我華人寄居其國內地者其人數每年遞減當未禁時即光緒九年華人有三十餘萬及續禁時即光緒十九年華人已二十餘萬矣據去年美人所調查則光緒二十九年華人僅有十餘萬是每十年而減十萬禁約以十年期滿此次若又續約續禁則十年後美國及其屬地必無華人之足迹已可斷言不知來視諸往其數可得而推也且即以檀香山屬美以後之六年而論由將及三萬之數而減至不滿二萬其拒人於千里以外逐客於六年之中銳減至三與二之比例固若是其可驚也然則再續行禁約十年檀地必無華人斷可識矣檀香山以種植為業首推糖蔗次則禾米

故夏威夷王國時我國未與通商訂約亦嘗有禁華工來檀之舉
然每當工人之絶則弛禁招工華人自接踵而至雖值生計困難市面
凋弊若華工一至則商情必大有轉機而民困因之立解此固屢驗屢
效而不爽者也其後檀人不察迷於美禁華工之説轉而招用波桃李
固人然其人頑惰不任苦力今且盡变而為游民矣其後又改而招用
高麗人然北方之人不諳蔗業强之使就未必不以功多藝熟略知

一二但人地不宜其不如粵人者遠矣日本來檀者計七萬有奇人數寔
冠他族然挾制罷工往往而有糖榨苦之且蔗業仍不如華人之當行
耐勞仍不如華人之可恃故檀中糖榨皆以華工為最合用而大衆一致
檀香山田館凡數百所皆屬華人禾米專利之業亦為檀島地方出産
之尤華人自耕而自刈自收而自穫其渴望工人益可想見非無土人然
不習農事以食以嬉非勞力之選也非無美人然安於逸樂奇苦之

事彼且以為下工賤工而不樂就也是故有華工則檀山日以興無華工
則檀山日以敗此關於生計問題之現象有斷然者然而檀山所以必禁
華工者則以美既縣檀而檀行美例故也美之所以必禁華工者則以
禁約許之斯禁例隨之故也夫禁約之成彼國工黨嫉妬華人之所致耳
其所恃之原論則曰華人無論所操何業輒減低工價與生計之程度
蓋謂奪其手業也然糖米諸業為檀島産物其勞力之賤美人斷不

肯為我固不能為害於彼彼又何能修怨於我藉令日奪彼手業矣然
每次輪船自亞洲東渡日本人來者源源不絶或以千數百計而工價廉賤
視華人且有過之而無不及焉然則與其用傭值低減於華人之日本人而
不為病何如用傭值低減於美人之華人而無所害價廉奪業之問題
不言而決矣況乎彼之所謂妬我嫉我之工黨檀島原無有也徒以禁
例所在檀境一隅不得不牽連而及之耳或曰美國既已限禁華人則

連雖不得倶飛檀地斷無幸免之理然前任斐獵濱總督他扶氏亦請於
斐獵濱領土免禁華工雖美京上下議會格其議而未見諸實行但斐
獵濱之可以不為美國禁例所拘牽該總督必有真知灼見者以斐
例檀檀之可以免禁亦意中事又如近日美人擬開巴拿馬運河美政府
議用華工其國内工黨頗有違言政府仍毅然獨斷排衆論而為之夫
巴拿馬自去年已為共和國離哥倫比而獨立其表面固自國其國矣

而其内容則不啻為美國之領土美人之權力所及即為禁例之權力所及
古巴既已自主美之禁例至今行之不衰是其明證也然則巴拿馬之援例
而禁華人本無可疑何以美政府仍有排衆論招華工之舉彼其政府若曰運
河之工奇苦異常非美人所能任也美人不任而轉用他國人其能耐勞苦
善服從者宜莫如華人若計必用他種人以為之矣曷若華人之可用也以故
工黨非之議會難之而政府之執行如故日前有某氏擬承招華工估價廉

賊於用他種人者各報已昌論之且多贊成之語美例凡公家工役禁用亞人巴拿馬運河固純然美政府之工役也而政府之執行若此此可知禁例之行於檀島者張弛固在人為矣商民等僑居此地見聞較真每當美京議會闢門之期檀中美人因不竭力籌策請招華工其初則兼及美國全部請一體開禁繼以事體重大必不可得則請免檀島一隅禁例斷斷然惟此為急務一若舍此別無以為振興檀地計者其總皆稟報關於此事而切實籲請曾無所諱其糖榨公司以切膚之痛因燃眉之急擲巨款遣幹員著著運動冀得此一線生機者又屢見而不一見矣商民等以為免禁而僅出於美人之請則其力單其勢弱若得我

政府扶助合檀中之美人併力兼攻則美例或不行於檀島歷年以來我

國爭例訂約皆為美之全部禁例發議鮮有提出一地以為某也可以不禁而立言者商民等非欲

政府獨私於我僑居檀地之華人也與其同歸於盡則何如救其所可救者猶有一命之延且檀禁既弛則華人源源而來亦正不止為商民等現居檀地計也美國近日商務日進工業亦繁其國內四十餘行有皆彼工黨勢力範圍之地獨至檀島所用者皆勞力苦工彼工黨已視為甌脫寘爭所不必爭其間有仇視華人發為言論者則國內風潮之波及非真有不得不爭者存也抑商民等更有難已於言者此次屆期滿約能續行則美人固禁我約不續行則美人亦禁我彼為目前之計者以為有約亦禁無約亦禁與其無約而禁變故或生於不測何如有約而禁僑民或安其故常兩利相衡則取其重兩害相較則取其輕得過且過未為不可但商民等至愚以為美人之所以禁我借禁約為表面而寔以禁例為內容其主持禁事者則彼一國私權之禁例而非兩國公權之禁約也從來國際交涉之事談判之終即兵戎之始既無國威以持其後則結條約援公法亦屬一紙之空文必不能如約守法以相應也彼美人之意明知我國素弱莫能為害其言若曰吾美固實行禁限華人之事歸入內政則我自受其禁彼之名義惟必使中國政府唯我美之言是從借禁約而入於外交問題則華人亦不我咎審如是則我政府既外之而墮美人之術中復內之而為吾民之怨府有約何加無約何損夫有約而等於無約不如其已也若謂兩者實於禁約滿期不復再續華人僑居美境忽入恐怖時代彼美人之工黨必出其非常之野蠻手段以虐我則無約之弊不可勝言然商民等以為將來若果續約亦必以十年為限此十年中華人必無留居美境之理同是不能安居曷若早作歸計況今日而查冊明日而拘捕我即讓步彼仍虐待以現時之有約亦不能邀彼一盼而得其歡心又何必人為刀俎我為魚肉而必以續約為也

朝廷關心民瘼軫念僑氓諒既早經擘畫具有權衡但獻曝之誠不敢

自外且剁膚之禍难已於言為此不避僭越竭尽其愚伏惟
貝子爺公忠體國視民如傷
碩畫嘉謨當更有進商民等識見卑下不學無術區區蒭蕘実塵
清听惟是上念
國體下撫身家急切屏營罔知所措冀
垂哀憐俯
賜採納除專稟
欽憲外理合具稟瀝陳商民等一得之見是否有當伏乞
貝子爺鈞鑒
光緒 三十年 九月初三日 謹稟
再稟者此次議約之際若能廢去全約脫盡禁苦則如天之福
國家之所賜而民等之所願也然外交困難瞻前亦須顧後我國
積弱所志殊难盡伸若必不得已而思其次則請擇其原定禁
約之失當者與其續增苛例之难堪者駁除其一二以挽救於萬
一斯亦慰情聊勝於無也謹再將鄙見為我
貝子爺瀆陳之
一原约中第二欵有遵現時之例及嗣後所定之例一語
又第三款有遵守美國政府隨時酌定章程一語此明

是推翻他國訂约之公權而實行彼國自立之私例欺
我中國莫此為甚種種苛例由此而生蓋於彼已有特許
之權於我必無過問之理以故我駐美外交官遇有入口交
涉事件據約以爭則無功援例以爭或見效友約者兩
國所公定而例者一國所私立舍約而從例則又何貴有此約也
準此以言則我之駐使派領事不得為代表國家處友國平等之地位是直
彼國法律下受治之一人而已據之於國際法當不爲國所
存者也今宜援去年在上海與美國所定之商約之例攙
禁例於禁約中逐項摘明條分縷晰不厭其詳如商約
所定之某貨值若干抽若干一一詳述務使續約實行之
期限內不得改變則民有所持而始趨避矣今之禁例
至無定也一千八百八十二年五月新定例十五款至一千八百
八十四年七月則改而增加為十七款矣至一千八百八十年九
月又改為十五款矣是年十月又增四款一千八百九十二年
又增九款矣其後以一千八百九十三年十一月增二款一千八百
九十四年八月增一款而一千八百九十八年七月檀香山隸美
則增一款一千九百零二年四月斐獵濱隸美又增四
款而至於一千九百零二年五月美戶部將前此所有禁

例彙列增訂頒行共爲九十三款至去年七月禁例改
歸工商部辦理特設委員則又改爲六十一款矣且例之外
復有案一案云行此案即援以爲例其事至繁其法至密
朝令夕改將何適從商民等以爲續約十年則十年內之
變更其例必不可思議約自約而例自例其結果如是也
今擬抵制此弊宜於續約中聲明此後美人有權自定禁例

之一語倘極意有所違則僅例於約內指明一切或附例
於約後條列子目則美人不能任意上下其手而此後遇有
入口交涉各件我外交官援約援例以爭皆有所藉口而
能免於向日受治彼國法律之下而辱我國體也
一原約中第二款有發給該華工執此約年應由回美執照但
所立之例不與此約相悖倘查出所執係情虛僞則

該執照所準回家美國之權利應失等語查此項華工
乃專指自美回華由華回美者而言於其出口回華時已
足查明底細不詳者乃始發給自華回美執照其所謂各情
虛僞者從何說起而該執照回家美國之權利又從何而失
一國政府行事詎不能篤於兒戲美人此舉不自諱之限禁
華工是直揶揄我耳且緣此而留難諸弊種種滋生其

出口也此邊太遠華人之器驗之比之若囚徒也其入口也於
審所驗病房羈留數天日不得食飽不得息監之若罪犯
矣使審問口供並無差忒則放之登陸已飽受慘毒若口供
稍有不符則上控於工商部擅押相去綦遠往返之須
二月以上其羈押之苦度一日如一年其他若斐欄濱等則
多至數月若工商部不准擅終則又橫歸合衆國廷
部訊就訊島論已經半年年不得了結華非犯罪而繫若重囚人生斯難幾而死地窮不解所謂文明據
之國而野蠻若此也且美例凡犯殺人死罪必得律師延訊又有律師得受陪審辯護之權利今華人來美義
於候審驗病房不得保出即親友探視亦皆禁絕甚至審問時律師陪員亦其手不得有陪審及書人
之肢視久裁判通例承審員無所偏袒乃識信讞今彼之
承審華人入口者乃立於原告之地位而兼裁判之大權此
等例法實爲美人慘毒華人所創造萬國皆無是也且

僅如原約所云亦專爲限制由美回華自華回美之華工耳
乃今則並商家學習游學游歷亦一律以此法例施之其與
原約相悖已不可以道里計今請凡遇此等無理之舉一律
削除務必據理力爭除工人外不得於入口時留難而工人之由
美回華自華回美者既有執照即便放行凡從審所
驗病房諸慘獄不得濫用而享受陪審保出權利尤為

在所必爭也
一原約中有限禁來美華工保護寓美華人兩語兩者
相提並論而限禁華工之例則層出不窮保護華人之例
則絕無所聞其意以禁我為主已可概見至於所謂限禁
之華工名並無界線工字之範圍既廣則來者之限禁愈
多查原約中第三款云此約所定限制章程專為華工而
設不與官吏商家教習游學游歷諸華人等現時享受
來寓美國利益有所妨礙據此則所指為工者除官吏
商家教習游學游歷五者之外皆屬工人矣既為工人則
皆在所必禁矣夫五者之外其不得以工人例之者不可勝數若文學
技術則如相畫師醫卜星相之類安得謂之工人若
則報館主筆樂師伶人之類安得謂之工人由此類推其情由此
類固不甚多在美人則皆以上等之人視之而獨至於我國則
儕於下賤其不平之甚者也夫彼之所謂商家者除一店東
主之外伙伴店中所僱用若總辦人若司銀人若買貨人若賣
貨人若書記人若看數人若代理人若學貿易人一概不得
有商人之資格即一概皆屬於工人之禁限然則非獨禁
工且並禁商也何也一店之大即以美人之才亦不能以東主而
兼諸彼豈我華人竟獨能之且彼之禁我所持之原論以為華
工價賤爭利而已華人自開之商店所僱夥伴豈亦爭奪
美工之利耶又如茶樓飯館煙舖靴帽諸廠一概不得有
商人之資格即一概皆屬於工人之限禁是天下豈有籌資
本以謀貿易而不得謂之商家者耶工人固禁非工人亦禁
我民果何所適從也商民等以為全約俱應大開禁例若
上也如不得已亦宜與之訂明工字之界限若何者為工所當禁除此
之外則一概不得以工人論而不必指明有若何者始於工字據原約
所謂官吏商家教習游學游歷不在禁例是明於五者外皆指
為工矣彼揀其長而我指其短彼以受嫁禍之手無固若
是其可畏哉今反其道而行之持之以堅爭之以力界線自明雖
限制亦不至吃虧太甚也
一原約中有官吏商家教習游學游歷各項華人備照自行
申明例准來美之利益須將中國官員或出口處他國官員
所給執照並經出口處美國公使或領事官簽名者呈驗作
為以上所敘例准來美之據等語乃近年以來雖經中國官
員給照美國使領簽名仍屬多方留難不得登岸查國際公
法所以派遣公使領事者代表其國之外交也彼其國之使

領簽單權簽名之原難惟乃既承認之於前而忽輕棄之於
後簽名者信之而準之來者禁者阻之而驅之去出爾反爾果何
為者且來者之亦不易也 册資雜用所費不貲及其已至遠
即被逐而歸凡人之情誰復能甘今請於
政府與美廷申訂前約再加切實自後無論我國官員發給之照
或出口處他國官員發給之照一經美公使領事簽名蓋印持之
至美即為例準來美之人不得於其利益有所妨礙驗照屬
實任使放行
一原約中有已居美境之華人美國一律保護與最優之國
同例等語乃近日美國各地例證凡華人不得執公家工役
此等舉動所謂最優之國同例者何在然此為今日不計以禁
用亞洲人一律成例彼日本人亦在例禁之列而按獨禁我
猶可解說也乃近年以來查冊拒冊備極騷擾保護何在最優
之保護更何在查注冊之舉惟華人有之當光緒十九年
前欽憲楊 許其已入境之人一律注冊而無冊之工人遂即擯回當
美國各行有注冊時業經騷擾商民 苦不能身親其事未由知
之至於檀地則嚴限某月即日止截其有事未能如期注冊當必
有人來即留以為他日查冊地步也且用此注冊一事檀地華人
喪失者不下十餘萬金統全美計之當必有百數十萬金坐失大
利也不忍言然此猶曰既往之事今姑略計也乃查當時所注冊
雖有工人冊紙一項而商家游學及教習等類則無之並注冊所以嚴
防偷入美境之華人而禁例則以限制工人而設其非工人者不待
注冊明矣然亦為其不待注冊而查冊者無論其為工人與否一律
嚴查查而無冊則縶之以去並擯之出境更不待注冊者其冊紙
又何從得來此其為理至易明美人之為此是直一律以工人待
人而先為關放示優異以為之地也又況有冊紙之工人年月既遠
保無遺失且前此故曾為商家今忽家道中落一時營商業
或因而倒閉折閱在美人商場中亦時所難免倒閉折閱
之後腰纏已盡則由商而為工矣為商之時無待注冊作工之
時忽遇查冊又將以何物證之於是而縶之以去擯之出境擯之於
理豈得謂平例以原約保護之條抑不兩相剌謬之甚者矣又近
日凡執游學游歷商家等照至美者當入口驗放時必將其執照收
没似此冊既無有照亦無存一經查冊之來必為波及即其原本有
証人終必釋放然日日查冊即日日下獄也縱也擒也堪其擾而聘
律師納訟費其為又必難免也今請務必據理力爭剗除此例
不然商民苦實不能一日安居於此地也

一原約中第二款凡工人例準回美之權利限以一年爲期
以離美之日起計倘因疾病或別有要事不能在限期內回美
則可再限一年之期但該華工須將緣由等於離境口岸中
國領事官給與憑批作爲妥據以期取信於該華工登岸之稅
務司該華工如不在稅關呈驗回美執照無論其由陸路水路回
美均不準入境等語查近日美國苛例百出待之以防病傳染爲

詞於在香港上海下船時多方留難指爲有病因而不得下船
者有之矣既抵美境船行多日困於風浪又指爲有病因
而不得登岸者有之矣然則不能在限期內援來其原因多
由美人所搆造實有如此也商民等知有歸國後來
在香港下船需經數次詰驗眼疾而不得來者航路窒礙
至一渡經過一年之限既已逾矣而展限一年爲時之何

其促也且原約於寓美華工雖自美回華由華回美
者須有父母正妻子女或有產業值銀一千元或有經手
賬目一千元未清者方可入第一款限禁之例等語倘兩年
之限期已過將棄其父母妻子而不顧耶抑千元之產業
千元之賬目不付之東流耶凡此皆難之又難而不得
其直者也今宜於此等無理之事切實磋商無論

展期一年二年或三四五年不等務必能復來
美境而後止但由我領事給與憑批作爲妥據不拘久暫
但持有此據即隨時任其回美
一原約第二款有家美華工或有父母正妻子女
或有產業值銀一千元或有經手賬目一千元未清而雖自
美回華由華回美均不入第一款限禁之例但華工

於未離境之前須先在離境口岸詳細縷列名下眷屬產業
帳目各情報明該處稅務司以備回美之據等語原約命意
則凡如以上開列各項雖工人亦准其復來其關於眷屬者則
以骨肉至親斷無令人分離之理其關於產業帳目者則以工
與非工本無定形而必限以千圓者蓋以表明其擁此財權雖
工亦無害於美也乃自今年西歷七月一日以來檀香山管理入口處

更換委員而苛例百出向日於經手帳目千圓未清之例僅准
此數附與銀行亦能援例領照今則即有此數倘非轉貸與人
則不給照其附與銀行之例又作廢矣帳目一項其範圍已縮
窄至此然則銀行所欠者亦不得爲帳目也此則愈出愈酷萬不
能不爭者也以上七事皆不得已而思其次者也然使全約可廢
則此數事者已屬皮不存毛焉附之例惟商民等亦深知外交困

難不敢過於求備故勉作補苴之計聊為慰藉之謀实不得
已也抑商民等更有一言風聞美政府近日為巴拿馬開河事
已決意招用華工其招工臺亦大反對後查得此項工程非美人所
能任數年前法人承鑿招用華工若金山大埠應招而往之華人
已死亡枕藉至今人有戒心視為畏途美國此次開鑿此河其
先擬用巴拿馬之土人而土人不肯就其繼擬招英國之黑人而
黑人不肯往迫不得已開禁以招用華人蓋巴拿馬運河之地
水土既惡蛇蠍又多彼已無可用之人故招我也日本政府去年曾
派幹員踏勘亦擬承攬招工及後派往者歸報情形遂作
罷論可知此項工程美國已無人可用非我莫屬矣今宜一面由民
間刊發傳單以阻吾民之往一面借此要挾明示美政府以不開
禁則不准招工得一事以相抵制彼未必不肯遷就而圖將來
莫大之利權夫巴拿馬運河固減縮大西洋與太平洋之航線視
蘇彝士河之利實百倍之美人離間巴拿馬於哥倫比而成為
獨立之國不惜破壞國交傷害名譽而得之者也有此河則為
將來之太平洋主人翁美人已籌之熟矣而苦無工人且舍我而莫
能為利而用之此正千載一時之機會也若謂

朝廷
一視同仁何厚於厲美之華人而何薄於巴拿馬之華工然近日

粵
督岑固有招赴斐工之舉使師其意而辦此事美人若果開
禁則凡各行省之伏莽遍地者亦可援之以為例一舉而数事
備亦計之得也且我不挾此以反對美人招之而華人應之無知
小民擲生命於九死一生之地爾時正所謂良莠不分也亦可哀
矣商民等欲廢全约所為呼籲於
以粤西乱事

賢
父母之前者此也不勝焦灼下情再瀆

清
聽伏惟

貝
子爺鈞鑒謹附陳明旅檀商民鍾宇等再禀

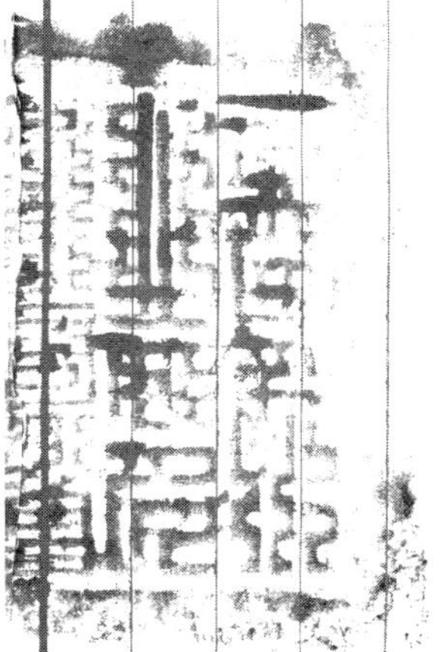

四二

考工司

呈為咨行事光緒三十年十月十二日准

咨稱接旅居美屬檀香山中華會館總理鍾宇

等合詞稟稱美國禁約將次期滿懇請籌撤

檀禁廢去全約又據附稟若必不得已則請擇其

原定禁約之失當者與其續增苛例之難堪者

駁除一二以挽救於萬一各等情詳閱原稟情詞

迫切亟當設法磋商以慰僑氓內嚮之意應請

轉達梁大臣酌核提議附抄原稟等因前來查此

事前經本部函達梁大臣與美外部竭力磋商

將條款妥為改定在案相應照錄來往函件咨送

貴部查照可也須至咨者 附抄件

商　部

光緒三十年十月　日

四三

照會

扣至光緒三十年十一月初一日即西歷
一千九百四年十二月七號屆滿亦特行文知
照此約期滿立即停止不再展期惟
國與
貴國素敦睦誼此
中貴國例欲禁止華工來美境倘可
彼此和衷妥商另訂約章為此預先
聲明相應照會
貴大臣轉達
貴國政府查照可也

四四

敬啓者，初七日肅上第五十七號一緘，計期下月中旬可以遞到。禁工約稿經將遵改之本繕送，各節於前函陳明在案。昨接海外部交來工商部所擬約稿一件，開列條欵與二十年續約大略相同，惟加入合例寓美華人重行注册及禁外華人領照來美，由美派員駐華查明簽押凴照入境二欵，而將應行十年改為十五年，華工二字改為華民，原定五項人等仍舊標列，衹有加嚴之意，並無寬待之條，其有心嘗試已可概見。誠即向外部逐層指駁，並

告以我國約本所索各節已極遷就無可再讓禁工之事
原係我國讓給美國特別利權此次脩約之事亦係我國
體念美廷辦事爲難想已知之無俟贅言所索縱使過奢
亦應勉爲湊合乃區區數事猶不見允我兩國講邦交重
商務不應如是也辯論久之海請晤工商部大臣茂加扶
面商一切誠 遂與茂加扶訂期相見細談約事先與聲明
二十年續約流弊甚多不能作據隨將送來約稿逐欵駁
斥並曉以原稱五項人等係屬比例之詞實非限定之語既

已誤解萬難承用茂謂商家所用書手即是傭工應在禁列　誠荅以華商貿易皆用華文書手縱係工人亦與美工無涉況美國議院定例所載工人名目並無書手在内美國書手亦不入工黨會社則書手非工可知茂謂宜將各項禁外人等一一詳列名目稍多亦自不妨　誠荅以工人之外職業甚繁累牘連篇亦虞掛漏兩國所禁者華工並非别項華人若能辨明是工非工即已合式不必問其為何項人也茂又謂工人所包甚廣若照擬稿第一欵所列亦有掛漏　誠荅以

此欵解釋工人字義係照録美國頒行例文並非杜撰茂
又謂派員赴華查驗發照一事華人凴照入境大有益處誠
荅以派員赴華查明發照則華人皆係合例來美凡抵境
留難諸弊均應革除而在美華人尤不得仍前騷擾茂又
謂華人重行注冊原為預防騷擾起見即是特别利益誠
荅以合例寓美華人一語實覺含混既可重行注冊凡寓
美華工均在其列不必問其是否合例且華工華人截然
不同不應牽合茂又謂美國移民通例不論何國人民准

否入境均由工商部委員裁判不許控訴審院未便專許
華人誠荅以工禁祗有華人並非各國一律既有特別限制
應享特別待遇茂仍以不合通例爲言誠又告以飛檀兩
處不應一體施禁爲之引證古今歷史及時人議論茂加
扶不置可否祗云控訴審院屬島開禁總難成議又云
約文疑義交出公斷亦有未妥誠告以公斷辦法實因
律部誤解前約不得不設法防維以杜他日爭執是非
曲直彼此同之毫無窒礙行約以十年爲期已屬過久

改為十五年萬難照准總之開禁未能即行我國時論
已多指摘若再施以束縛朝野勢必譁然我政府辦事
處處須俯順輿情不便强為壓制亦與貴國博採衆議
還就工黨同一宗旨而和平純正殆有過之屢奉政府訓
條堅持原稿斷難退讓惟望從長酌議等語茂初入政府
工禁問題本未澈究所持理論大抵政黨故見局外浮議
居多經誠反覆開陳始覺有所感發語氣亦近圓融或
不致始終固執亦未可定然於控訴審院檀飛開禁二事

堅執不行磋磨就緒似不易易容徐圖之此誠與美
外部工商部籌議之情形也昨晨前赴華專員精琪
來署談及約事言海外部本擬悉照送稿簽押惟兵
部搭扶力持呂島禁議而不及他事工商部茂加扶
力主仍照舊約而不問檀呂海與二人面争數次已成
意見現在頗難收拾大約小呂宋開禁一節萬難照
行等語誠答以小呂宋近在門户華人流寓已數百年
工商實業華人操之爲能遽施禁例從前允美禁工呂

檀原不在内令強行苛制尤為不合我國輿情向背政府亦難強違若萬不獲已惟有不再訂約聽美廷好自為之而已至謂工黨勢力方張總統難於偏執則我國所對待而認許者係一國之政府非一羣之工黨未可以為口實倘約廢例行悍然不顧則各國皆可立例皆可報施強弱或有互殊曲直不容倒置可將鄙論向貴國通人徧述當不以為謬妄細察精琪之來似係為海約翰等作説客誠特暢所欲言聽其轉

達使知我之宗旨或可委曲就範昨夜總統接見各
使面言有數事欲晤商遲日約請相見殆亦為此約
也俟有續聞再當奉布先請
代回
邸堂列憲鑒核是荷專肅敬請
均安

梁誠頓首

光緒三十年十二月初十日
美字第五十八號

四五

敬啟者二十日肅上美字第六十四號函度邀
堂鑒工約一事以小呂宋檀香山開禁各節美人梗議又
值議院閉門外部休沐一時未能續商延擱又將數
月正擬將實情函達
鈞部昨日柔克義來見談及此事頗以我所要求各節
斷難全允爲言又疑所開辦法爲誠一人私意不盡
出自
鈞部訓條因以不可固執致碍全局等語再三勸説誠

察其詞意必有所指因密為探訪始知美廷已有訓
條令柔克義到京後專向
邸堂進言請將工商部派員附駐領事館內專驗華人赴
美護照一事照准施行而於約稿各節暫不置議 誠
查脩訂工約原為補救大局起見我索各款原係應
有之義工商部派員駐華驗照則華人領照赴美隨
時登岸可免目前拘留候訊諸弊於我未嘗無益然
事權既歸一手考核自必加嚴領照之人多方挑剔

於彼尤形利便若各款皆能允行則以此一端相易損益平均原無不可今他款概不置議而獨提此節以相求請當此脩改之初即已居心避就他日約成之後謂能實力奉行乎況乎有益於彼者則汲汲圖成有益於我者則遲遲不發以此言乎烏乎其平此則誠所疾首痛心不能終日者也近日工商部又有清查華人名籍之舉各埠華僑驚惶萬狀經誠照會外部轉請總統速飭該部停止清查並面向工商部

蔑加扶駁詰能否轉圜尚未可知　誠抵美兩年官紳
上下尚稱接洽議辦諸事亦皆就手惟使臣一人之
力究竟有限辯爭既久習焉若忘儻
邸堂列憲於接晤美使時以華僑擾累等事嚴切詰誡俾
知宗旨所在內外相承則一切事宜必有把握至於
柔克義竟以前說向
鈞部饒舌應請
毅力主持嚴行拒絕毋令輕於嘗試大局幸甚柔已定

期下月初間起程東發，擬在日本句留兩來復，然後北上，專肅馳布，即乞
代回
邸堂列憲督核施行，為叩。敬請
均安

梁誠頓首
光緒三十一年二月二十九日
美字第六十五號

四六

具禀人旅美紐約中華公所闔埠商董李寶煌、趙伯棠、陳宗維、李樞天、伍勳昂、黄祐邦、關鳴石、江昌信、李功煌、劉廸維等禀

爲美使往京追續禁約乞　恩代呈

外務部

王大臣設法力駁抵制廢約切勿畫押以全

國體而安僑民挽利權而保商務事竊商等旅居異國遠離宗邦瞻仰

朝廷久蒙

覆幬自美國禁限華工以來巡差騷擾日甚一日旅民生計日蹙一日按諸兩國立約

之時初不料其變本加厲殘忍暴虐淩逼苛制至於此極也計光緒十年始立禁限

華工條約以十年爲期時旅美華人有三十餘萬約内聲明十年期滿倘不如意

當由滿期前六箇月先行知會等因至光緒二十年届期僅有華人二十萬耳旅民

驟減如此當時官民尚不知該約之爲害無人辯駁仍續行禁約展限十年一誤再

誤莫可呼籲此十年中美國政府苛例百出日新月異制肘萬端莫可名狀其他勿

論僅就其最苛者言之税關木屋等華旅於罪人因禁或數月或年餘每年困斃

者十數命冤慘難伸撥歸者千數百人家資蕩散至各埠查册不時騷擾旅民聞

風驚怖幸而逃匿者雞飛狗走閉門歇業不幸而被拿者或因禁或撥歸雖

有延請律師駁釋者已破耗鉅貲應數年苦工不能填償矣即至經商遊歷遊學

等人来美到埔時亦一律苛制雖甚野蠻之國無此政體試問彼國人到我國境內有此
相待否此十年中旅民困苦莫此為甚此皆禁約貽之害也至去歲光緒三十年十一
月初二日即西歷一千九百零四年十二月七號期滿在美華人僅有十萬餘耳禁
約之遺害想早在
賢明洞鑒之中經蒙
欽憲梁大人痌瘝在抱關心民瘼深悉華僑苦況欲出水火而登之衽席故於上年
續約期滿先行數月咨請
外務部聲明作廢並照會美外部存案惟我
政府顧念邦交姑允另訂條約擬稿送交美廷欲求於酌行禁工外別項華人
一律優待磋磨數月尚未就緒仰見我
欽憲定識毅力堅持鎮定體恤僑民愛惜保護之至意乃美廷以我
欽憲不肯簽名轉命新使勒忌希路往北京求我
政府畫押諒我
政府
王大臣公忠體國俯恤僑民必能善為籌畫以
梁公使之心為心抵制此約鴻謨碩畫具有權衡無容商等過慮也但以國際交涉

萬一稍爲遷就，順情畫押，再續行十年，旅民生計之困，美人禁制之苛，恐十
年之期未滿，華工將絶跡於美矣。華工既絶，華商亦倒閉矣。彼美人之所以禁
我華工者，不過徇工黨之情，謂華工攙奪其利耳。不知實因美工物入中國，攙
奪我工人之利，致令我工人失業，不得不來美耳。美以農國進而爲工商國，其工人
製造之品，物藉中國爲銷貨大市場，彼禁我工人，我禁彼工物。凡天生自然之品
物，准他入口，其稍經工人製造之品物，不准他入口，以其人之道還治其人之身，如此抵
制，如此辯駁，實天下萬國至公至平之道理也。彼國外交家雖具靈敏機變手
段，至狡猾至巧辯，口似懸河，舌燦蓮花，諒亦無所施其喙也。若不以此抵制力駁
禁約，遽許畫押，不獨大失吾華僑一向期望之衆志，抑亦枉費我
欽
憲數月堅持之苦心也。況自通商以來，漏卮日甚，不可以數計，惟藉海外旅民積些
汗血之財，還諸宗邦，稍償漏卮於萬一。若使禁約續行，生計益困，民窮財竭，
爲禍不堪設想。此皆商等親嘗之苦，切膚之災，爲此不避僭越，竭盡愚誠，伏惟
王大臣俯垂慈懸，視民如傷，上顧
國體，下恤僑民，設法抵制，力駁此約，勿遽畫押，庶有以挽利權而保商務。商等
生長市廛，罔識忌諱，特以此爲身家性命所關，謹將緣由瀝情具禀
憲台，伏乞代呈，實爲德便。爲此切赴

崇轅懇

予施行

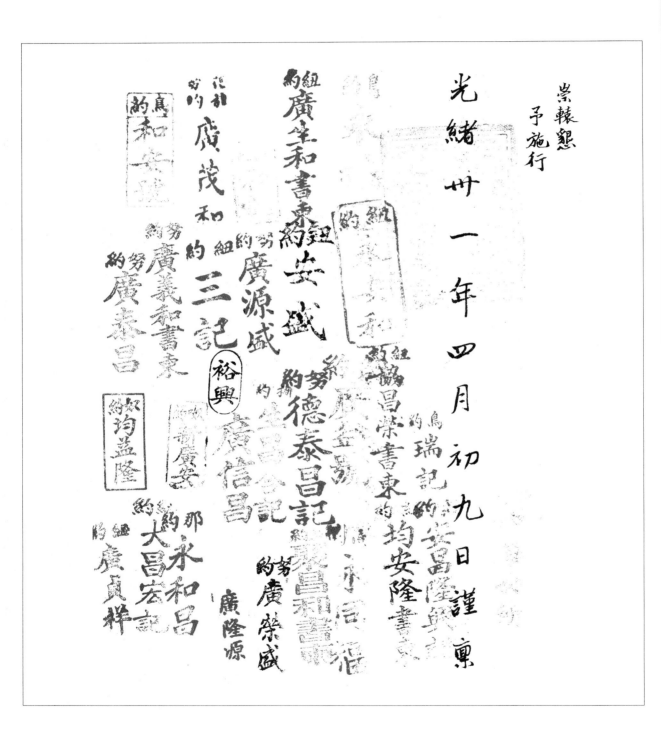

光緒卅一年四月初九日謹稟

烏約 瑞記

紐約 協昌榮書柬

約 均安隆書柬

紐約 安昌隆

紐約 廣□和

努約 德泰昌記

紐約 安盛

紐約 廣全和書柬

努約 廣源盛

紐約 三記

裕興

花旗砵侖 廣茂和

烏約 和安號

努約 廣義和書柬

努約 廣泰昌

約 均益隆

廣信昌

合記

廣隆源

努約 廣榮盛

那約 永和昌

大昌宏記

紐約 廣貞祥

四七

敬啟者：上月十九日肅布美字第六十七號函，計邀
堂詧。前函所陳華民來美被阻被擾索賠辦法，疊經商榷
著名法律專家，均以函應舉辦爲宜，當於日前分別
札飭各領事官轉諭商民一律遵照。各商民久罹禁
限之苦，忽得抵制之術，無不歡欣踴躍，轉相慰藉，以
爲不至如前之枉受荼毒，虛費貲財，末由伸理於萬
一也。諸埠會館相率捐貲刊布，而各報館更撰爲論
説，用相附和，民情蓋大可見矣。西省工黨以我官民

聯結抵阻禁例，美政府或為我動，工約必致從寬。工
商部諸人亦昧於交涉，間有索賠之說，皆皇然失措，
謂中國公使不應煽惑僑民，干預內政，羣向總統外
部申訴，迫請干涉，經總統外部以公法大義嚴切拒
駁，扈雜之言始為一熄。而柔使赴京議約之傳聞適
赴，旅美商民稟函紛至，堅請轉達
鈞部始終堅持，勿為所動。經 誠 分別電復，將
邸堂列憲子惠痌瘝之德意

籌畫操縱之成算一一宣布以安衆心並告以柔使各
情均經 誠 先期函達
大部自必一氣貫注毋庸疑慮嗣閱金山各埠華報始
知該商民仍復分遞電稟上瀆
聰聽急何能擇不知冒昧亦殊可諒也近日滬港華商
議禁美貨以示抵制該各美領事馳電歸報此間官
紳富商頗爲所動蓋年中美貨運華者如麥粉煤油
棉布三者均爲大宗棉布竟占所産五之三果禁制

不用棉業必受大虧不得不亟謀挽回免致利權為英德日本諸國所奪也惟袒工諸報仍守故見以為需捐棄商務斷不任華人前來擾我治安康使適至金山適告諸人謂華商素無團體不顧大局美貨若能平價自必私相購買此說播傳商界中人不復如初之洶湧矣此事係民間舉動本與政府無涉且與情固結實不便加以官威使其解散在我固不虞因此啟釁也以上各節謹據實陳布伏希

代回
邸堂列憲詧核是荷附呈發給華民填寫索償格式二張
統乞
存閱專肅敬請
均安
附鈔件

梁誠頓首
光緒三十一年四月初十日
美字第六十八號

四八

商部　為咨呈事光緒三十一年四月
初八日接據本部左參議王清穆
右參議楊士琦電稱據滬上各
幫商董面稱美例苛禁華工波及
士商游歷因梁使不肯簽約聞美
直向外部交涉此約一成各國效
尤國體民生均受損礙祈懇倡議
拒約以紳國權而保商利除逕電
外部外乞轉達等語查美苛虐曾
經本部據旅美華商公稟函致梁
使駁阻在案現既直接外部擬請
切實商明暫緩簽約俟滬商設法
抵制以期就範等因相應咨呈
貴部請煩查照辦理以恤商隱并
希見覆可也須至咨呈者

右　咨　呈

外　務　部

光緒叁拾壹年肆月初拾日

四九

敬啓者本月初十日上美字第六十八號函度荷
堂鑒前奉
大咨以
慈聖七旬萬壽美國總統上書祝賀頒發
答復國書一道飭誠敬遞經於三月間寄送到洋時值美總
統出巡遊獵於西南哥盧拉度省國務暫由兵部塔
扶提攝理遞書事關鉅典自應守候總統回都舉行
始足以昭慎重本月中旬探聞總統已歸特照會署

外部盧密士旋得回文訂期十六日在白宫接見受
書是日午刻 誠 恭齎
國書前往面謁總統敬謹呈遞總統肅受復詞致敬屏退僚
屬邀 誠 坐談首及東方大局畧謂日俄海戰進未
決窺察情形皆有所怯莫敢先發若能乘此時機從
中調解或可息戰然兩國均主相持尚未稍露和意
恐亦徒費口舌耳 誠 乘間諷以美國出為調人進成
和局國譽榮名定將不朽總統亦以為然謂仍須體

察情勢如有可為自必盡力此次俄國水師力量雄厚若果得勝日固不支然日本戰勝則東方高權一國獨攬亦將不利於中國不可不預為之防云云又及工約一事極斥工黨之非自言必將督飭外部工商部諸員設法通融務求訂成條約於華人利權工黨意見兩無損礙以副兩國政府之旨約款專主禁限工人其餘各項華人皆得任便往來居住與各國人民一律優待現行禁例章程實多過當業已嚴飭

工商部從寬辦理等語。誠即將華民入境被阻查册被擾各情詳細陳說，並告以禁用美貨商民團體甚堅實，與美國工黨禁用華人情形相似，我政府不便干涉。深為抱歉，總統亦無異辭。誠細察美廷君臣意旨，除工商部外，均以工約成立最為當務之急，我能堅持不稍退讓，加以華商抵制，牽及市面，彼必將條款範圍不至始終執一。我邸堂列憲成竹在胸，必有以慰喁喁之望而制方張之燄

也正繕函間奉

鈞部諫電遵於即日函達美外部，兵合併附陳，即希

代回

邸堂列憲鑒核是幸。專泐，敬請

均安

梁誠頓首

光緒三十一年四月二十日

美字第六十九號

光緒三十一年四月廿一日◎禮拜三◎西歷一千九百零五年五月念四號◎第三百四十二號◎第一張第一頁

（大清郵政局特準掛號立券之報紙）

時報

EASTERN TIMES.

每天兩張錢十二文

（日本明治三十八年一月十三日第三種郵便物認可）

時憲書

天氣預報

福開森致伍侍郎函

公忠演說會

新聞畫錦里嚮真一恒順號四月念五日開張

奉天賓官捐越級減成廣告

法學士村上天律師

華英商會買話

三井洋行專售日本官造紙煙

上海棋盤街北首三井洋行紙烟總經理處白

外埠批發處 天津烟台 漢口香港廣東廈門

上海新聞大綸綢緞顧繡局

本館告白刊例

女子世界十二期出現

漢口文明書局遷移廣告

南洋籌捐票加額頭彩五萬元

新測繪教科書附質問券

中國通商銀行告白

日本早稻田大學特別廣告

近來清國人士留學我邦者以千計……

政法理財科日師範科日商科年限……

中英學社

寒谷春生丹 育麟聖品 世間第一奇方

英界大馬路新新舞臺園燈號三月二十七日開張

普天下週寄送令勾後有獎

劉忠介人譜

本館開設上海四馬路門牌辰字(B)五百八十三號◎德律風二千三百零二號

收杜字八百十七号

第一張 ◎ 乙巳四月廿一日 時報第三百四十二號 ◎ 第二頁
（日本明治三十八年一月十四日第三種郵便物認可）

本館論說

論抵制美國華工禁約（續）

可慮奈何一曰對外恐不能一致加利福尼省所改定一千八百七十九年之新憲法凡各公司不許用中人前定合同亦作廢紙中人不許受雇於公家職業公司有敢私用中人者議院有定例以罰之聯合國人堅如金石故雖行以無道猶足有致府以拒華人今欲抗積久之苛禁非合至堅之團體必不足以持之此次續約不利於我我公使力毀之政府堅持之不行美貨之議又各省商民所踴躍贊成上下同心輿論一致固自可無他虞然中人散沙之諸業見輕於外人竊恐外人之運動奸人之煽惑伺隙抵間或以慫慂之譚巧爲嘗試曰若是恐傷兩國之感情也否則曰恐置困海外之同胞也否則曰恐有誤會暫息浮議勿遽抵制否則有損無益也然禁約爲國人所共憤抵制爲持平之公義以言感情乎則彼拒華工以保美工我亦拒美貨以保土貨二者相抵各自圖存事平理直亦何所傷且禁約困我不遺餘力虐我如奴嫉我如仇感情之傷至是而極傷固無可復傷也以言海外同胞乎則茹苦忍辱幾無人理二十年來有加無已困固無可重困也至於美禁之苛萬目共睹何云誤會公使拒之政府拒之舉國國民拒之何云浮議遽行抵制爲有損無益豈必逆施順受永不抵制然後有益無損耶凡此皆言固將以惑我人心緩我民氣夫美禁橫苛國民公憤利害顯著我國民何至或有動搖然同舟共涉稍有參差必至傾覆茲事體大苟非同心合力不獨貽美工黨抑且受害無窮此則私心所不能不鰓鰓過慮者也此則可慮者一

一曰抵抗不能持久美人之處心積慮以窮我華人也數十年矣得隴望蜀有進無退初未嘗有稍隙於其間今忽遭此強硬之抵抗固不能無驚愕而都顯然外交家之手腕不出於強硬則運以陰柔他日美人之威劫利誘均在意計之中二者卽不得逞亦必竭力持徐伺吾民氣之稍衰而復申前議二十餘年經營籌畫之政策斷不一遇抵制遽捨而棄置然吾國民既深信續約之成否爲國際之榮辱國民休戚之所係則持此最後之政策若不固我直彼曲我逸彼勞彼縱橫然理絀勢將當必思讓步以爲轉圜之計此誰者彼外交之術大略如是矣否則一國之市氣朝起夕滅適示我之民力薄弱長驕踐而啓戎心而已此則可慮者又其一

要而論之禁者之條約以我脆弱之政府當彼強盛之國民其失敗宜也今我國民奮其自力以爲對外之競爭以有效之求拒彼非理之要求其勢宜在我矣且條約者以彼此合意而成者也今損我利彼之約美人可悍然爲之我何不可毅然拒之彼丈夫也我丈夫也吾何畏彼我國民其又何餒焉（完結）

時事批評

所謂徐徐云爾者（此語出今日來函）我信仰文明國人民之言行也我確守耶蘇五誡中之勿誑也我尙以公使領事各紳士之文字言語設或可信也以我行私電而梁使之公電尙未到也我欲立於勿欺之位也我恐或果有誤也我其不願華美人之一片苦心也我欲立於不敗之地也而今何如梁使之公電來而令我悔我恨我羞我怒我竟欲哭而不得

梁公使之公電如何曰顧達部示擬稿送美專禁工人優待別項力圖挽救美不全允誠始終堅持不稍讓步曰專禁工商美不允若商若士奈之何而不波及也曰美不全允而始終堅持二十年二十五年之說何自而來也然則本館初二日之專電實而美人種種之說可疑我華人急謀抵制之術實未嘗誤會（冷）

要件

美總領事致曾君少卿函幷華文略說

啓者昨日光臨所議一切欽佩奚似前由敝國駐京公使柔若擬成英文略說一紙屬以華文譯出送請執事查閱茲祈轉致諸大紳士查閱實爲公便此佈順頌日祉

計送呈華文略說一紙

中美兩國續訂華工禁約一事俟兩政府承認簽字後自本月揭曉之一日

記者按吾華人惟恐至揭曉之日美人笑而我華人哭[illegible]來者可追故吾華人不得不力爭之於尙未揭曉之[illegible]而知其中實有數緊要之處須得稍加修改也

記者按無論何種條約其緊要者均不過數處今美國所認爲緊要之處卽中國亦自有所認爲緊要之[illegible]人現在之所以必要爭執者正以其中實有數緊要[illegible]待修改也

溯西歷一千八百九十四年一年中美兩政府深願商訂[illegible]衷互益之辦法禁止華工人美境今已屆十年限滿之期爾政府又擬新訂一禁工之續約商訂條約其續結者有云[illegible]約年限滿之日所有曾經簽字之政府均須於早六箇月以[illegible]明該約是否仍照辦理抑或另須更訂此一定之例也去[illegible]卽一千九百零四年十二月七號爲該約十年限滿之日中政府爰於是議及季照會美政府以一千八百九十四年之約[illegible]滿限須另立一新約以代之續也去年西六月約距今七個月[illegible]前中國駐華盛頓之公使先送一草約擬稿與美外部大臣以備討論此草約經美政府詳細查閱之後另擬一稿粘送華公使再由華公使轉送北京外務部核奪辦理當美政府所擬之覆稿其大旨悉本中政府之意而行

記者按美政府如果悉本中政府之意而行則美政府似當就我公使所送之草約擬稿而答允可矣卽不然亦稍修改語句可矣而今美政府乃另擬覆稿焉其不全允我梁使所提出之條件卽此可知其諸實爲吾華人所不得不注意之點乎

惟於其中最關要緊與夫互益之處稍加修改

記者按讀此數語而吾華人當可悟美政府所以必須另擬覆稿之故

實仍不外彼此易於辦理之一法也美國稿由華公使送呈外務部查閱後亦越三月餘約距今三月以前美政府復接收北京外務部新擬之草約以嚴核奪可否此草約卽中美兩國同認爲續約之底稿者也緣彼此均係實心辦理祇有相好而無相尤又何必多所議論

記者按文明國莫不有議院莫不與民間以參政權美爲民主國而禁約尤因工黨勢大劫持美廷而強我爲之今以美人而爲此言豈可謂恕抑豈謂我政府向持民不可使知之之義而故代我政府發此非常可怪之言耶

惟期能於速成

記者按美使既曾言續約在六個月後而願以吾華人今議抵制之殊非其時爲議矣而此忽又自言期其速成然則彼所謂六箇月後者以吾華人近來抵制之議正盛而欲以此懈我民心而彼得乘間以售其外交之術也今於何必多所議論之下加此一語是眞美使肺腑之言吾華人何幸而得聞之吾望吾華人因此而益堅持抵制之策且不特多所議論而更見諸實行焉則庶不負美使此番開誠相告之苦心乎

既不失兩國之榮譽

記者按此約之於美國榮譽如何雖不敢知而吾華人則斷斷不敢掩耳盜鈴而謂其不失我中國之榮譽也

又多爲商人所歡迎現在該約商務按照定例其中所有詳細條款雖未便向諸君盡情傾吐

記者按續約既須美國下議院於六箇月後方能議准則此所謂其中所有詳細條款乃何物耶且外交雖主秘密而此約並非密約亦與第三國絕無干係又於下文既有附以其中決無云云之證言則今日美人必欲解我華人之疑而幾我華人之惑豈不以盡情傾吐似較爲得乎雖然細繹未便二字之意吾華人當自爲計耳固不敢強以爲請也

然實可預卜其中決無或明或暗定欲阻擋有合例之華工等人重回美境之一段云云至除華工而外更絕無加重種種之阻力因無論何等華人或爲遊歷或係寓居或屬學生均不在禁止之例其且欲爲上等華人襲入境最難之一法也於何驗之蓋自總統以及庶民莫不有優待華人之心又欲相助爲理俾之易於明悉其風土人情以及講求之程度教授之新法理國之良規不啻惟是更欲使華人深知兩國互益交通之要義從此愈加親密因而約五年實轉圜近往來而起否則卽不得謂之和約惟有徒託空言而已

記者按梁使提出新約稿以與美政府磋商美政府不答允而反強我承認彼所擬者此事本報首先從詳美使署得約有確實消息自初二日發表於本報後凡我華人均痛國恥而動公憤日日集議抵制於是美人知吾民間之不易與乃故含混其詞以惑吾華人之聽或則曰新約較爲寬大或則曰續約尙未屆期甚且以本報所載爲捕風捉影嗚呼吾今得讀我梁使之公電而始深信我華人之確無絲毫誤會也然則今日所慮我華人之猶有誤會者其惟此美公使美領事自爲其本國計之外交家哉乎

小說

白雲塔（一名新紅樓）

（第三十三）四月初二

到了四月初二那日天還未明市內紳商士女個個裝束停當身上穿了獵衣頭上戴了獵帽坐下騎了獵馬背上掛了獵槍備了獵具約了獵友三三兩兩都趕着馬到那白花山來原來那白花山離亞丁市有五里半路在白花山的山腳下綠姬家先在前日早已派人預備妥當搭了幾箇台毀了一帶帳篷備了些食物到了上午九點半鐘時候各處的人早已陸續齊集發令台上便掌了號那些會獵的紳商士女都接着[illegible]式分着各路前進各路裏都帶着獵犬攜着獵具整齊得堂堂正正十分嚴密好如抵禦千軍萬馬一般那些紳士都穿着黑衣踏着長靴一手執着馬鞭越顯得十分英武那些婦女上身穿着色衣下身拖着黑裙斜跨着馬越顯得十分嫵媚不說別個單說其中那綠姬拖着高髻金髮跨一匹青驄馬上身套一件綠色綢衣下身圍一條黑色羅裙和石公子馬頭挨着馬尾相挨緩緩按在轡頭且笑且語忽然一聲槍起各人都奔着自己應去的方向去那時那大象來打響時鬧槍聲四起馬蹄四起人聲鼎起喇叭指揮聲四起東的趕着西的西的趕着東的南的趕着北的北的趕着南的那些紳士們氣昂昂雄心勃勃那些婦女們氣噓噓香汗直流那些獵師倚着鎗隱在樹林那些獵犬張着牙[illegible]那些野象都嚶着鎗聲受着彈子忘命東奔西竄那些山上的別種野獸野猪野狗野羊野兎隨着勢頭只顧逃竄頃刻間拿一座禽獸乾坤攪亂得翻江覆海沒一處安靜

（未完）

上諭 （北京電）

四月二十日内閣抄奉

上諭江西按察使陳慶滋著開缺另候簡用四川川北鎮總兵初毓祥著開缺奉天驛巡道王頤勳廣西左江道嚴震浙江溫州府知府王琛河南河北府知府端譜廣東雷州府知府陳綱武廣西梧州府知府馮應龍廣西南寧府知府潘江均著開缺送部引見欽此

宮門抄 （同上）

四月二十日　召見軍機　潘　濟　余肇康

電報一 （本館訪員特派專電）

◎德國公使據膠州總督來電照覆外務部謂德艦駛入青口登岸插旗係爲測量海面決無佔地之意現已飭令撤旗離岸云云 （二十日未刻北京專電）

◎岑雲帥咨商部以考察各埠商務大臣張振勳所辦商埠鐵路各事諸多不合 （二十日午刻北京專電）

◎粵督岑春煊電請開缺奉旨著賞假兩月 （二十日未刻北京專電）

◎粵督岑春煊劾參鹿傳霖與柯逢時彼此私電往來極多 （二十日午刻北京專電）

電報二 （太晤士報特約專電）

◎揣測俄軍之戰略 （二十亥刻東京專電）

俄軍近因輕試逆襲而致莫大之損害人多以此爲大海戰之前兆蓋以俄軍之援兵尚未增足而遽出此舉殊令人難於索解恐係俄人一變之望既屬之於波羅的海艦隊故雖戰機未熟而近日或有何等變局亦未可知

◎法提督從西貢起程 （二十日酉刻東京專電）

法國艦隊提督已乘巡洋艦愛貞號從西貢開行其行程現雖未悉然該提督所統艦隊及民船至近日尚停泊廣州灣附近則此次似係向東方而行

電報三 （彙譯各報最近要電）

◎第二波羅的海艦隊司令官顯爾林森現染病甚重 （二十日柏林電）

◎俄國新簡海參威艦隊司令官起程 （二十日柏林電）

俄國新簡海參威司令官勃勒列夫中將刻已首途東往聞將來爲時特司問斯甘中將如或敗績即舉其爲東方艦隊司令官

◎法領事不認俄艦折回安南之說 （二十日香港電）

香港法領事不認波羅的海艦隊折回安南之說謂安南總督現飭燕自詳細查訪報稱已不見有俄艦蹤影

○昌圖附近之戰情 （十九日東京電）

官報云十七日昌圖附近之役其情形如下是日有俄步兵一軍隊伴騎兵一聯隊携砲兩尊從距昌圖西十英里之探礦地方攏至距昌圖西八英里之三道溝東部高原即十一點半鐘開始攻擊後復有兩軍隊之俄步兵携砲四尊從附近一村落之東面進攻悉爲日軍擊退此外又有俄步兵三百名騎兵四中隊携砲三尊從興隆村（譯音）方面進發於午前十點鐘進抵昌圖東北之二十里堡未幾即縱火退去同日午前十點鐘遼河右岸有解乘步行之俄騎兵一隊襲攻距法庫門西南十三英里之教化縣防接戰兩點鐘後始被日軍擊敗俄兵向西南紛亂遁去戰場上遺下死傷俄兵約三百餘名餘處並無動靜

◎俄皇命設國防議會 （十九日倫敦電）

俄皇有旨著設立一研究國防事宜之議會以謀擴張作戰勢力及調和海陸兩軍之意見擬以大公爵尼古拉斯爲[illegible]正擬編訂規條云

◎旅順弟末批病傷俄兵已於今日起程 （二十日烟台電）

◎摩洛哥皇不允以政柄授諸法國 （二十日柏林電）

◎法使擬觀德操 （二十日柏林電）

法國擬往德國幾賀德儲婚禮之特別專使擬俟德國春季操軍時乘便往觀

要聞

○美國華工禁約問題 （二十日接到）

▲駐美梁星使公電

前遵部示擬稿送美專禁工人優待別項力圖挽救美不全允誠始終堅持不稍讓步

按此我駐美公使之公電也觀此則禁工之外[illegible]延欲拓苛禁之範圍吾人並無絲毫之誤會明確無疑而前日美使美領事所云云不過外交家巧妙之語言誠不足數辨者也我公使毅力堅持可欽可感我國民其一乃心力以爲我公使之後盾以無負我公使之苦心

○四明寧波小輪覆沒事

文匯報得寧波函云寧波小輪刻已浮起至十八日午後三點鐘時已撈獲淹斃之搭客屍骸三百零七具統計約有三百六十五具因女客艙中尚有五十具未經撈出也該輪現已拖泊岸邊後半尚在水中此等屍體皆用[illegible]搬運因無人肯任此事也道臺出示[illegible]屍骸起舉後將該輪拆毀以伯無數水鬼在內也

○贛對亂耗

捷報云奉命剿辦贛對亂事之趙道現因軍火不足[illegible]前傳曾有法教士四名與鳳欽使同時遇害現得雲南[illegible]有兩教士已安抵該處進攻巴塘之兵已占據大寧塘[illegible]斬獲甚衆

○古帮子紅鬍子之猖獗

某西報云據古帮子之來人言該處四周近日屯集紅鬍子甚多每夜輒有砲聲四出刼掠附近鄉村現已派兵兩營前往勦辦但無戰砲恐不能彈壓故宜發派砲兵若干方足以濟事云

○德議院議准漢口山東德租界條例

德文報得二十日柏林電云德國議院已將漢口山東兩處德租界條例議准

本埠新聞

○記本埠各洋廠反對製造局辦船廠事

製造局現擬北洋水師統領葉制軍門督辦將六廠改爲船政局並承攬修造商家各輪盡悉屬南北從浦東各洋廠主以前兩江總督沈文肅公在任時與各國領事訂定合同製造局不准修造商船各洋廠亦不准修造軍裝在案現該局改爲商局洋廠生意必爲攬奪以公稟各總領事轉咨江督周玉帥咨請商部飭令仍照舊章否則各洋廠查須製造軍裝以免虧折云云

○船塢修船失事

南洋差遣福安兵輪因有損壞駛入製造局船塢修理由洋丁頭巴斯君估計修理費三萬兩由該船管帶李春庭千戎電稟江督後前日奉周玉帥回電飭准照估價與修即經船塢各工匠將船中二十噸砲位及五十噸重之壓倉鐵一併起上岸離距料船身頓輕四面樁木浮鬆至前晚十點鐘該船忽然翻側致將船中一切什物盡行擊燬舟船工作之甲乙等四小工不及逃出覆沒在內後將船底鑿成一洞始得救出昨晨葉軍門偕魏觀察及船塢總辦吳盈之參戎到船查看察得船上各水手房中衣物毀壞無存當飭各水手按名給賞洋五元南北各洋廠主與招商局總船主亦到船塢驗看旋由巴君驗得船底總龍骨已斷當飭工匠將船面各物拆卸旗杆二枝一併鋸斷以便翻正並由李千戎飛電江督請示

○龍倡心書院學生散學會議事

昨日午後二點鐘倡心書院教習學生六十餘員名先後戾至自大塲[illegible]公家花園復行集議教習趙君及戈君與明等以尚未仲乃議借曹家渡同學會演說集議鳴鐘三下一刻會集同學四點鐘[illegible]君民立中學蔣君商學會吳東之君允許選學生於今日聯各生酌量交付有不足者由商學會同學會協力籌募又有父老演說會會長戈[illegible]朋共濟學會會員鍾新之君商學會會員吳東之王行是君吳老會教師金爾珍君倡心教員吳謙之趙生榮君先後演說至六點鐘始散會又聞中西書院亦有散學之說簽名者已有四十八人云又聞梵王渡學堂亦以華工禁約一事全體[illegible]院電請美政府廢約云

○投河　文匯報云十九日晚間十點鐘時有一[illegible]立於午[illegible]路[illegible]渡[illegible]上[illegible]忽大喊一聲縱身入水附近杉[illegible]開之[illegible]往救奈已杳無蹤影後報知虹口捕房派捕數名前往撈摸[illegible]亦無所獲該處水勢甚淺恐已葬身於漩渦中矣

○落水　文匯報云元[illegible]輪船二副名[illegible]丁者與一印度人在輪中看守貨物之貨物十九日夜間偶一不愼失足落水從窯家渡浮至製造局後由杉板船救起已氣衰力乏旋拾至公濟醫院調治

○京官赴任　字林報云[illegible]任[illegible]備其妻子於十九日乘盛京輪船赴北京以[illegible]高克明之任

○浙西[illegible]防[illegible]　浙西事[illegible]由浙紳沈姓等稟准浙撫[illegible]行[illegible]以資防禦[illegible]由浙撫咨兩江督札飭上海道[illegible]前[illegible]方[illegible]力云

○給政督辦[illegible]　製造局[illegible]政[illegible]於[illegible]日由新閘[illegible]公[illegible]各兵丁排隊迎接

城内

○官場紀事　江南提台楊昨乘[illegible]兵輪返松　隨帶商約委員知縣楊先儉昨至蘇署拜會　江蘇糧道陸定於今日返蘇昨日到道署辭行　湖北候補道王代興於前日來滬昨詣道轅拜會　工部主事沈秉乾　試用知縣楊先儉　分省州同沈悅璋　[illegible]昨至道轅分別拜會稟見　[illegible]警察總巡[illegible]在松海防同知[illegible]到轅議商公務　大挑知縣[illegible]昨日均到道轅稟見

○特別警察法三　前日[illegible]大東門內[illegible]某號警察不知何故將某號店小孩責打并母向當小孩無知即有[illegible]知照父母訓責不當任意毆辱警察大怒即將其母扭住[illegible]該店主人出阻即被扭至警察局其後不知如何發落　記者按警察所耳濡目染而效法者唯此手敲脚踢棍棒交下之一端

○臭虫遺害　昨日午前十點半鐘城內[illegible]某姓家因捉臭虫焚及床帳當經鄰右幫救得息焚去臥床兩張

○驗屍　昨紀廿三保十二圖地保投縣稟報浮屍昨日汪大令委縣主簿往驗當據[illegible]作場報該屍係生前患病身死推擠河中即命善堂棺殮[illegible]一面[illegible]限該地保三天內緝緊查明何人將屍拋棄稟復候究

○毆傷　周長林抬妻陳氏至縣[illegible]求驗傷并扭女塔[illegible]二爲塔毆傷請究前晚汪大令提訊[illegible]判送醫院醫治陳二交保

○控賴　[illegible]海盛控楊子怡[illegible]洋一案前晚亦經大令訊究大令[illegible]有不實不盡[illegible]楊交保候查[illegible]

南市

○臭虫貽害二　新碼頭丁姓家前晚因捕臭虫遺火床帳[illegible]即救熄

○綏租案　浦東各鄉[illegible]

○[illegible]　[illegible]

英界

○[illegible]　楊樹浦捕房[illegible]

美界

○木工與鋸匠互毆　[illegible]

法界

○拐女　揚州人[illegible]

新租界

○[illegible]　[illegible]

第四頁 ◎ 時報第三百四十二號 ◎ 第一張

丹桂茶園

天仙茶園

春仙茶園

鶴仙茶園

群仙茶園

外國戲會來滬

揚州杭穗珍名醫莅滬

新到紅磚瓦

嫩面玉容散

天然墨出售

大減價

洋房召租

外國郵船出口日期

大清郵政收信時刻

有更改之車

吉羊軒

除害有方

請試冠烟自然奇方

京都天寶齋

鎮心丸除痴如神

四書速成新讀本

字法

三千字文

繪圖識字實在易

繪圖中國白話史

繪圖速通虛字

繪圖增注

高等大臣審定各學堂應用書古文詞略

新開仁大衣莊

余定祺先生神鍼無匹感謝揚名

益壽洋行始創電帶

大美國眞正始創第一家靈驗電帶來華

國文大律師

上海中國合衆公司廣告

新譯華英商賈尺牘

尋常高等小學校用數學教科書再版已出

再版養蠶法問答

禀查影戲

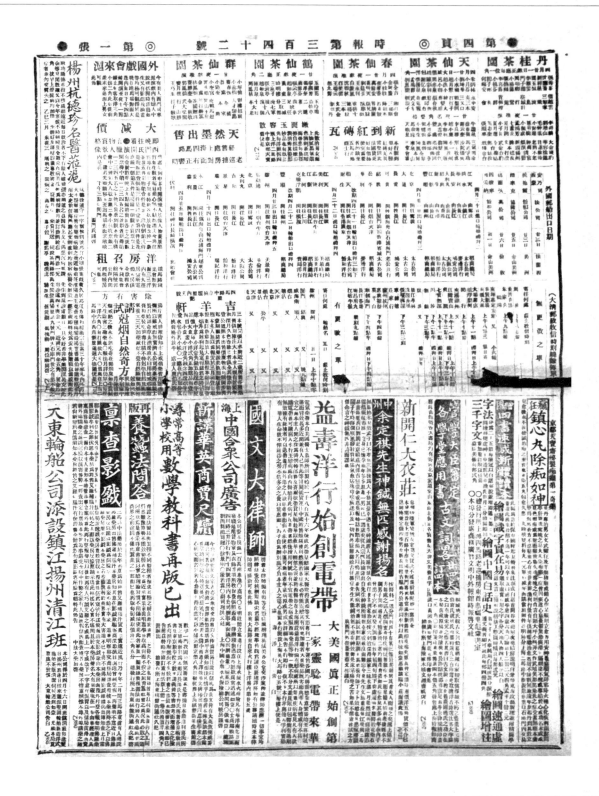

大東輪船公司添設鎮江揚州清江班

五一

上海商董曾鑄等謹稟

王爺
大人鈞座謹稟者竊鑄等前因美定新約禁止華工波及士商苛待情形慘無人理梁使拒不簽約美遣專使直與
憲部交涉事關國體民生鑄等不忍坐視又恐力不能爭為此邀集各帮商董於本月初七日特開大會議定不用美貨以相抵制弁經電稟
憲部云美例虐待華旅由工及商梁使不肯簽約聞美直向
大部交涉事關國體民生籲懇峻拒畫押以伸國權而保

商利並告美使以輿情不服衆商擬相戒不用美貨暗相
抵制美念通商利益必能就我範圍務乞堅持大局幸甚
等語想蒙
鈞鑒續又傳電各商埠旋接回電一律照辦自是厥後於初
九十一十三十四等日建廣各帮在滬之有會館者踵行
開議共表同情且有美國教會所設學堂名清心書院
者學生因而全體解散不留一人義聲所播震動全美
滬上美商正在電告該國政府而美遣新使柔克義恰

好到滬一聞此信徬徨失措蓋外人最畏動衆且不用美貨與美商極有關礙故甫到上海即趕令領事函邀鑄等晤商一切嗣遂約定十八日即禮拜日洋人禮拜日向不辦公今迫不及待惶急情形已可概見到美領署晤商一切迨至十九日又接美總領事來函幷送到美使譯就華文略說一紙因文内美使有不認續約加重苛例之說故商請楊參議士琦電詢駐美梁使旋接復電内開前遵部示擬稿送美專禁工人優待別項力圖挽救美不全允誠始終堅持不稍讓步

等因據此是美使柔克義日前所説以及送到譯文全係欺人之語不過懾於不用美貨姑作權辭藉以緩急鑄等抵制之氣然外人外交能手往往有此權術無足怪者查柔克義即日來京深恐到部晤商又施詭説或又墮其術中爲特摃將鑄等與美使柔克義問答情形及美使譯送華文略説彙繕清摺連同美領事原函兩封一併

呈請

王爺

大人俯賜鑒核以便美使到時相機對付若不就我範圍鑄

等已與說過二個月後不用美貨萬不能候至六月以後務
求據情力爭設或美使與鑄等所說到京抵賴并乞將函
件晰之一面由鑄等鈔送各日報分別刊登布告各埠商
董以期合羣抵制美人雖狡當亦無所施其詭說至美使
到京務求促令趕緊改良并明言此次約本必須寄與滬
商公閱方能由部畫押美使迫於公論並經
憲部一再磋商當不至如前梗議按換約謀及商人或訝無
此政體此中國向來之說若外國則素重商權無一國

不諳詢後行所以外交鮮有僨事冒昧瀆陳曷勝惶悚

肅稟恭叩

崇安統希

垂鑒 商董鑄等謹稟

計稟呈美總領事原函二封美領事署邀請商董晤商

問答記及美公使譯送華文略說清摺一扣

再美使略說今日時報登載并加按語指駁極當茲將

原報一并附呈

附件一

美領事署邀請商董問答記

美國駐滬總領事達飛聲君柬邀滬上紳商於禮拜日即十八日十點鐘在總領事署會商續訂華工事鐘鳴十下商董八人同時到署新領事勞師治君偕繙譯白保羅君肅客入廳事在座有美國新公使柔克義君總領事達飛聲君商董則嚴筱舫徐雨之周金箴曾少卿施子英謝綸輝蘇保笙李雲書諸君新公使柔克義君云今日諸君辱臨不勝欣慰且可藉談近日公事李雲書君云頗安承教公使云外間近日頗有以敝國續定苛約騰為口實者然其實並無此事本政府擬定續約極欲改良務使兩國均霑利益外間所說似有誤會按續約須由下議院議准然後簽允為時在六個月後今議抵制殊非其時且敝國與貴國睦誼最敦商情亦素所最洽一旦不用美貨於兩國交情或有關礙曾少卿君答云續約改良眾所願聞然舊約何嘗有苛待明文而流弊如此至兩國交誼則誠如貴公使

所云久為敝國上下所公認然貴國所以不以平等相待者蓋非本意工黨為之僕於書肆購有貴國華工禁約記特專呈閱所有歷屆約章以及種種苛待言之極詳竊願貴公使一為流覽桑君云禁約改良容當商榷不過稍待時日而不用美貨之說貴商董當體兩國政府平日交誼勸諭眾人千萬不可紛擾蘇保笙君答云貴國洋布僕消最多定貨有定至年底者貴公使頃言簽約尚待六個月後當非虛語然貴國一日不定約即華人一日不定心不必不用美貨即此逐步減消於僕即大有不便何能待至六月惟貴公使熟思審處焉桑公使又以洋文四紙令白繙譯操華語演說大意宣明兩國交誼並舊約並無苛待等語(此紙令繙譯譯成華文明日送閱)周金箴君云貴國本文明之國所不滿人意授人口實者不過偏護工黨耳誠如公使所云完全文明貴國當為天下所公認言至此眾皆拍手閱報時鐘已十二句眾共興辭

經新領事勞君總領事達君重言聲明一再挽留及至辭出已鐘鳴十二點三刻矣

照錄美公使華工禁約略說

中美兩國續訂華工禁約一事俟兩政府承認簽字後自有揭曉之日而知其中實有數緊要之處須待稍加修改也溯西歷一千八百九十四年一年中美兩政府深願商訂一和衷互益之辦法禁止華工入美境今已屆十年限滿之期兩政府又擬新訂一禁工之續約查前訂條約其總結處有云此約至限滿之日所有曾經簽字之政府均須於早六個月以前聲明該約是否仍照辦理抑或另須更訂此一定之例也去年即一千九百零四年十二月七號為該約十年限滿之日中政府爰於是歲夏季照會美政府以一千八百九十四年之約為滿限須另立一新約以為之續也去年西八月約距今七閱月以前中國駐華盛頓之公使先送一草約

擬稿與美外部大臣以備討論此草約經美政府詳細查閱之後亦擬一覆稿送交華公使再由華公使轉送北京外務部核奪辦理查美政府所擬之覆稿其大旨悉本中政府之意而行惟於其中最關要緊與夫互益之處稍加修改實仍不外彼此易於辦理之一法也美覆稿由華公使送呈外務部查閱後亦越三月餘約距今三月以前美政府復接收北京外務部新擬之草約以憑核奪可否此草約即中美兩國同認為續約之底稿者也緣彼此均係實心辦理祇有相好而無相尤又何必多所議論惟期底於速成既不失兩國之榮譽又多為國人所歡迎現在該約甫經商議按照定例其所有詳細條款雖未便向諸君盡情傾吐然實可預卜其中決無或明或暗定欲阻擋有合例之華工等人重回美境之一說云云至除華工而外更絕無加重種種之阻力因無論何等華人或為游歷或係寓居或屬學生均不在禁止之列甚且欲為

上等華人籌畫入境最便之一法也於何驗之蓋自總統以及庶民舉莫不有優待華人之心又欲相助為理俾之易於明悉其風土人情以及讀書之程度教授之新法理國之良規不寧惟是更欲使華人深知兩國互益交通之要意從此愈加親密因和約云者實緣親近往來而起否則即不得謂之和約惟有徒託空言而已

附件二

照錄日報記本埠商董公宴美國官商事

美定苛例禁止華工波及士商本埠接到私電激動公憤除於四月初九日在商會集衆決議二箇月後相戒不用美貨由商董曾少卿君領銜電稟外商二部南北洋大臣峻拒畫押外復傳電通商各埠一律照辦適美新使柔君到滬一聞此信趕令領事柬邀商董於十八日到署籌商所有問答情形已載前報二十二日七點鐘本埠商董公請美國官商宴會於趙園報十八日也除公使柔君業已北上外新領事勞君總領事達君等九位聯袂戾止初商董之柬邀也柔使以報登禁工略說忽加按語頗滋不悅先有不願赴會之意又以事關重大未便決絕函請沈仲禮觀察到署表明前送略說委係實情並無虛誑如有虛誑將如六月後何乃華人不信轉多揣測領事等官未便赴宴擬請觀察先代表白沈曰既是實情何可不赴公雖北上僕當偕貴領事等一同赴會藉此表明貴公使並無虛誑之真意柔使喜諾遂相約提早於六點鐘到會以便敘談所以賓主戾止為時甚早客

集後先由沈君表白柔使之意旨又代商董聲明報登按語並非商董之意新領事勞君追述中美兩國交誼并引庚子公使帮助以及金磅還款等事以為環顧各國與中國交誼之篤無有愈於美國者茲因工禁牽涉商情本領事未免不安敝公使前日所說一本至誠實非虛假謂予不信且看將來換約且敝國於外交向本平常往往受人所欺所以然者不若他國有外交專門之人如某使某某是也施子英君答云貴國與敝國交誼向為上下所共知亦為中外所公認所以不滿人意授人口實者不過工禁過嚴波及旅客耳若於往美士商予以自由並將工禁酌予改良商董等於貴國來貨將歡迎之不暇尚何別籌抵制哉所以曾少卿君於貴署奉教後午後開會集議語極和平至於報館議論學生解散此則人各有權非商董等所能强制商董等今惟恪遵貴公使明教靜候二月後改良可也勞君云改良仍待政府裁決然本領事及在滬本商均極願相助君等如有所見不妨函示本領事當函稟公使凡可辦到無不竭力至於士

商則一定優待況我大總統公正明惠即黑人之在美者亦不令稍受委屈豈有
貴國士商轉多苛待乎至二月之約或恐不及以敝國開議時候向有定章且
此去又將暑假矣欽譚至此已鐘鳴七句二刻遂肅客入座互獻頌詞倍形融
洽勞領事起言初到貴埠未與諸君往還即遇商界衝突僕心為之憂結
今乃由衝突而獲識諸君不可謂非大幸白繙譯操華語云此中國人所話
不打不成相識也衆皆拍手迨至興辭報時鐘已十一下矣勞領事臨行語

曾少卿君曰各會館商董全仗閣下代致鄙意曾答云辱荷推誠各商董
静候改良此後當少異議正興辭間總領事御者奔告馬車為印捕捕去
達領事戲勞領事云閣下運氣不好甫到上海即有不用美貨之大風潮
今來赴宴馬車又為印捕捉去豈華人所謂月建不利耶衆大笑遂盡歡
而散是日到者客為總副領事勞治師君達飛聲君英其博君繙譯白保
羅君安立德君保德君蘭森君王松堂君商董同孚大班全密生君豐裕大班

地軋雷君主則沈仲禮徐雨之周金箴曾少卿施子英朱葆三謝綸輝蘇保笙
李雲書張丹棨嚴子鈞郘琴濤虞瑞卿諸君也

五二

具禀人金山大埠昭一公所商董同知銜劉灼趙綽馮桂芬中書科中書銜鄧廣英州同銜廖乾李國英鹽大使銜李榮邦五品頂戴黃華李煐榮高寶材監生關泮安劉星如楊修永盧寬裕盧以樑黃日如呂林光何紹彭黃恆吳禮興關品方玲梁宏忠黃開基李德華關卓成馮俊黃卓卿陳瓊書關冠英謝權禮陳龍楊秀林德炯李許昌方德業呂堯光高秩新霍其聲陳晃旒關錫遠黃煦業梁琳譚榮陳文劉錫鑾郭植關芬岑逢漢黃森賢朱樂曾元章陳忠曾毓燦董剛華譚奕明朱堯李遜昭黎和安曾傑楊德觀周烈光陳梅屏黃暢奇鄧麒瑞麥勤董星池陳煥庭劉基陳瑞周關勵明黃卓南關林李熾杜昭靳紹明梁吉祥方福培等

禀為苛禁厲民碍難續約聯乞始終堅持勿允畫押以全

國體而伸公法固人心而挽利權事竊自中美訂禁工條約以來美國刻待華僑凌虐日甚木屋之設苦倍監囚册紙之查時驚風鶴復派狼醫驗眼借端阻拒藉口藥費勒賄鉅資種種慘狀罄竹難盡去年

禁約期滿幸蒙
中堂王爺大人洞燭幾先察美例之殘苛憫僑氓之疾苦聲明廢約另訂新章
梁使憲熟悉情偽迭次駁詰職商等感激涕零庶幾復睹天日雖
美國自恃強權不待續約硬施禁限然按諸公法此國律例關涉彼
國未經彼國允許者不能強令遵行美國自知為公理所不容輒思
弄厥狡謀急圖續訂近遣新使赴京履任必將設法運動遂其續約
之願稍墮其術中則此後十年華旅生計盡絕職商等中夜旁皇焦
灼萬分迫得叩乞
中堂王爺大人軫念民生決意拒駁仍咨行　梁使憲在美都竭力磋磨庶詭
謀毒計無所獲施職商等幸甚大局幸甚抑更有不能已於言者美
人之來華也羣奉若驕子華人之來美也羣視若仇讐揆之情理豈
可謂平美國既博工黨之歡心豈我國不應聽下民之呼籲乎我國
不允續約而美強行之則華人知我政府之不承認也而祇叢怨於
美政府倘我國既允續約而美益刻酷行之則彼藉辭我政府之承

認也，而華人將不歸怨於美政府，羣情延頸企望，在此一舉。職商等久處美洲，彼族情形頗知梗概，斷不因堅持此約而啟兩國之釁端，或得因堅持此約而起美廷之畏敬。無約而横禁我，無如彼何，雖禁而不允簽約，彼亦無如我何。縱强弱之勢相殊，而循環之理隱伏。美國在華商務銷場甚鉅，有來無往，豈能長此流通？相持既久，彼或有所顧忌，未必不俯就範圍。職商等痛受切膚，深維大局，弗辭斧鉞，冒昧上陳，不勝屏營待命之至。切赴

中堂王爺大人爵前作主施行。

光緒三十一年四月　　昭一公所稟

五三

逕啟者日昨敝叅贊赴部所呈

貴大臣閱看之節畧及北京天津保府現貼散之禁買

美貨傳單茲已將節畧謄清並將各傳單照抄存案

合將繕就節畧及傳單各原件一併函送

貴部即希查收備案可也即頌

時祉 附節畧一紙傳單三件

名另具 五月初一日

衛理

附件一

卅年三月初五日准梁使廿四号文粘單字十七号

論華工入美事節畧

華工入美之約在一千八百九十四年之前行之不甚合意因欲修改是以中美兩國欲行和衷辦結此事即在一千八百九十四年續定新約載明此約以十年為限至一千九百零四年十二月七號期滿約內末後條內列有未滿期先六個月若兩國均無不願照行者可以再續十年至一千九百零四年夏季中政府知照美政府謂此約至十二月期滿不願續行又云中政府亦願再定禁華工入美新約上年西八月間即距今七個月之時中政府囑駐美出使大臣將議新約底稿送與美外部查閱意係以此底稿為藍本經美外部大臣將此稿詳核旋亦擬一底稿覆送中國駐美欽使所擬覆稿與中政府之稿微有不同因內有與美例不合之處雖間有改易仍係與中政府稿內大意相符中國駐美欽使亦將美政府之稿轉送北京政府嗣越三月即至本年復經

貴部又擬一底送至本國外部稿内係提出本國稿内酌改數語此第三次底
稿美政府仍係細心詳核兩國即應以此稿為商議藍本是兩政府均有情願
認真籌辦之意免使將來生有枝節似此和睦相商確切可信兩國將不日必定
有合行之約也現因新約未經商定固不能先言約中之意惟可切寔聲明新約
中詞句及約中大意美政府絕無攔阻有據可以回美之華工並未立有何難
承之禁例以至波及別等華人緣別等游歷與留美讀書等人美
總統與美民均願以禮接待俾其於美國體制物產工藝教學政務一切更易周
知逐端明晰如此照辦中美交際有不更為親密乎本大臣深信我兩國所商
之約於美
總統與美民和睦之誼可望昭明也

附件二

天津

美約續禁華工　梁公使不肯畫押美政府將派新任駐華美使與我外部直接議約滬上紳商即日集商務總會會議經議定不銷美貨以爲抵制連日廣東福建等幫皆發傳單集衆會議亦皆主不用美貨以爲抵制之説經各會各當先後電禀　政府拒約並電各商埠協力照行詳載滬上各報想經　洞鑒敝社是晚集衆演説以人人皆當分任實行不用美貨爲宗旨兹將敝社演説所記呈　鑒伏望我國同胞極力傳佈或鼓吹於報界學界或運動於商場工場或開會演説大集同志實行種種可以抵制此約之策務求必達目的國權興替在此一舉我同胞其勉旃

上海人鏡學社啓

記集議抵制美禁華工續約

四月十三晚七點半鐘本社開會籌議到者約二百餘人首由社員李君登壇布告會議宗旨並將所擬抵制美約條議略述一遍　一停銷美貨　二止辦未定退辦已定之美貨　三停銷美貨覓土貨必暢銷　四停銷美貨全由商民主權與兩國國際無關　五不用美人之説暫不可行免生出國際問題　六美人在中國所雇小工一律增價　七由此可以收回合興公司路權　八此舉爲全球視線所集關乎國權之弛張我民宜始終實力

次爲戈君演説將所擬條議八欵詳述戈君條議已連日登報兹不贅

三爲方君演説述遊美國時所見美人虐待華人之慘狀並言不銷美貨之策若能實行使美國人知我華人之魄力各國聞之亦當敬服即我國政府亦知我人民之能爭國權

四爲丁君演説力言合羣實行抵制之策

五爲鄒君演説將所擬條議詳述　一由商民延律師與美政府爭　二電本國政府拒約　三電駐美公使向美廷力爭　四聯名幇各埠商賈實行抵制　五公同議定奸商暗銷美貨罰欵

六爲林君演説人人知此禁約爲國恥便能實行抵制演説時語語由衷聽者鼓掌

七爲葉君演説説團體主義並歷述我國前任駐美公使與美國訂禁約之歷史

八爲何君演説説人人擔負責任然後抵制之策可以實行

説畢在座者咸簽名分任義務

有任調查美貨進口者

有任調查美國火油進口者

有任運動美國各報館主持公論者

有任設一美國貨物陳列所者

有任調查美國洋布進口者

有任運動美國教會主持公論者

有任運動本國政府拒約者

有任調查美國最有權力之工黨所出之貨物者

有任調查美船美貨之由各路運入中國者

有任勸告馬頭小工以後凡遇起卸美貨一律加價者

有任偵探以後暗銷美貨之奸商者

有任調查現在銷售美貨之各行店者

有任不與此後仍銷售美貨之商人接交聯姻者並任傳播此主義

有任隨時隨事盡力抵制此禁約之義務者

其餘之人皆任不購用美貨並任逢人傳告

右列各主義有每欵而數人擔任者有一人而兼任數欵者皆發誓實行至美約開禁然後解散是晚並議徵文求教題爲抵制美禁華工議

凡海內外中華志士發揮傑作務乞寄上海本社彙收擇其尤者一一登報並彙爲一集冀收集思廣益之效望我國諸君各表同情毋棄責任大局幸甚

光緒三十一年四月十四日上海北四川路仁智里

四弄人鏡學社同人謹告

附件三

蓮十七

快看

禁買美貨約

美國人禁止中國人去做工。欺侮如畜類一般。先去的人。從前受苦處已不必說了。這件事。跟我們大家的關係。還大的很呢。他們明說禁工。可是無論甚麼人。到美國去。都要受許多刁難。纔能上岸。簡直禁止中國人通商了。世界上的人。全是平等。惟獨咱們受這樣欺侮。稍有人心的。都應當知道羞恥。生氣。想法子報復。現在各處學生。有一個頂好的法子。從此一概不買美國來的東西。美國最重的是商務。他一着急。就好辦了。有人說。這麼辦恐傷了兩國和氣。這實在是不明白。我們廣是約會不買。不是不許他賣。百姓買東西。誰還能勉强麼。這是咱們中國人應當盡的一點心力。奉勸大家。照着辦罷。

美国的貨。有後邊三樣洋字為記

AMERICA 或 U.S.A. 或 U.S

附件四

第十七

北京散單

奉勸北京城的人莫買美國的貨物

美國同我們中國 向來和好 但是我們中國人 到美國去的 受他們樣樣的虐待 一言難盡 現在美國又要定新例 禁止中國人去到他國做工 外面子上單指做工的說 其寔連游學的 經商的一概都限制在內 將來這個條約 若是辦成了 我中國的人不便到美國去 他美國的人 都能到我中國 隨々便々 請你們眾位想々 世界上有這宗道理麽 上海的官商 因為這件事大家商議 從此以後 中國人不用美國貨物 這個抵制的法子 寔在是好。我們住在北京的 也該照樣兒辦 我們把美國行銷中國的貨 查出幾樣 開在後面 請你們千萬不買

計開

花旗牌子的洋布 美孚牌子的煤油

品海牌子的紙煙 花旗牌子的麪粉

石油 棉花 牛乳 洋灯 鐘表 鏡 傘

另外還有

等類 凡到洋貨鋪買貨物的 務必查問清楚 但是美國貨 我們不買 便勸開洋貨鋪的商家 美貨一概莫辦

大家夥兒 能結一個團体 我們不買他的貨 他在中國的商務不能得利 自然要回心轉意 把苛待中国人的例子 全行除去 他一日不除苛例 我們一日不買他的貨物 這件事關乎全国大局

諸位要同心一意纔好啊

五四

上海商董曾　鑄等謹禀

王爺
大人鈞座謹禀者竊　鑄等前因美工禁約籌議抵制當將與美使領事等官問答情形於二十二日肅禀馳報定已仰邀

鈞覽二十二日邀請美國官商宴會因日報於十八日記事中逐節加以按語美使柔克義頗滋不悅先有不願赴會意而事關重大又為美商所迫不獲已函請沈道敦和前往商酌嗣從沈道之言除柔使先於是早

北上不及赴會外餘均齊到所有到會詳細情形另
繕清摺恭呈
詧覽此次議籌抵制傳電各埠連日接准復電竟能萬
衆一心一律照辦民心團結迥異從前大是可喜然民
心團結注重公益至於如此者皆近數年
朝廷諭設學堂資遣游學之功效按此次籌議抵制若無學
堂為之後盾美人亦斷不至惶懼若此前禀請將約
本先交商會公閲在後畫押一節昨與美領事言及

該領事頗願贊成允即函稟美使大約不至相欺鑄
愚以為此後外人如有要挾
憲部或有為難似可密電駐滬楊參議士琦授以意旨
轉諭商董開會抗議外人最畏動衆或可因此為
辦理外交之一助芻蕘之見是否有當理合據情續
報伏乞
王爺
大人俯賜詧覽或於美使將來開議不無裨助專肅續
稟恭叩
崇安伏維
垂鑒商董鑄等謹稟
計稟呈宴會美國官商詳細清摺一扣新總領事勞
治師洋文來函一封

附件一

CONSULAR SERVICE, U. S. A.

Shanghai, May 26th., 1905.

Hon. Tseng Sio Ching,
Present,

Sir:-

I beg with many thanks to acknowledge receipt of your esteemed letter of this date and also of copies of the "Rules of Chinese Labour in America."

Permit me in this note to express for myself and my associates our cordial appreciation of the hospitality and friendship extended last night and to respond most heartily to your hope for uniterrupted pleasant relations.

Communicating the respects of Mr. Davidson and all others, I am, Sir, with expressions of esteem,

Your obedient servant,

J. L. Rodgers

American Consul General.

附件二

今日接奉
尊函并在美華工章程五頁，感紉良深。昨夜辱蒙
厚待，雅意殷勤，弟與令友同深銘感。此後友誼永無離間，弟等
亦必
盡意有同心，為達與生等嘹華務。請
台安。

一千九百零五年五月廿六號上海美總領事羅上
曾少卿閣下

敬密啟者四月二十日肅布美字第六十九號函計荷
堂鑒本月初三日祗奉
冬電以秉使言工約事美政府極願和商決不為難飭
查有益辦法當將近日美廷宗旨華僑輿論並所擬
辦法於初三日江電詳陳計達
氷案查美政府於工約一事初時原主從寬嗣以工黨
把持漸更初意工商部大臣竟欲將二十年原約作
為底本稍加點竄限制轉嚴各埠委員騷擾日甚華

僑呈訴絡繹不絕人心憤悒已達極點適值秦使赴
華工黨揚言將以約事要我
政府滬港商會議禁美貨以示抵制華僑益加洶湧聞
已電稟
鈞部設會拒約其志甚堅無從阻止此間資本之家恐
壞遠東商務發論刊報顯斥工黨語侵政府即西省
之素惡華人者詞意亦漸圓融誠謁總統允為通融
禁例而訂約從寬則猶恐議院駁阻諒非持之無故

矣柔使素主和平實與總統外部意見相同此次抵滬正值商民拒約自不能無動於中此語意鬆動之所由來也竊維條約初意原以補救前失挽回苛例果能就我範圍自可與之續訂無如工黨始終阻撓美廷不敢擅承即使新約稍寬而訂例行約之權在彼議院訂章行例之權又在彼工商部議院祇知將順工黨而不計約款之本旨工商部委員多係工黨尤不顧約款之限制遇事駁斥徒滋紛擾此近二十

年之往事可為前車之鑒又況華人聯會抵制萬口
一詞義憤正張勢難禁遏
邸堂列憲慈惠為懷痌瘝在抱自必曲諒愚民之愚為之
袪除疾苦以誠愚見莫如乘此時機聲明不與訂約
一面勒定章程將出口華工暫禁赴美其餘各項華
人須由政府委員給照交美公使領事簽名作證始
得前往一面照會美政府將嗣後華人往來居住應
得按照最惠國條款與各國一體相待各節切實聲

明查自棊辦法日本國原有成案發照辦法各國一律從同似均不妨照辦華人往來居住能照各國人民一體相待自無查册騷擾之虞且息抵境留難之弊上崇

國體下慰輿情無逾於此連日晤工商部兵部等均有應交議院從寬脩例之說稍遲當有定議識仍當極力運動知好官紳報館從中助我事機既轉謬見稍除當不難如願以償獨得勝利目前脩約之事似可稍從

緩議若商會抵制辦法果能堅持到底破為大局所
迫不得不轉而求我也即乞
密回
邸堂列憲核奪訓示遵行為幸再海約翰初五日由英附
輪回美約十二三可抵華盛頓合併附陳專泐敬請
均安
梁誠頓首
光緒三十一年五月初八日
美字第七十號

具稟人檀香山合埠華民黃棉鳳等

稟爲禁約苛例辱國殃民美使索續伏乞拒駁[illegible]　[illegible]訂

以重國體而安旅民事竊聞兩國通商彼此人民均享優待利益詎

美自訂約以來禁例繁苛日新月異所待華工固以待不人類之事

相加抑且於不入限禁之内若教習游歷游學經商者亦諸多留難

辱我國體虐我民生莫此爲甚華旅飽受慘酷無以聊生祇望約滿

更訂善章如倒懸之待解倘仍照舊續約則此後情形更不堪設想

想　梁使憲目擊心傷詰駁詎美國硬施禁阻始終不易近聞派新

使赴都想必出狡謀運動希圖續約合埠華旅焦灼異常經於四月

念二日電稟

貴部拒駁在案想　明鏡高懸無難洞悉其伎倆特慮美使以威恫嚇

恃强要挾我　政府恐兩國堅持不下致裂邦交因此稍予遷就立

見禍患迭生矣斯時任受之則不堪補救之已不及何如堅持峻拒

彼縱横施暴虐或可籌策以轉移立約乃生計命脉所關舉國震動

當經上海香港等埠華商深維大局互相聯絡議開拒約會停銷

美國貨以實爲抵制美國貨銷售於中國歲計數千萬金一旦停

銷商務窒碍大損利益彼未必不知顧忌也禁工條議雖出於議院

而官紳士商亦有自知太過者况寰球萬國咸知彼曲我直公法具

在美人雖恃富强未嘗不畏各國清議此正藉可以無恐美新使抵

京或迫續約伏乞堅持拒駁仍咨行　梁使磋磨始終經理可卜有

裨於大局也商民惕於艱危不揣冒昧瀆陳　清聽乞爲　原宥切

赴

中堂

王爺爵前　恩准施行

大人

光緒三十一年五月　　　　初十　　　　日稟

五七

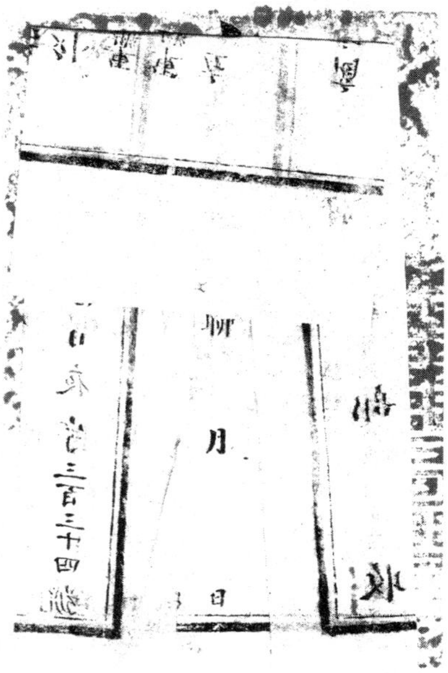

商部為咨呈事光緒三十一年五月十二日接據金山中華會館董事陳祥和等稟稱苛禁虐民締約宜慎聯乞力駁美使仍咨由梁使磋訂以安華旅而保利權又據金山昭一公所商董劉灼等稟稱苛禁厲民碍難續約聯乞始終堅持勿允畫押以固人心而挽利權各等因前來查美國禁工續約關係僑氓生計目下正在磋商之際據該商董等稟請駁阻詞意迫切相應鈔錄原稟咨呈

貴部查照覈辦可也須至咨呈者 粘鈔件

右咨呈

外務部

光緒叁拾壹年伍月 拾肆 日

附件

照錄金山華会館董事禀

具禀人金山大埠中華会館董事舉人陳祥和候選訓導陳炘附貢生閔鵬年余以貞附生李啟銓武生陳光英四品銜陳燮勲中書銜黄樹昌商董户部主事銜李朝勲同知銜黄榮藻梁賢芳中書銜黄獻章黄煥堯鹽大使銜李榮邦縣丞銜軍功五品陳天爵五品銜李達榮吴松陳兆熊何廷彪黄華例貢生余欽声黄榮光鄧藹隆五品頂戴蔡才鏞監生譚錦泉李慶珊余復均陸玉屏唐永均何兆翔陳玉麟周洋安何紹彰伍熙榮等

禀為苛禁虐民續約宜慎聯乞力駁美使仍咨由　梁使磋訂以安華旅而保利權事竊美国禁限華人變本加厲慘酷情狀罄竹難書上年賽会監督

貝子中堂王爺大人命駕臨金埠業將僑氓苦況匍匐縷陳幸蒙盡謨碩畫當禁約屆滿以前声明作廢另訂善章梁使憲體恤民艱屢加駁詰美外部屈於公理知難與爭暫停提議藉端延宕近派新使赴京必施狡謀希圖續約稍予遷就此後十年美洲華僑勢將絕迹紳商等焦急旁皇經於四月初七日電禀

外務部在案竊思国際法平等之国彼此人民一律享優待利益乃自禁工訂約以來苛例迭出凌轢騷擾不可終日彼自謂與我国夙敦交誼而待我華民曾暹羅高麗之不若況約滿未續即不應照前約辦理詎硬施禁阻顯違公法雖美国自恃強權而公理在所不容紳商等深維大局恐絕旅民生計即短內地財源

與其仍照舊約而甘受苛虐十年內無復挽回之望毋寧不再立約雖横遭暴虐十年內或有轉移之機美國商務在中國銷流甚鉅倘華人皆知彼刻薄商務不無窒礙相持既久彼或有所顧忌未必不降心相從删禁例之設不過圖博舉官者取悅工黨而鉅商富室不盡表同情紳商等久居此土既知情偽斷不因力持此約

致裂兩國之邦交，或可因力持此約，漸杜環球之侮辱。函
告美使將次抵京，迫得冒昧
瀆陳，伏乞
中堂王爺大人俯察輿情，洽雜駁，仍將訂議新約簽押事宜咨行梁
使憲，始終經理，竭力磋磨。第一美外部堅執不允稍為
寬待，應請將前約永遠停廢，徐圖補救之策，華民幸
甚。切赴
中堂王爺大人爵前，恩准施行。

照錄金山昭一公所商董稟

具稟人金山大埠昭一公所商董、同知銜劉灼、趙綽、馮桂
分、中書科中書銜鄧廣、英州同銜廖乾、李國英、鹽大使
銜李榮邦、五品頂戴黃華、李煥棠、高寶材、監生關洋
安、劉星如、楊修永、盧寬裕、盧以樑、黃日如、呂林光、何紹
彭、黃恆、吳禮興、關品方、玲、梁宏忠、黃閧基、李滙華、關
卓成、馮俊、黃卓卿、陳瓚書、關庭英、謝權禮、陳就、楊秀
卅、德炯、李許昌、方德業、呂堯光、高秩、新霍其聲、陳
冕旒、關錫遠、黃興業、梁琳、譚榮、陳文、劉錫鑾、鄺植、關
芬、李逢漢、黃壽贊、朱樂、曾元章、陳忠、曾毓燦、董剛
華、譚奕明、朱堯、李逖昭、黎和安、曾傑、楊德、觀、關烈光
陳格屏、黃暢奇、鄧麒瑞、麥勤、董星池、陳煥庭、劉基
陳瑞、周、關勵明、黃卓南、關林、李熾、杜昭、靳紹明、梁吉祥
方、賴培等稟：為苛禁虐民，礙難續約，懇乞始終堅
持，勿允畫押，以全
國體而伸公法，固人心而挽利權事。竊自中美訂禁工條
約以來，美國刻待華僑，凌虐日甚。木屋之設，苦倍監
囚；冊紙之查，時驚亂鶴；復派狼醫，驗眼借端阻拒；
藉口苛費，勒賄鉅資，種種慘狀，罄竹難書。去年禁
約期滿，幸蒙
中堂王爺大人洞燭幾先，察美例之殘苛，憫僑民之疾苦，聲
明廢約，另訂新章。梁使憲熟悉情形，迭次駁詰，
職商等感激涕零，庶復睹天日。雖美國自恃強權，
不待續約，便施禁限，然安諸公法，此國律例，關涉

彼國未經彼國允許者不能强令遵行美國自知為公
理所不容輒思弄厥狡謀急圖續訂近遣新使赴京
屢任必將設法運動遂其續約之願稍隨其術中
則此後十年華旅生計盡絕職商等中夜彷徨焦
灼萬分迫得叩乞
中堂大人王爺軫念民生決意拒駁仍咨行梁使塞在美部謁
力磋磨厯詭謀毒計無所獲施職商等幸甚大局幸甚
抑更有不能已於言者美人之來華也群奉若
驕子華人之來美也群視若仇讐擯之情理豈
可謂平美國既博工黨之歡心豈我國不應聽下民
之呼籲乎我國不允續約而美强行之則華人知我
政府之不承認也而祇叢怨於美政府倘我國
既允續約而美益刻酷行之則彼藉辭我政府之承
認也而華人將不歸怨於美政府群情延頸企
望在此一舉職商等久處美洲彼族情形頗知梗概斷
不因堅持此約而啟兩國之釁端或謂因堅持此約
而起美廷之畏敬無約而横禁我無如彼何雖禁
而不允簽約彼亦無如我何從强弱之勢相殊而

循環之理隱伏美國在華商務銷場甚鉅有來
無往豈能長此流通相持既久彼或有所顧忌未
必不俯就範圍職商等痛受切膚深維大局辭斧
鉞冒昧上陳不勝屏營待命之至切赴
中堂大人王爺爵前作主施行

光緒三十一年四月　日

大亞美理駕合衆國欽命駐劄中華便宜行事全權大臣柔　為

照會事本大臣茲將中國大公報一張照送

貴親王該報內云從本月初九日起所有關涉美

人之告白一概不登該報館主又呈天津大律師

函云日後不能登其告白此不過一次所接者尚

有各新聞紙內傳單與粘貼告白不用美貨以激

動人抵敵美國先數日與

貴親王晤談已言及於此經

貴親王雖言、此係糊塗人、不知實在情形所爲者、並稱
定必設法禁止、嗣又有本館參贊於兩次赴部時、言及此事、
因查該各商會所云、謂已稟知外務部、本大臣實不明此
事爲何猶未禁止、甚望
貴親王妥速設法辦理、此等糊塗事實不能增我兩國
所應有之友誼也、爲此照會須至照會者、附洋文及函件報紙

右　照　會

大清欽命全權大臣便宜行事軍機大臣總理外務部事務和碩慶親王

一千九百伍年陸月拾柒
光緒叁拾壹年伍月拾伍日

附件一

大清郵政局特准掛號立劵之郵件

今日本報另出附張不加分文

大清光緒三十一年五月初十日
西歷一千九百零五年六月十二號
第一千五十九號
禮拜一

L'IMPARTIAL
TIEN TSIN

大公報

價目表

三井

日本官造紙煙雲龍牌鳳凰牌

日本租界　三井洋行謹啟

本報不登美商告白

本館聲明

登告白者鑒

宮門邸抄

上諭恭錄

要件代論

駐美梁欽使擬訂中美修改工約稿

第一款

第二款

第三款

第四款

第五款

第六款

第七款

第八款

本報忠告天津商務總會文

時事要聞

牙科醫生

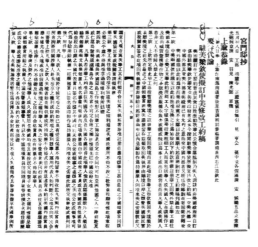

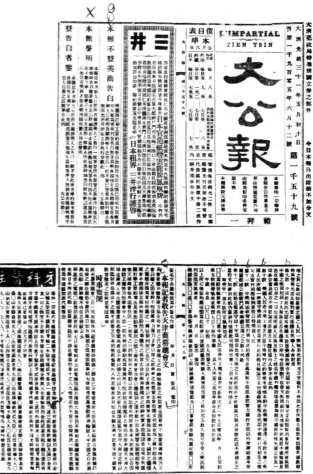

中外近事

附件二

博克大律師台鑒啟者刻因 貴國續訂禁華工之條約激動 敝國商民之公憤京津閩粵等處商民已會議不准買美國貨物而近日本館又連接外間來信 責問本館不當登載美國人之告白今本館已擬定從本月初九日起所有關涉美國人之告白暫且不登 貴處之告白亦一律暫行撤去俟風潮稍定再行登載事關國民之公憤尚望 貴律師原諒為感 大公報館啟

光緒卅一年五月初八日

諒

東　張學華

〇　交外務部

青十七

山西道監察御史臣張學華跪

奏為美國華工禁約期滿，事大且危，亟應及時改定，請

飭下外務部並出使大臣堅持力爭，以慰群情而全國

體，恭摺仰祈

聖鑒事。竊自各國通商以來，中國窮民謀食於外洋

者，不下百數十萬，而尤以美洲為最。光緒十年始

有禁工之約，嗣復展限十年，種種苛例，層見

迭出。當時使臣不能峻拒，輕與定約，至今商民

言及，輒為痛恨。去年限期將滿，僑民合籌改約，

喁喁企望，華眾一心。近聞美國仍申前約，使臣梁

誠磋商未就，美使柔克義來京，外間疑其

有所要挾。各埠商情大為惶急，上海集眾議事，

聯約不銷美貨，以為抵制，電求外務部主持

者，一日數次。竊謂民情不可拂，事機不可誤，禁工

舊約有萬不可輕許者。一辱國體，公法於本籍

之國民人均一律優待，今則埠有不能上岸者，

已上岸有傳押出境者，始而工人，繼而士商，甚至

當船寄辱，視同囚犯，然則往來使臣亦復何

顏，此不可許者一。二戕民生，華民僑美數十萬人，

近已遞減，然每年之匯歸本國者尚及千萬，

即以廣東近年搜括幾盡，尚賴此為挹注，今不豫籌

苦於境內之利源未闢，並海外謀生之路而亦

絕之，貽害何窮，此不可許者二。三失民心，此

次華商紛紛電奏，情極迫切，祇以中國民力較

弱，不得不仗國力維持，若任其枯竭不為力爭，

薄海內外誰不灰心，以後商會更將渙散，維持

尤不可許者三。至於應付之法，亦有數端：一據

公理，美洲開闢，實藉華工之力，現寓居彼處

者，若法國若墨國若日本，美人一律接待，獨

於華民歧視，試使中國以其苛例施之美國商人，

能否忍受？揆之情理，安得為平？查各國有和

平公會，美廷尤主其事，正可付之公斷，以定是非。一

於人心中國不銷美國貨物其事操之商人此次
一倡美商頗有所忌正宜切實相告

朝
廷允屢剴諭商民之權在人情憤怨然必甚懷
若一挾眾叔復激成意外之交涉且不能任
保護之責一面分協力旅美華工之人尚能維爾
有不自挽末路為分人口實在公使所宜聯
合眾商嚴定規條隨加訓誡果有深了務由中國
其商定議據回原籍再來令自我出權不致假借
亦是以杜其藉口一般總堅於西人堅忍求復
以堅忍待之風向業仍之意出自工黨美國
士商原有心知其私在誠能挽回不撓終必就
我範圍就令挾其成見我無強彼廢約之權彼
亦無強我必押之權一日不定約一日尚可挽回
斷不至於致蹈更改必稱存匿讓只有不語
承詢唯以區區之愚上備

採擇
抑更有請者近日使臣於民國本末知之頗悉
唯稱理洋務之人更多既多往往習於懦懼
畏外國尤甚現迫於群議自不敢狂犯眾怒違

然盡諾可慮者延時日美人窺我氣稍餒勢稍
緩但將舊約略改一二後來嘗試一再不抵賠害
匪輕且以群情激生或釀成不測之患固
可慮也抑或隱懷奇寄之哀尤可憫也查政務
處章程有疑難之謀隨時奏請令政務

飭下廷臣各抒所見以收群策群力之效亦使各埠
商人皆曉然於

朝
廷鄭重交涉不忍漠視並當感奮美廷知我
內外一心決無中變亦斷易於轉圜並將來定約

時益謹
諭令外務部及出使大臣詳悉確商自有精疏忽之虞
所定之約先必宣布俾眾周知以慰群望而
免貽誤臣愚昧之見是否有當謹恭摺具陳伏乞

皇太后
皇上聖鑒訓示謹
奏

光緒三十一年五月十六日奏

五月十六日

仁 五月廿四日

照會

大亞美理駕合衆國欽命駐劄中華便宜行事全權大臣柔　爲

照會事。西本月十七日曾照會

貴親王，中國數處通商口岸現有結黨不買美貨，至其倡論之言，均屬毫無根據之語。據云美國有格外虐待駐美華人情事，當請

貴親王自擬高見，立行禁止此無知之言，因其不能成事，只能挑唆愚民頓生忿恨，致傷兩國睦誼。如中國政府不明示各處所傳之言皆屬不確，

恐將生出意外事端、茲又接准駐福州美國領事

官文稱、該處有人徧貼傳單、妄誣美國現竟殺害

駐美華人二千餘人、並言已焚燒房屋、及毀壞器

具無算等謠、本大臣前已照會

貴親王、迄未

見復、故本大臣無法想

貴親王不以本大臣之心為緊要、自十七日照會

貴親王去後、復接有許多美國駐劄牛庄、漢口、廣

州、天津、上海、各領事官之公文、皆同謂
貴國地方官若不即禁此妄論、中國各處必咸起
仇視外人之心、並稱
貴政府若不設法彈壓衆百姓以為國家有默許
之意、且知既不禁止所傳之單必屬確實矣
貴政府不行嚴禁、又不分飭各省督撫立禁、敝國
政府、不能不疑中國各大員以此法為有益于中
國、由是中國百姓再行議辦此舉、不惟阻碍兩國

國民之利益、且頗減、兩國政府友誼之情、是以再請
貴親王、迅速竭力設法、飭各省禁止此事、至用何法
禁止、仍希
照復、現本大臣聞直隸總督已悉此事、恐為阻礙
美國商業一事、致生意外、故飭所屬即行飭停此
議、本大臣切望
貴親王亦須分飭各省一律辦理、現
貴部同本大臣正在和衷商辦華人往美新約之

時安可准百姓輕信美國恒用苛例虐待華人耶希
貴親王亟須查照辦理可也為此照會
須至照會者 附送洋文

右 照 會

大清欽命全權大臣便宜行事軍機大臣總理外務部事務和碩慶親王

一千九百伍年陸月貳拾肆日
光緒叁拾壹年五月貳拾貳日

六一

逕啟者昨隨
梁大臣赴部晤談
貴大臣曾囑將所有彼此問答之言錄出送閱茲已譯
就說帖惟因公事甚繁無暇謄錄特將譯草函送
貴大臣查收希轉囑照抄存案並希於錄畢後仍將原
稿送還本館備查是荷特此布泐即頌

附件

西六月二十二日面談限制華工立約事說帖

本大臣云中美所立限華工入美約即係一千八百九十四年所定之約至上年十年期滿於期限未滿六個月時經中政府照會美政府云此約期滿不願再行美國政府則願再續數年中國不願並請美政府另商新約是以于上年西八月間駐美梁大臣按中國之意擬一約稿送交美外部查核至西九月間美外部大臣亦按美國之意擬一約稿送交梁大臣西十一月間梁大臣又有所擬一稿送至美國外部此稿與初次所送之稿無甚相差不過稍有更改條有數處將各條之意或此條所列移列彼條彼條所列移列此條新添增入者惟有一款所商之約至此而止本國外部大臣將此數件約稿檢交本大臣閱看並囑往見梁大臣與本國商部大臣會同商議本大臣雖未奉有特畀定此約全權外部因本大臣現值來華赴任特囑就近面晤貴部王大臣會商切望照此辦法可速議成此約緣意在按兩外部往來文件之意相商辦理似較為便易本國向常派員往何處立約均係畀以特權本大臣既未奉有特畀之權自不能謂在北京所商定約稿定為本國政府所允行事雖如此據想若將貴部所擬之稿二妥商即可知何處之意係於兩國之意相同何處係於兩國之意未能盡合應先將意之所同者商定嗣再辯論意有未合者查中國所擬約稿內有數處字樣係於本國之例不能照允本大臣想此數處頗可另用別等辦法以免中國之未能滿意故想與貴國彼此商一妥協約稿送請本國惟望本國政府可以允行茲另有一言即係本國總統與政府均甚願存其和平讓人之意商辦此事我兩國只有此交涉此外並無他事本國政府甚願按其權之所能者一如中國之意以辦此事惟望可以迅速了結　本大臣又云本政府商議此事

係表寬厚之心因今日係初次會商不必詳論各約條之意現不過欲將約中所應擬大概情形應擬於何商定了辦之法本大臣雖願於中國之意辦理惟美國有美國之例不能不遵例而行是以於中國約稿內有數處為本國不能照允者特為指出論此數處亦有辦法可使與中國大概之意不甚相差

一 論新往美國之華工兩國政府宜定云不同之意此節早已商妥中國已允美國有權限制華工入美以保美工不准華工新入美國

二 論華工復回美國即係指暫離美國而復回者茲將此事兩國意有未洽之處詳言之 貴大臣應知本國北方沿岸界於干拿大南方沿岸界於墨西哥該兩處邊界甚長彼國所訂華工之章與美國所有之章不同墨國與中國早數年立約係欲鼓動華工前往本國人民準知有許多華工由干拿大墨西哥暗進美境其由墨國來者尤多此許多華工現均居住美國本國政府雖以此項華工應云入美權利抗願以克讓之心允此項華工亦可以有居美之權

三 有一事於華之事尤為切要即係本國欲中國學生與中國游歷體面人及別項不在工列之人可以更易入美使兩國格外有親密之誼此數等華人美政府甚願鼓動其前來設法俾其得免一切之難於有何美僑民官或某海關微末之員從前使中國此數等人有何不便之處本政府並未嘗不肯認所

應認之錯，惟又須云他人亦係有錯。本大臣又云：此等人受難爲係有緣故，因中國有賣假護照之人，即如廣東現有人特作假護照出賣，以此爲生，有若干宦誠人未深悉美國定有何登岸之章，遇騙賣得假照，自以爲係按入美境之章，坦然前往，及至抵岸，方悉自己被騙；亦有雖有護照，或其照不全，或照中有錯，迨至美岸，美官不能分別其可靠與否，是以不必理。美政府祗有此錯，然有一辦法，可使中國學生游歷人等免有此難，爲此辦法係應於未離中國之先，設法使人易知其爲何如人，不必俟到美岸再行分辨，緣美岸官員不能分別其爲何等人。彼又云：要人作證也，應於向中國管

四

理此事官員請領護照後，即將該照並送所出口處之美領事官查驗，經驗確實，簽字蓋印。中國赴美之人所出之口只有二三處，大概均由上海與廣州等處，是以赴美之人須將該護照一呈駐各該口領事看閱，所派管理此事之員簽字蓋印，甚願。貴大臣謂本政府亦有熱心從寬辦理此事，定無損礙往美華人所應得之權利，及除限制華工前往外，餘均無阻。美政府實欲鼓動此等華人，使其赴美毫無難處。伍大臣常閱美國新聞紙，可以見証美國人民實有如此意見。

本大臣又云：惟有一言不能免，利約內即係准華

工入美國所屬之各島　本大臣答云如約內有此

此条稱本國政府定不肯請議政國會批准

應爲該各島然必不能包說該島工人情形尚

未詳加考查　故駐該島美員亦未設定何法辦

理此等事件　本國政府不能不留心於此項

工人之事　本大臣答以有何不肯

貴大臣云該島[illegible]

貴大臣云不將來議新約稿內再加詳商又請於約末加添數語

五　本大臣云該約內有數處論及華人住美權

利　按所列字句美國不能出名因內中之意

尚有不可惟文法則須酌改

六　本大臣云余於商定此約稍不以爲有何難處

惟照用許久之時　是以應云　本大臣此約之先

本國政府甚情願設法使不在工列之人即

以別項華人更易入美　本大臣於未離華

盛頓之先　本國商部大臣面云美將來貴

大臣見有中國學生與何等商人不在工人

列者欲來美國可以電知於彼　彼必盡心設法

使其可以登岸並無留難　故昨日函有中國學生

赴美　已即電知本國商部大臣　今日接有復

電云已專據妥協矣

總字五百四十六號

六二

逕啟者，昨有
袁宮保前請
康大臣代聘之銀元局驗銀成色人吉士甫來館面稱，彼與機器師艾謨利於一千九百零二年即光緒二十八年間同應
袁宮保之聘，分充該局驗銀成色與機器匠之任，立有三年期限合同，計至本年數月後合同期滿。聞中國戶部現設銀元局，請本大臣代詢如願於其期滿

後續用該二人抑係如何聘辦亦所願就否則彼等
須早自爲計以便屆時回國等因兹請
貴親王查照即布將戶部銀元局願否續聘之處
示悉俾得轉知是荷特此即頌
爵祺

名另具 五月二十七日

商部為咨呈事本部接據星加坡職商
吴世奇電稟華商會議力助滬商籌制美國
厲禁華人條約如意抵制乞堅挽大局又據
汕頭闔埠紳商電稟美約苛虐過甚乞堅
持廢約以保國體而衛旅民各等情前來
查禁工續約前據蘇州湖州士商先後電
請駮阻業經咨照在案茲又迭據該紳商等電稟
前因相應據情咨呈

貴部查照可也須至洛呈者

右洛呈

外務部

光緒叁拾壹年伍月 貳拾柒 日

六四

敬啟者：本月十三日肅布美字第七十一號函，計邀
堂鑒。華商拒約抵制，美廷有意循例各節，經於本月初八
日美字第七十號函詳陳在案。二十二日（西六月二十四日）美總
統諭外部通飭在華外交、領事等官，凡禁外華人領
照赴美，認真查明確無假冒，方可簽印，持照抵美即
不留難，並謂欲優待禁外之人而不礙禁工之例，舍
此別無他策等語。誠查美總統及部院諸大臣如海
約翰、塔扶等均能主持公道，抗論寬禁，祇以迫於政

黨未敢遽發今因華商聯會拒約抵制團體甚堅在
華美商及美國各埠商會屢屢警告要其寬禁故有
是舉以慰美商籲請之心而解華人義憤之積也所
擬嚴查護照然後簽印及持照抵美即不留難各辦
法在兩國有約時為至當不易之經而在兩國無約
時則為越分侵權之舉自三十年工約已滿之後華
人來美辦法兩國未經訂明現仍循按舊章給發護
照原係一時權宜之計在美國不應視為長久辦法

也又況禁工一事我已無允許明文而獨援其國例
强我遵從按諸公法平等之國斷不容有此相待也
總統諭文所指禁外人等仍照舊約標列五項則是
五項之外仍不得領取護照顯然可見又何異仍行
舊約乎即使總統部院有意求全故作通融之舉而
美為立憲之國凡事須依例而行彼行政官員即借
行例為名顯違總統示諭縱有嚴罰將若之何即使
法隨言出稍示寬政於目前而習久玩生能保遵行

於日後耶此　誠不能遽自慰解者也聞滬粵諸商亦
以禁例一日不寬苛政一日不減人心一日不安未
能釋然於懷仍有堅持之意蓋其審慎再三羣相疑
慮實非無故矣總統諭文日間必當由外部照送到
館擬為照復逐層駁難不以重訂禁約為言而專從
改寬禁例著筆俟繕送後再當錄稿呈請
鑒核除將情形先行撮要電達外謹再縷陳並將總統
諭文照譯漢文附呈統乞
代回
邸堂列憲俯賜鑒核是幸專肅敬請
均安　梁誠頓首
光緒三十一年五月二十八日
美字第七十二號

附譯件

附件

照譯美總統諭署外部大臣文 光緒三十一年五月二十二日 一千九百五年六月二十四日

諭外部仰該部立即傳本總統命通諭駐華外交領事各官下開各節一體知悉按照美國律例及中美兩國歷次條約之意所有中國咕喱工人不論粗工精工均一概禁來美國惟我美國政府之意凡來美之中國商人學生遊歷以及中國政府所派代表官員及中國官員均願表示至寬至誠之敬禮所有上開各等人均准任便任意往來且得按照最惠國人民給予權利優待特免特寬等利益本總統業已專飭工商部大臣工人雖應嚴禁行例不得苛刻而於例准入美之人無端騷擾尤須慎防並經誥誡移民股官吏行例之際毋許稍苛如有失禮於中國人者應立即解任查一千八百八十四年七月五日定例第六段載

明例准入美之華人須憑護照定明地位一節按照前例
駐華美國外交領事各官業經總統飭令於簽印護照之
先務須遵照前例第六段所訂各節辦理前例載該外交
領事人員合即授權視為職務於簽印上開護照之先將
照內開列各事查其實情如其查出虛偽准其不允簽印
等語所有既經按例簽印之護照即為照開各事均屬確

實之證並經專飭移民官吏即須接認如非確有憑據可
指不得駁退不認不料從前中國政府官員誤發假冒之
照竟有數千張而美國領事官亦已誤為簽印我政府意
在整頓此項簽印護照使其有真實價值美國可以放
心接認果能如此則曾經發現之愁詐各端大可減免故
凡中國商人學生遊歷人應於離華之先取有護照當可

保其抵美不受非宜之款待矣惟是爲實行此義起見必須
責成外交領事各官不得以簽印護照視爲閑事而實認
爲職守要事之一端非真知領照之人確實合例不得給
發護照該員等辦理此事如何辦法應任其責如其覺
察有誤發護照冒用護照情事務須澈底查明蓋欲表
完全禮意於中國禁外之人如官員遊歷商人學生人等

而仍得行禁阻中國粗細工人移殖之例惟有恃我外交領事
諸官按照工商部大臣所擬政策謹慎從事之一法而已似此
變通辦法行例當覺便易惟非外交領事各官認真盡職
除確見領照之人係在禁外應享護照所得利益外不令妄
發一照經其簽印則不能視爲長久之計也爲此特行誡諭
我國駐華外交領事各官務須各竭心力盡其要職此諭

盧士佛簽名

為

咨呈事據天津商務總會總理王賢賓等稟稱竊商會前因

南省來電相約不購美貨為抵制禁阻華工之計仰蒙宮保

飭巡警局府縣傳宣憲諭遵即由商會出具傳單傳知各行

悉遵憲諭照常交易各在案伏查商約本係

國家與美國簽約商民理宜遵守何敢干預但旅美華人既經

受其種種苛虐凡屬商民既有同種之呼應切同胞之義惟

有籲請憲恩設法拯救以慰衆望為此叩懇宮保俯念旅居

華人皆屬赤子電商
外務部力請美國政府刪除苛待華人之約是否有當伏乞
鈞裁等情到本大臣據此除批查此案昨准
外務部電開各埠華商以美禁華工續約建不購美貨之議
以為抵制並紛電本部請勿簽押查工約前由梁使擬稿照
送美外部迄未定議柔使到京晤談及此詞意和平並未迫我
簽押且允電政府商改禁約務希實力勸導將本部現在商
辦情形曉諭各商以釋羣疑等因本大臣查昨接路透電載

美總統諭令美國查驗入口華人之員弁嗣後入口之華商
及游歷者須竭力優待等語業經札飭津海關道暨飭天津
府縣曉諭津埠各華商萬勿煽此浮議致敗壞本埠商務並
切實傳諭該商會妥為勸導在案茲據禀稱前因南省來電
相約不購美貨為抵制禁阻華工之計經該商會出具傳單
傳知各行照常交易仍請電商
外務部力請美國政府删改苛約辦法甚是候咨
外務部查照辦理示覆飭遵等因印發外相應咨呈

貴部謹請查照辦理示覆飭遵施行須至咨呈者

計鈔傳單一紙

右　咨　呈

外　務　部

光緒　　　　　　　　　日

左參議汪大燮

左丞紹昌

右丞陳名侃

右參議雷補同

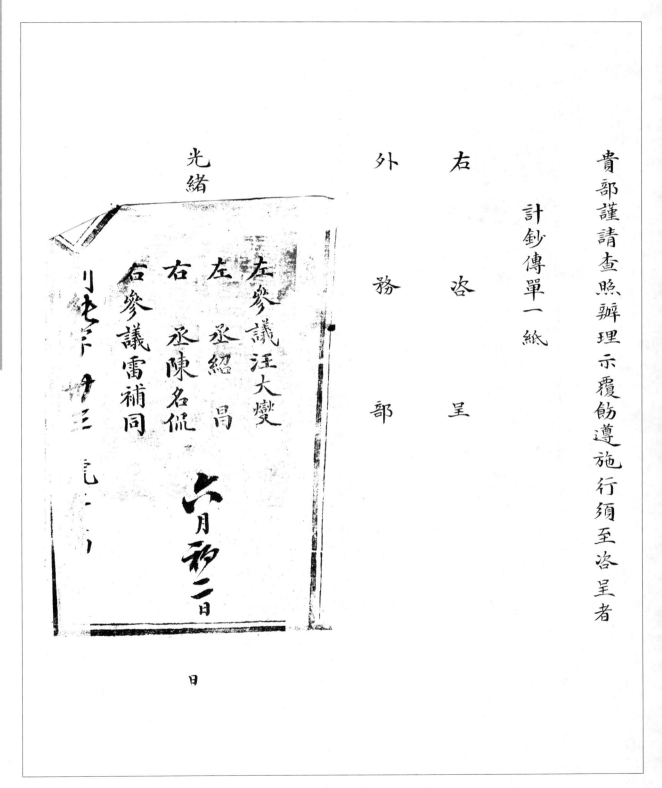

六月初二日

啟者天津市面自庚子亂後元氣大傷幸蒙
上憲極力維持近來稍有起色方冀商務蒸蒸日上近因美國禁止華
工南省來電頓起風潮市面買賣因此頓形窒塞緣不購美貨則
已購者停滯難消已定而未出者亦不能臨期退回種種為難於天
津市面殊多未便竊思我津商人當此創鉅痛深之後實不能再
受此擾累為此公議傳单知會各行凡有天津生意一切照常交易萬
勿為浮言所動以期保全市面大局幸甚幸甚

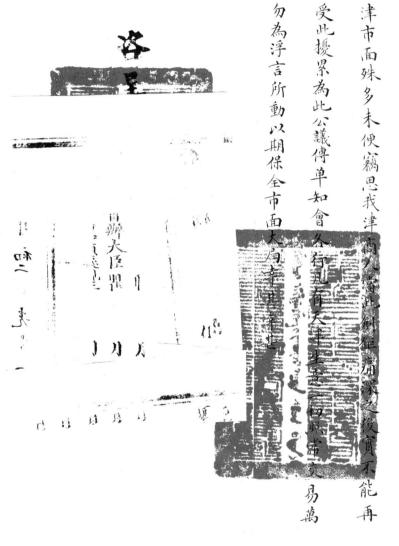

咨呈

咨

商部　爲咨呈事據上海商董曾鑄等以不用美貨辦法和平與國際無關剴下美人勉就範圍亦因各埠抵制之故於交涉正有利無害稍加抑制轉令外人輕視現正拒約吃緊之際懇賜維持大局幸甚等語電禀前來查此案迭據各埠紳商電禀公禀均經轉行貴部在案茲復據該商董等禀稱前因相應據情咨呈貴部查照可也須至咨者

右咨呈

外務部

光緒叁拾壹年陸月　初捌　日

美國南達高他省伊師域治城教士特理費森上伍大人書

敬啟者向來僕甚關心於中國之人民且於寓美之華人尤為關切茲聞華民不購美貨中心甚為歡樂深望此舉可以激醒敝國政府盡（改）從前之苛例從此優待華人茲特專函致賀不購美貨之舉並祝華美兩國同保人民之福也專此專頌

祉

費森謹啟一千九百零五年七月十九號
由美國伊師域治城寄

日

六八

敬啟者本月初十日肅布美字第七十四號函詳陳
與日俄各使密談和局事度邀
堂鑒十二日祇奉四月十九日
堂函工約一事辱承
指示周匝靡遺至爲佩仰十六日續奉五月十八日
堂函附柔使節畧一件並飭將美外部送來約稿咨呈
備核查上年五月二十六日識在墨都接奉
肴電開卅電悉工約可照改錄稿送美外部等因當於

六月初四日美字第三十八號函將奉電緣由及擬
俟回美後再行送往等情聲復旋於七月初二日遵
將擬稿照送美外部即柔使節畧所稱第一次底稿
也九月二十六日奉
宥電開禁工約稿有應酌改處已函達俟函到再開議
等因十一月初六日奉九月二十九日
堂函發還工約改稿漢洋文各一件正在繕正備文之
際於二十九日接美外部送來該部與工商部合擬

約稿一件即系使節畧所謂第二次底稿也此稿計八款除第一第八兩款聲明限禁華工入美國及屬境以十五年為期第二款言註册華工回華復入美境予限一年第三款言仍准假道皆與光緒二十年舊約相類外其餘各款亦大畧相同惟第四款限定華人入口口岸指定禁外五項人由工商部派員駐華簽照第五款禁外人居美須領執照及准比照工人離境復回第六款華人入境並須照別國人入境

例辦理第七款祇許美國工人在華註册及第四款附載照式所開各節或為舊約所無或較舊約尤甚祇有加嚴之意並無寬待之條不特工人不肯稍事通融抑且禁外人更復顯加限制美外部來文斷斷以美例為言飛檀開禁明拒不允實與我脩約之本意大相逕庭尤與海外部等平日之持論自起矛盾其非無理取鬧即係有心嘗試誠職守所在義務攸關實不便以此等漫無倫次之件屢瀆

聰聽故祇於公函內聲敘大意而未將全稿録呈也因
於十二月初二日備文照復美外部告以該稿實多
不合萬不能如我
政府之意並遵將
政稿附送請其詳細核酌即來使節署所稱第三次底
稿也此稿去後曾晤美外部工商部等商議數次工
黨勢力甚堅一時未能成議而柔克義適奉使華之
命海約翰諸人密囑該使抵京後向

鈞部轉圜力求退讓早日成約工商部諸員以所擬約
稿經 誠 復駁又以 誠 通飭各埠彙案索償既懼交涉
之困難又慮工黨之指摘遂將約事情形詳告報館
廣為登載冀以自明而華人得此消息益甚洶湧滬
港諸商聯會抵制之議起矣此籌議修約之始末實
情也查美外部送稿不特與
鈞部改稿大不相同即與 誠 所擬稿亦判天壤今梁使
節畧以第三次底稿係提出本國稿內酌改數語諒

必別有誤會，然既稱應以此稿爲商議藍本，或亦有意轉圜，急而求我，固不妨姑許徐商，使之就範也。誠竊有進者，美國行政以議院定律爲指歸，而各國約章恆以弁髦相視，驗之往事，不勝枚舉。即使遷就訂約，將來能否實行，固在不可預知之數。又況現行禁工例章已極嚴密，我若與之議約，彼必堅持國例，欲求制勝於字句之間，實不易易。誠前晤美總統，曾有訂約難於從寬，禁例或可稍改之語，詞意頗真，諒有

把握竊以為議約於例未改之時有事倍功半之苦
不如議約於例已改之後有風順帆輕之便現在似
宜姑與周旋以示敦睦俟其議院開後詳察情形如
果禁例改寬則可從容開議否則竟可明白宣告將
禁約一事永遠停議庶足以上崇
國體下慰輿情而
邸堂列憲慎重外交保全民志之苦衷當得共白於天下
美為文明望國亦決不因此而竟傷友誼也識為大

局起見謹附陳鄙見伏乞

邸堂列憲俯賜裁擇不勝禱盼除遵將美外部送來約稿

照錄譯漢另文咨呈外謹此縷陳即希

代回爲荷專此敬請

均安

梁誠頓首

光緒三十一年六月二十日

美字第七十五號

六九

欽差出使美秘古墨國大臣梁　為

咨呈事竊照中美工約居滿疊經本大臣承准

貴部函電擬稿脩改並於三十年五月二十六日承准

貴部宥電内開卌電悉工約可照改錄稿送美外部等因於七月初二日備文照送

專函聲復在案十一月二十九日准美外部照復送來該部與工商部會擬約稿一件

當經本大臣以該稿於合例華工權利未能保護且與禁外華人尤多損礙備文駁

斥另將十一月初六日承准

貴部發還改正約稿送往茲謹將美外部來文一件附約稿一件本大臣復文一件

所有漢洋文一併備文咨呈為此咨呈

貴部謹請察核施行須至咨呈者

計送漢洋文各三件

右咨呈

外務部

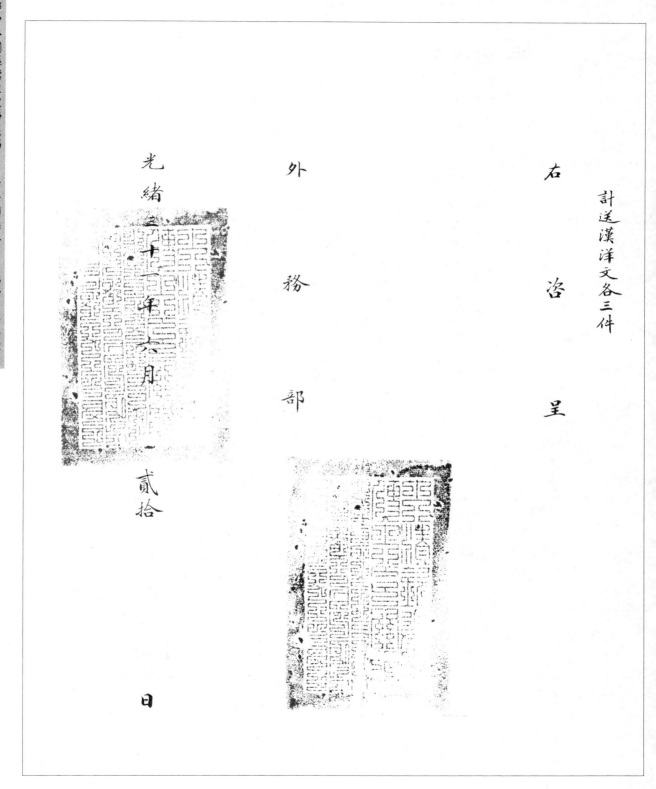

光緒三十一年六月貳拾日

附件一

文 洋文照會十月廿六日

Copy.

Department of State,
Washington.

No. 49. November 29, 1904.

Sir:

In the note which you were pleased to write me on August 12th last, after pointing out the reasons which had impelled your Government to give notice to that of the United States of its desire to terminate the treaty of March 17, 1894, relating to emigration between the two countries, you transmitted to me a draft embodying what the Chinese Government considered the essential requisites of a new treaty which it wished to negotiate with the United States to govern this subject.

It appears from your note that the objections which the Chinese Government had to the treaty which is now about to terminate may be classed under two heads, but both connected with the administration of our laws:

1. Those relating to the administrative measures adopted by the Government for the enforcement of its laws for the exclusion of Chinese laborers, and

2. Measures deemed necessary by the officers of the Government in determining the rights of Chinese subjects seeking to enter this country and not belonging to the laboring classes.

The draft treaty which you transmitted to me with your note has received my careful attention and that of the Secretary of Commerce and Labor, to whose Department are entrusted questions relating to immigration, and the Law Officers of this Government have also been consulted. As a result of this

Sir Chentung Liang-Cheng,

etc., etc., etc.

this joint consideration, I have the honor to transmit to you herewith a draft of a treaty in which have been embodied the amendments to the treaty of 1894 which this Government is able to agree to.

At the present juncture, it is not necessary to elaborate the value of the various amendments introduced in this draft, but it is confidently believed that by the proposed establishment at ports of sailing in China of officers of the United States immigration service, it will not only be rendered possible, but comparatively easy, to meet all the requirements of the laws of the United States concerning the incoming Chinese laborers, and that Chinese subjects of the exempted classes will thereby find their entry into the United States greatly facilitated and their peaceable residence therein assured.

Concerning the question of the admission of Chinese laborers into Hawaii and the Philippine Islands, the Government of the United States is not disposed to consider the question at the present time, and I have therefore been constrained to omit any reference thereto in the draft I send you.

Should, as I hope, the enclosed draft meet with the approval of your Government, I shall be pleased to further consider the matter with you at as early a date as may suit your convenience.

Accept, Mr. Minister, the renewed assurance of my highest consideration.

(Signed) John Hay.

Enclosures:

Draft as above, 2 copies.

DRAFT OF PROPOSED TREATY BETWEEN CHINA AND THE UNITED STATES.

---------0----------

Whereas the Government of China, in view of the antagonism and much deprecated and serious disorders to which the presence of Chinese laborers has given rise in certain parts of the United States, desires to prohibit the emigration of such laborers from China to the United States;

And whereas the two Governments desire to cooperate in prohibiting such emigration, and to strengthen in other ways the bonds of friendship between the two countries;

And whereas the two Governments are desirous of adopting reciprocal measures for the better protection of the citizens or subjects of each within the jurisdiction of the other;

Now, therefore, etc.,----------------------have agreed upon the following articles:

ARTICLE I.

The High Contracting Parties agree that for a period of fifteen years, beginning with the date of the exchange of the ratifications of this Convention, the coming, except under the conditions hereinafter specified, of Chinese laborers to the United States or to any territory under the jurisdiction of the United States shall be absolutely prohibited.

ARTICLE II.

The preceding article shall not apply to the return to the United States of any Chinese laborer who has been registered as such therein. Nevertheless every such Chinese laborer shall, before leaving the United States, deposit, as a condition of his return, with the immigration officer of the United States placed in charge of the port of intended departure by the Secretary of Commerce and Labor of the United States, his registration certificate and receive in lieu thereof from

said

said officer a return certificate containing a full description of the said laborer's certificate of registration, and no such Chinese laborer shall be permitted to enter the United States by land or sea without producing such return certificate to the said officer in charge of the port through which he departed, and such right of return to the United States shall be exercised within one year from the date of leaving the United States, or any insular territory thereof.

ARTICLE III.

Chinese laborers shall continue to enjoy the privilege of transit across the territory of the United States in the course of their journey to and from other countries, subject to such regulations by the Government of the United States as may be necessary to prevent said privilege of transit from being abused; but such regulations shall be reasonable and shall not put unnecessarily burdensome restrictions upon the enjoyment of such privilege of transit.

ARTICLE IV.

Chinese subjects may enter the United States, or any territory thereof, only at some port designated by law or regulation for such entry, and the right of entry into and residence within any territory of the United States are hereby expressly restricted to those Chinese subjects who are officials of the Chinese Government, teachers, students, merchants or travelers for curiosity or pleasure and to laborers who have been registered in accordance with the laws of the United States.

Every member of any one of the said exempt classes, except officials of the Chinese Government, shall present to the officer of the United States Government in charge as aforesaid at any port of entry for Chinese persons, as conclusive evidence of his right to admission, subject only to his identification in each instance with the person described therein,

a

a certificate, in the form attached hereto, which certificate shall be in the English and Chinese languages, issued by the appropriate representative designated by the Chinese Government in China or in other countries, such certificate to be authenticated in each instance by the signature and seal of such officer of the United States Immigration Bureau as may be stationed for that purpose in China by the Secretary of Commerce and Labor of the United States, under a statement that said officer has made an investigation of the averments contained in such certificate and has found them to be in all respects true. The Chinese Government hereby agrees to supply the Government of the United States with a list of all the officials authorized by it to issue the above-mentioned certificate and to make no change in or addition to said list without informing the United States Government of such change or addition at least three months in advance thereof; and the Government of the United States agrees in like manner to supply the Government of China with a list of all the agents authorized to authenticate such certificates in the manner above described on behalf of the United States.

ARTICLE V.

For the protection of Chinese subjects of the exempt classes specified in Article IV of this Convention, who are lawfully resident in the United States or any territory thereof, they shall be entitled, upon application and the submission of proof of the lawfulness of such residence to officers designated by the Secretary of Commerce and Labor of the United States, to certificates of residence in the form to be prescribed by the Secretary of Commerce and Labor of the United States, which certificates shall entitle the holders thereof, unless transferred or used with fraudulent intent, to the like privilege of readmission to the United States after temporary departure as that provided for the registered Chinese laborers

laborers in Article II of this Convention upon compliance with the conditions specified therein, and to residence in the United States so long as they remain members of any one of the exempt classes recited in Article IV hereof.

ARTICLE VI.

Chinese subjects lawfully residing in the United States, either permanently or temporarily, shall have for the protection of their persons and property all rights that are given by the laws of the United States to citizens of the most favored nation, excepting the right to become naturalized citizens; and nothing contained in this Convention shall be construed to prejudice the rights guaranteed by this Article: and subjects of the Chinese Government seeking admission to the United States shall be required to comply with all the conditions imposed by the laws of the United States upon citizens or subjects of other countries seeking such admission.

The Government of the United States hereby reaffirms its obligation to exert all its power to secure protection to the persons and property of all Chinese subjects lawfully in the United States.

ARTICLE VII.

The Government of China having agreed not to object to the registration of Chinese laborers in the United States, the Government of the United States, reciprocally, recognizes the right of the Government of China to enact and enforce similar laws or regulations for the registration, free of charge, of all laborers, skilled or unskilled, citizens of the United States, whether residing within or without the treaty ports. But it is understood that nothing in this Article shall in anywise impair the rights of American citizens in China to most favored nation treatment, guaranteed them under the terms of the Treaty between the United States

and

and China of October 8, 1903.

ARTICLE VIII.

This Convention shall remain in force for a period of fifteen years beginning with the date of the exchange of ratifications, and if six months before the expiration of the said period of fifteen years neither Government shall have formally given notice to the other of its final termination or of a desire to revise it, this Convention shall remain in force for an additional period of fifteen years.

CERTIFICATE REQUIRED BY ARTICLE IV.

In compliance with the provisions of Article IV of the Convention between the Governments of China and the United States, dated______________ day of____________ , this certificate is issued by the undersigned, who has been designated for that purpose by the Chinese Government, to show that the person named hereinafter is a member of one of the exempt classes described in said Treaty and as such has the permission of said Government to go to and reside within the territory of the United States, after an investigation and verification of the statements contained herein by the lawfully constituted agent of the United States in this country.

The following description is submitted for the identification of the person to whom this certificate relates:

Name in full, in proper signature of bearer,________________
Title or official rank, if any,______________________________
Physical peculiarities,______________________________________
____
Date of birth,____
Height, __________feet___________inches,____________________
Former occupation,____
When pursued,____
Where pursued,____
How long pursued,____
Present occupation,____
When pursued,____
Where pursued,____
How long pursued,____
Last place of actual residence,_____________________________

(NOTE: If a merchant the following blanks should be filled out.)

Title of present mercantile business,_______________________
Location of said mercantile business,_______________________
How long said business has been pursued,____________________
Amount invested (gold) in said business,____________________
Present estimated value of said business,___________________
Specific character of merchandise handled in said business,_

(NOTE: If bearer is a traveler the following blanks should be filled out.)

Financial standing of bearer in his own country,____________
Probable duration of his stay in the United States,_________

Issued at_______________on this____________ day of__

____
Signature of Chinese Officer.

7

__________________________19____.

I, the undersigned duly authorized agent of the United States Government for the territory within which the person named in the foregoing certificate resides, have made a thorough investigation of the statements contained in the foregoing certificate and have found them to be in all respects true, and accordingly attach my signature and official seal in order that the bearer may be admitted to the United States upon identification with the person represented in the attached full face and profile photographs, over which I have partly placed my official seal.

Profile Photograph	Full face Photograph

____

附件二

照譯美外部送來脩改工約稿

第一款兩國政府允願自此約互換批本之日起以十五年為期凡中國工人除按照下開情節指定外一概禁入美國或美國所屬之境土

第二款上款所載與在美國曾經註冊之中國工人重回美國無涉惟此項中國工人於離美國之前將其註冊執照交出口處工商部大臣所派美國僑民委員收存並向該員領取回頭執照以為回美之據此項回頭執照將該工註冊執照詳細列載如此項中國工人不將此項回頭執照呈交原出口處之僑民委員則不論水陸均不得入美國此種回美利權自該工離美國或屬島之日起以一年為限

第三款中國工人仍准享受由他國往來假道美國之特益須按照美國政府所定防弊章程惟此項章程必須公平不得於應享此假道利益有所阻礙

第四款中國人民可入美國或美國屬土惟衹准由律例或章所指定之口入境凡入境及居住美境之權特明為限定衹有中國人民之為中國政府官員教習學生商人或遊歷以及曾經按照美國註冊之工人可以享受凡以上禁外之人除中國官員外須有按照之執照呈交指定中國人入口處之美國政府委員由該委員查明照內所載之人定其識認以為例准入境之完全憑據此項執照用漢英文由中國政府派出在中國或在別國之代表人發給並由美國工商部大臣派出在中國專

辦此事之美國僑民局委員簽名蓋印以為實據仍
須聲載該員經已將照內實事考察查係真確字
樣中國政府允將授權給發此項執照之官員清單
一分送交美國非於至少三箇月前將更換加增人員
知照美國政府不得於單內人員更換加增美國政府
亦允同一式樣將授權代表美國按上開辦法查實
護照之委員清單一分送交中國政府
第五款今因保護本約第四款所開禁外各等中國人
民凡合例居住美國及美國屬土者應准其交出合例
寓居憑據向美國工商部大臣所派官員請領居住執
照其式應由美國工商部大臣酌定凡執持此項執照
之人除轉換別人或藉行假冒外得享本約第二款所
載曾經註冊之中國工人暫時離境復入美國之特益
仍須按照該款指定情形辦理如永在第四款所載禁
外各等人之列應得任意居住美國
第六款凡中國人民合例居住美國或久或暫為保護其
身命財產起見除入籍權外應准享受美國例給最
惠國人民一切權利又中國人民欲入美國境土應按照
美國待他國人民入境之例辦理美國政府重行申明
力任保護合例居美中國人民之身命財產
第七款中國政府既允不拒絕中國工人在美註冊之舉
美國政府為酬報起見亦認中國政府有權訂行同
式律例章程令所有美國工人或精工或粗工不論在
中國通商口岸內外居住一律註冊不收費用惟須知

此款並不因而損及美國人民在華應得最惠國相待之權利按一千九百三年十月八日中美條約所認保者

第八款此約由互換批本之日起須奉行十五年十五年期滿前六箇月此國政府如不將擬停此約或修此約之意知照彼國政府則此約續行再以十五年爲期

附第四款所載執照式

按照某年月日中美國政府所定約章第四款本〇〇承中國政府所派特給此照表明下開領照之人係該約所指禁外之人並經本國政府准其前往居留美國境土經美國合例遣派駐紮中國之代表員將照内情節查驗屬實今將持照人情狀詳敘於下以便識認

持照人簽名（全名）

爵位或官階

縣相

生期

身高　尺　寸

從前事業

何時作此事業

何地作此事業

作此事業若干年

現在事業

何時作此事業

何地作此事業

作此事業若干年

最後之居址

如係商人下幅空白之處須填註

現在營業名目

該營業在何處

該營業開張若干年

該營業投入資本若干（金元）

該營業現值若干

該營業所辦貨品種類

如持照人係遊歷下幅空白須填註

該持照人目本國財產情形

擬在美國停留若干時

某年月日給 中國某官某簽名

一千九百 年 月 日

本○○係美國政府授權之委員駐在持領上項執照之人住境經將上項執照所載情節透澈攷察查得確係真實是以將本○○簽名盖印粘附俾持照人得憑本○○騎印之附貼正面側面相片識認無訛

放入美國

正面相片

側面相片

某某簽名

附件三

Copy.

CHINESE LEGATION,
WASHINGTON.

No. 52. January 7, 1905.

Sir:

I regret to inform you that the amended draft of treaty of immigration sent me with your note of the 29th of November last has proved unsatisfactory and unacceptable to my Government.

I have, as suggested by you, entered into a very detailed examination of the treaty draft sent by you with the officials of your Government specially entrusted with the matter of immigration, and it may not be regarded as advisable that I should at this time repeat in detail my objections to said draft; but I cannot refrain from pointing out some of its defects.

Your draft has omitted the provision authorizing the admission of Chinese laborers, under proper restrictions, to the Philippine and Hawaiian Islands, to which, for many years previous to the annexation of those islands to the United States, they were freely admitted. It is understood that at least in the Hawaiian Islands the Governor and all the interests therein favor a restricted Chinese immigration.

The amended draft, while its ostensible object is to exclude Chinese laborers, does in fact exclude all Chinese subjects except the five classes specifically named therein. Under the principle of reciprocity, which is recognized in international law as one of the attributes of an independent and sovereign State, if such a treaty should go into effect the Chinese Government would be authorized to exclude from its

Honorable John Hay,
Secretary of State.

its territory all American merchants except those who are willing to go before a Chinese immigrant official at a place designated by the Chinese Government, and submit each to an inquisition as to all his past life, occupation and residences, the amount of his property and business, the amount invested in said business, the extent and character of the business, and his financial standing in his own country. If such inquisition should prove satisfactory to the Chinese immigration official, the American merchant would be given a certificate of admission to China, to which he would be required to attach a photograph of himself. On his arrival at a Chinese port he would be held under surveillance, which might be for weeks, until the Chinese officials examined his certificate and pronounced it correct in all its details. He would then be admitted into China, but at any time be subjected to domiciliary visits, to sudden arrests, and to imprisonment without due warrant of law.

American bankers, brokers, commission agents or commercial travellers, expert accountants and clerks would, in application of the principle of reciprocity, be entirely excluded from China. Under the same rule there might be forbidden to enter China all American owners, managers, and agents of steamship lines; railroad contractors, agents, engineers, constructors and skilled operatives; mining operators, promoters, and experts; agents of insurance and other commercial companies; journalists; physicians, clergymen and missionaries. The list of professions and occupations might be still further enlarged to show that under the practice of reciprocal treatment a treaty such as that proposed could be made to

result

result in almost completely paralyzing the intercourse and commerce between the two countries. Such a result I know is entirely foreign to your desires, and I beg you to reexamine the negotiations with a view to securing a better basis for our treaty relations than that proposed in the amended draft.

Under the instructions of the Imperial Government, I submit herewith a further draft of treaty in the hope that it may meet with your careful attention and favorable action.

Accept, Sir, the renewed assurances of my highest consideration.

(Signed) Chentung Liang-Cheng.

附件四

譯件

照譯美外部海約翰來文 一千九百四年十一月二十九日 光緒三十年十月二十三日

爲照會事前准

貴大臣西八月十二日來文將

貴國政府所以必須知照我國停止一千八百九十四年三月

十七日兩國工約之故一一指示並承

交來約稿一件載列

貴國政府擬與我國訂立新約各要端本大臣查閱

來文實見

貴國政府於現將停止之約所不愜意者約分二端此二端者

與我國律例之施行皆有連屬

一所有關係我政府實施禁華工條例所行之方法

二所有關係我政府官員因判定入境非工華人之權利所必

需之方法
貴大臣送來約稿經本大臣及專管僑民事務之工商部大臣
悉心攷核又與本政府法律官商榷本大臣特將會同擬定約
稿一件照送
貴大臣察閱此件約稿係按一千八百九十四年原約加以脩
改本政府所能允許者也所有脩改各端之重要此時本無須
表著惟本大臣所深信者在中國出口處設美國僑民官員一
節於美國條例華工來美各節不但可行亦且易舉而禁外華
人亦得於入美之時見其利便於居美之時見其平安可信也
至於夏威仁斐律濱等處華工入境一層我美國政府現在不
便議及本大臣祇得於現送約稿内將此層擱置不論儻此件
約稿得邀
貴國政府允准本大臣當專候
尊便從速訂期接議爲此照會須至照會者
計送約稿一件

附件五

譯件

照錄梁大臣復美外部海約翰文 光緒三十年十二月初二日 西一千九百五年正月七日

為照會事前接
貴大臣西十一月二十九日來文附送
貴國政府擬改華工約稿一件實不足以滿我帝國政府之意
不能允認殊為悵然本大臣經將
來稿詳細查核雖不以該稿為然之處現在似不宜詳述然其
中多不合之端實有不能不畧為指出者
來稿將斐律濱夏威仁等島酌准華工入境一款刪除查該島
等處未經歸美之前華工任便前往歷有年所即就夏威仁一
處而論該島總督及各資本家均以酌定限制准華僑入境為
然也夫立約本意專禁華工固甚顯然可見而
貴大臣改稿乃除所指五項人外所有中國人民一概禁絕按

照公法報施之事為獨立自主國應有之權若如該約所載可以實行則我中國政府得在境內將所有美國商人一概禁絕其不禁者惟該商情願赴中國政府指定口岸所駐中國僑民官員處聽候訊問一切生平已往之事所執之業所居之地產業所值之數營業投資之數營業情形及本國所有財產情形如所訊問果合中國僑民官員之意該商始得領赴華執照仍須粘附本人相片該商行抵中國口岸扣留監守或須數來復之久俟中國官員驗查執照照內各節均聲明無誤然後准入中國仍須隨時聽候入室檢視倉猝拘拿非例監禁等事且也按之報施之道凡美國銀行家經紀人辦貨代理人商務遊歷人司計人寫字人皆一概禁入中國而凡輪船公司之東家經理人代理人鐵路之承工人代理人工程司建造司精巧工師

礦務之辦事人運動人精業家保險公司及其他商務公司之
代理人報館撰述人醫生牧師傳教人亦皆將不許入中國矣
如是專門職業等類實可廣為臚舉以為如約報施足壞兩國
交際商務之表證本大臣明知此等效果不在
貴大臣意想之中甚望
貴大臣將議約一事詳為查考務期為我兩國條約交涉立一
基礎較之改稿所擬為加善焉本大臣奉我帝國政府訓條再
將約稿一件照送即希
貴大臣細心核酌善為裁處為此照會須至照會者
計送約稿一件

附件六

AMERICAN LEGATION,
PEKING, CHINA.

Telegram from the Secretary of State to Mr.Rockhill.

Washington, February 26, 1906.

The President of the United States, feeling it to be imperatively necessary that a clear understanding should be had of the true attitude of the Chinese Government toward the United States and toward Americans pursuing their lawful business and callings in China under the protection of treaty rights and international law, directs you to communicate the following message to the Chinese Government and urge it to give prompt and careful attention thereto:-

Evidence is accumulating from many independent sources to show that a feeling of antagonism towards American citizens and interests in China is spreading without effective check by the Government. Indeed the indications are that the apathy if not the indirect encouragement of the Imperial Government is behind the indifferent or unfriendly course of the provincial and local authorities. Injuries to life and property of Americans are not prevented, and when they occur are ineffectively redressed. The Imperial

perial authority has not been exerted upon the locally responsible provincial and municipal authorities to constrain them to do their duty or to punish them for neglect or wrong doing. Unlawful combinations in restraint of the free commerce stipulated by treaties and professedly designed to coerce the action of the Government of the United States thrive unchecked or are merely deprecated by proclamations of dubious sincerity and obvious futility. The spirit of anti-foreign unrest is active in its manifestations. Today we learn of attacks on foreign missions at Nanchang. From every quarter of China come disquieting reports foreshadowing an outbreak. In the presence of all this the Imperial Government appears to be inert, apparently forgetful of the lessons of the Boxer rebellion. Now as then high officials are notoriously in sympathy with the anti-foreign movement. The time has come when China should declare her policy and live up to it. The United States feels that it has a perfect right to demand:-

First, that efficient measures be taken to prevent a renewal of the outrages of 1900;

Secondly, that all sympathizers with the anti-foreign movement, whether in high or low places, be sternly dealt with;

Thirdly, that ample indemnity be given for the murder of American citizens to all sufferers who claim it, and that provincial and municipal officers who have failed in their duty to protect them be punished;

Fourthly

Fourthly, that effective steps be taken to suppress combinations in restraint of lawful trade and that the responsible delegates of sovereign power be punished for dereliction in executing the proclaimed Imperial will.

It is for the Imperial Government to dictate repressive and remedial measures. It is for the agents or representatives to execute these orders. We ask that such orders be issued, that the responsible Viceroys be held to their fulfillment under pain of removal, and that the lesser authorities be made to feel the full force of Imperial displeasure if they fail to do so at the earliest moment possible.

In these ways alone can China give tangible assurance of that frank amity which is the sole basis of intercourse between the two nations.

七〇

具稟人美國金山大埠昭一公所客商會館職商劉灼趙綽賢陳玉麟雷灼余贊揚陸潤卿
李榮邦伍仲篪黃星池廖乾吳頌堯朱金敎顯臣岑釆臣楊奕律何鶴年司徒南達
鄧蕃隆李濟良陳翰芬熊清華陳文渭劉希鏡甘成國等
稟為匪徒藐法匿名冒瀆謹瀝陳商民愛戴下忱以釋厪懷而表輿情事竊商等謀生
異域眷戀宗邦上年賽會監督
貝子爺駕臨金埠華民夾道歡迎愛國熱誠諒邀垂鑒邇因改訂禁約幸蒙
中堂王爺大人軫念民艱力加駁詰雖美國自恃强權遽難妥協而
朝廷德意遠被僑氓兼以內地商會擬停銷美貨藉為抵制內外一氣上下一心均願除苛
例而蘇旅困商等遂聽風聲歡忻鼓舞茍有人心皆思圖報詎聞有不法匪徒匿名
冒稟言辭狂悖干犯憲章經由本埠　領憲出示曉諭嚴禁在案忖思外埠獘習

往往一二人私事謬託全埠代表此等鬼蜮技倆凡屬紳商無不痛心疾首嫉惡如仇以為負高天厚地之恩而忘普天率土之義商等密為訪查廣為開導宣上德而通下情闔埠華僑同深感激其有私黨舞文弄墨慣造偽電偽函蠱惑人心冒瀆清聽者實屬自外生成為華僑所不齒為此聯叩

中堂
王爺
大人爵前乞俯鑒商民愛戴下忱不忍棄同化外仍將禁約始終堅持另訂善章以全

國體而慰民望實為

德便除繕稟　領憲存案外伏乞

中堂
王爺
大人鈞鑒

光緒三十一年六月二十　日稟

客商會館

昭一公所

七一

頭品頂戴兵部尚書署理兩廣總督兼署廣東巡撫岑　為

咨呈事光緒三十一年六月十九日接廣州口美國總領事官照會內開現查省城及別處均有聚衆會議之事其意旨悉因美禁華工故欲禁用美貨此固貴部堂所稔知但禁工之事將必由兩國

政府外務人員理處可無疑義本毋庸本總領事奉告然本總領事所以不能已於言者係指明省城常有集衆聚會自有此聚會料有等不法之徒被其搖動則仇視美人仇視洋人之心即自此始倘不辦理禁止此等聚會誠恐滋生擾亂想粵省從前因仇洋而生重大變

端亦為貴部堂所洞悉倘能設法宜即設法以免再蹈
前轍現閱新報廈門華人曾於本月十七日致書恐嚇
該處三達火水公司買辦請伊即行退職同日該處領
事署人員亦被騷擾此等行為實屬違約不辯而知現
有數粵紳意欲鼓動禁用美貨之事此處人心恐因而
有碍粵省之治安然因禁工而彼此爭論之事中美
政府必將妥為辦理處如上所云者中國須知此等會
議係反對曾助中華足証伊係友好之國其相助之事
數年前業經顯見是當設法以固兩國久交之睦誼
直督袁大人深知此事無益祇碍商務本總領事聞伊

現已設法阻止諒貴部堂亦已知之至天津商務局曾分送知單與各商店亦云自拳匪亂後天津市塲已形冷淡惟近日大有喜色自不應附和禁用美貨之事致再擾碍大有喜色之商務因所擬禁用美貨之事將必大碍商務等語茲故特請貴部堂酌行禁止再為會議之事因恐因而致碍治安也等由前來查禁用美貨之議實由抵制美禁華工而起其始創於上海商會各省聞風響應不獨廣東一省為然而旅美華工以粵人為最多故民心憤激其受此事之影響者亦為最大在各商會紳民如僅和平聚議發明公理謀保公益或組織

團體聲明條規為商民之所共認者原不宜強加禁止
惟若因會議而生暴動妨礙治安或用強力威迫不准
他人購用美貨或如美總領事來文所稱廈門華人致
書該處三達公司買辦請伊即行退職此皆近於強迫
奪人自由揆之情理衡以律法皆所不許應由各該地
方官加意查察設法勸諭如有前項情事務即隨時力
為禁究倘有莠民藉端煽惑因禁用美貨而仇及美人
與洋教者是則不逞之徒實為亂階並應訪查明確從
嚴拏辦除照復美總領事又通行各屬遵照分別妥辦
一面飭傳屬內紳商剴切勸諭總期善全睦誼不害公

理無礙洽妥仍將地方情形稟報察核並咨

廣東撫部院外擬合咨呈爲此咨呈

貴部謹請察照施行須至咨呈者

計鈔呈照覆稿一紙

右　咨　呈

外　務　部

光緒叁　二十五　日

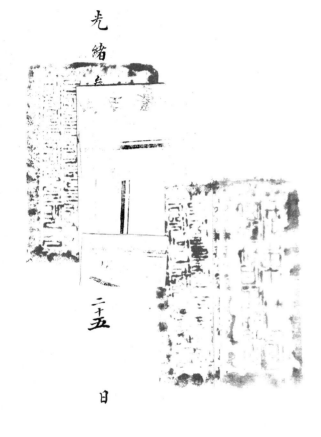

附件

為照復事接 貴總領事官六月十九日來文以省城及別處均有聚衆会議禁用美貨之事有碍兩國睦誼及地方治安特請酌行禁止等由本部堂均已閱悉查禁用美貨之議實由抵制美禁華工而起本部堂早有所聞中美睦誼素敦乃不幸而致有此等之事良深嘆惜惟此議創於上海商會各省從風響應不獨廣東一省為然其出於人心之公憤想為 貴總領事官之所深諒查商賈貿易與民間購貨皆有自由之權其不用美貨而不能强迫之使必用者亦由商民之購用美貨而不能强迫之使不用同此一理至中國商会聚議發明不用美貨係為保全國民公益出于人心之不得不然如果強加禁止竊恐衆情愈生憤激反难勸解本部堂為中美睦誼起見深願兩國政府早將此事解化共保和平現已通飭各地方官加意查察設法勸諭如有因会議而生暴動防碍治安或用强力威迫不准他人購用美貨是乃奪人自由權之情理衡以律法皆所不許本部堂自應通飭各地方官隨時查禁嚴办倘僅商会紳民和平聚議發明公理自謀公

益或組織團體聲明條規為商民之所共認者此則人心所
屬斷非壓力所能禁止想　貴總領事官深明事理必以本
部堂此說為然現聞　貴國政府於華工一事已有寬待之
議足徵文明政治寔深感盼尤望　貴總領事官詳達
貴國政府早將此事和平定約則中國人心將易憤激為歡
悅兩國睦誼從此愈敦不特為本部堂所深願諒　貴總
領事官亦有同心也為此照復順頌　時祉須至照會者
一照会　美總領事

外務部
咨呈

七二

敬啟者：敝處接准
貴部來咨，以美柔使函詢户部銀圓局願否聘用驗銀色人吉士甫、機器師艾謨利一事，經本部片行户部，旋准覆稱，已由財政處函知袁宫保等語。礙難轉覆美使。片行查覈聲覆等因。並鈔兩次美使來函一併咨送前來。查驗銀色人吉士甫向未來廠辦事，其機器師艾謨利已將本廠機器安齊，無須聘用。該二人前經北洋銀圓局定訂合同，現屆期滿，該局是否續留，應由北洋

覈辦 璧等前接袁宮保函詢本廠是否留用業將以上
情形具函答覆茲奉
貴部咨詢當即回明
財政王大臣自應趕為聲覆刻因辦理印文恐有延緩
特具公函奉覆即希
台端代回
各堂酌覈轉覆美使是荷專此敬請
台安

七三

收果字二百八号

七月初七日

照會

大亞美理駕合衆國欽命駐劄中華便宜行事全權大臣柔　為

照會事此兩月本大臣迭次面請

貴親王務以上海廣州及各通商口岸結党不買美

貨一事視為至要之關係即係阻碍中美商務或將全商務滅絕

貴國政府請美國政府新立華工約章而美國政府現
思想設此新約或可按照中國人之意見惟在結党人之意見是
欲强將華工入美之律例撤廢本大臣數次照會與
貴親王明言如
貴國政府不行嚴禁此党寔有危險因該党照其意
見辦理中美通商大有阻礙商家或吃大虧唆使兩
國百姓致成仇敵或生擾害且本大臣數同
那大臣商酌此事已說明上海廣州廈門等處情形

甚為危險故本大臣切請

那大臣刻即設法即係與勸解

貴親王無異速行禁止了結此事不致日形逼緊

阻礙兩國商務傷我國素睦

貴親王於五月二十九日照復本大臣云本部已電

知沿江沿海各督撫寔力開導該商等當不至別生

枝節本大臣所可異者照內云查各埠華商建不購美

貨之議誠非無因妄以華人赴美限制太嚴美國禁例又

多與華人不便現工約屆滿雖已作廢而禁例仍行該
商諸多未便是以倡為此議設使
貴國禁令從寬工約亦能和平訂定則此風自能息絶
等語由此意觀之本大臣不能不疑
貴國政府與結党仇美者係表同情更不能不疑
貴部所電沿江海督撫例禁之文係屬不按事之重要
泛而不切故結党人皆係明目張胆按其意見辦理且
又有

貴國大官在内盡力先驅幫同提倡党人每以特别之
情强不樂此者入党所以該党會傳播若是之速現已
將不購美貨之法决意實行其最烈者係上海廣州廈門
等處在西七月二十四日本大臣面見
那大臣曾言及西七月十八日廈門領事署華人行汙穢
事之時即係上海廈門約同實行不購美貨之日彼時本大臣又切請
貴國政府於已經實行之處及欲行開辦之處嚴行出
示不准妄行其已行者亟須停止　那大臣允與

貴親王商酌後方能照辦然至今並未接到復文且未聞有
貴國政府或地方官出何告示及他項辦法于合宜之時
足可禁止生出事端之事然力禁者不過只直隸一省其地
方官設法在未實行之先已停止此事矣今
貴親王應知該黨之首事皆屬中國大官即如在上
海商務總會之曾道台費若許之工捐助款項盡力播
揚因其熱心已熾不欲人購買美貨故作煽動之言
較諸他人用心慫恿華民仇視美國官民為甚此外

又另有華官捏造謡言譏謗美國此時暫不必言及
伊等名姓本大臣論此事輔助該党之人别無他意不
過欲有所見證
貴國欲實力禁停此事可使地方官嚴行禁止甚為
易易今本國
大伯理璽天德以
貴國政府如此異常怠惰甚為詫異因本國
大伯理璽天德有欲與中國更形和洽之原因今若

此急情有傷于
大伯理璽天德之所厚望也所以本大臣現奉
大伯理璽天德
諭旨命本大臣直達
貴親王若本國商務及美國一切事業財產因
貴國政府不實力停止此抵美之法商務等稍有虧
損皆係責成
貴國政府且以此黨所行之法係阻碍一千八百五十

八年中美和約第十五款內中國准美國通商之
約章更明顯係力阻美國應得之權利是以照會
貴親王查照施行並望早日
見復庶可使本大臣電復本國
大伯理璽天德爲盼須至照會者 附送洋文
右 照 會
大清欽命全權大臣便宜行事軍機大臣總理外務部事務和碩慶親王
一千九百伍 年 捌 月 初柒 日
光緒叁拾壹 柒

七四

七月十四号收果字四百三号

照會

大亞美理駕合衆國欽命駐劄中華便宜行事全權大臣柔　為

照會事本月初七日本大臣曾照會

貴親王以中國各處有人抵制美國政府及美商

等之利益且内有官銜在身者數人協同抵制本

大臣擬將格外輔助抵制之官員銜名開列一單
一併録就即送與
貴親王查閱惟此單現未繕就須先指明現有工
海福建商務總會首道銜曾少卿尤屬張揚無忌
抵制美商本大臣已于初七日照會内聲明其係
不按約章故此次總須請
貴政府立即將其革懲想
貴政府必以爲係理所宜然本國政府亦可以此

薄懲為允當，如此辦理，方顯明

貴政府實不悦其有此抵制友國利益之惡作也。

為此照會，須至照會者。附送洋文

右　照　會

大清欽命全權大臣便宜行事軍機大臣總理外務部事務和碩慶親王

一千九百五年捌月拾肆日

光緒叁拾壹年柒月拾肆日

七五

欽命頭品頂戴兵部尚書銜署理兩江總督部堂兼南洋通商大臣山東巡撫部院周　為

咨會事照得本大臣據美商領事由稱華商不買美貨

一事於商務有碍

袁宮保曾經示禁故天津無事上海各處立會聚議不

買美貨亟應解散又美國兵船雷管帶前過鎮江見徧

貼圖說摹寫虐待華工情形美國從無吊打華工之事又禁買美貨於英商亦有不便英領事已據英商稟電英政府轉達北京等情並據函送匿名圖說並將美政府改良入境條諭外部大臣發給公使領事訓條各件鈔送前來查華商因美虐待華工不定美貨以為抵制激於義憤萬衆同情足覘國民之情志齊一第辦事當籌全局因應貴 協機宜前奉
外務部電美柔使到京晤談詞意和平允電政府商改禁約等因業經電 飭各關道妥為勸諭在案此次葛領事面稱美政府頒諭凡商人教習學生游歷人等均一律優待並

飭工部禁止不得虐待華工並諭管理人民進口之委員如亟禮待中國人民定即撤差有携赴美護照經領事簽字者即以爲據是美國於苛待各節已允改良入境一事漸無阻碍商民等當静候政府立約毋得再編張揭貼聚衆演説詆毁美國致碍邦交况華商已購美貨價值付清若不購買並無損於美商實大碍於華商尤屬非計亟應妥籌辦法俾於商務商界不致虧損是爲至要除電達各關道密速諭誡外相應咨會

爲此咨呈

貴部謹請查照施行須至咨呈者

計抄來往函稿貳件　電壹件

右咨呈

外務部

光緒

日

附件一

照録美葛領來函

啟者頃奉本國駐京柔大臣文開轉奉

大總統之命已經知照中國政府以後倘不能照一千八百五十

八年和約第十五款保護美國利權美政府必使中國政府

擔其責任其第十五款大意列下

查各口既准通商美國人民應有進貨買賣出貨買賣之

權利倘在中國律法之不禁美國可享以上之利益本國上海

總領事來文現以事不能離滬特囑本領事向

貴大臣聲明一切

一以上所呈和約第十五款現自上海等各通商口岸已經違

約因各該處人民用恐嚇醜詆之揭貼並各種不和平之

演説使美國貨物不能銷售

二現有學生及别種人設法限制美國商務此等辦法極

其危險並與兩國商務大有關碍

三倘有違約情事本國政府必使中國政府擔其責任

四本國上海總領事請

貴大臣注意於此事務請立刻設法阻止此等違約之事非
但設法禁止毀謗美國人一切議論並不公平可惡之揭貼以及
種種運動又須設法解散不買美貨之舉
五現在上海道不在上海故總領事以此事囑本領事面致
貴大臣以後袁道回滬尤須將違約之事告知該道
六本國上海總領事盼望將來親身來甯拜謁
貴大臣此時深望
貴大臣將以上所開各節辦妥因總領事深知
貴大臣之意甚願兩國之和洽斷不致使此等不更事之
人民而使兩國有為難之情事也
貴大臣聲望素為總領事所欽佩特囑本領事再三致
意本領事趁此機會將天津法國和約第十四條聲明照
約開中國官員應解散有碍於商務自由之競爭或偏
於一面之利益現在不買美貨實有碍於商務自由爭
競之事也專此順頌
台祺
名正肅 七月十一日

今將美國外部大臣發給駐華欽差及各領事總統之令譯下
照美律及中美所立之約有業無業之華工一律禁止赴美查
美政府之意凡商人教習學生游歷人員均可前赴美國非但
中國官員及欽派各人員格外優待即教習商人學生游歷
人員亦應一律優待以上所言之人員在美國地方各處可以隨
意游行應與相待最優之國人民同享此等利益總統現由
美工部大臣發出命令雖禁華工赴美亦不應有虐待情事
是以後來之華人赴美美員應除去一切阻難情事已經飭
知管理人民進口之專員以後禁止華工不得有虐待情節
倘專員中不以礼待中國人民定必立即撤去差使照一千八百
八十四年七月五號所立之約內第六款凡華人携有游歷來
美之護照可赴美國總統已飭令駐華欽差及各領事照以
上所開之條款簽字為憑第六款大意列下
駐華欽差及各領事應有權可以簽字於護照之上凡未簽字
以前務須查明護照內所列各節是否確實倘查有不
實不盡即可無庸簽字似此辦法凡持領事所簽確實之
護照即可作為憑據經理進口人民之專員已經總統飭知以
此等護照為憑除非有別項緣故方可視同廢紙可惜近年

來中國官員太不經心以致所給護照不足信者甚多應簽字之領事亦復不加考察而擅簽此等護照現在美政府之意必使已簽字之照格外視為珍貴一經持照赴美經理進口人民專員即可以此為憑似此辦法庶日後為難之事可以日少中國學生商人游歷人員能得此等護照於離開中國逕自赴美即可免一切不合例相待之情事矣

照録致鎮江九江蕪湖關道電稿

鎮江郭道台九江瑞道台蕪湖童道台華商因美虐待華工不買美貨激於公憤萬户同情足見我國人心能結團體現准美國甯領事函稱駐京柔大臣奉政府之命中國如不能照約保護美國利權中國政府當擔其責任因各處人民用恐嚇醜詆之揭貼並各種不和平之演說欲使華商不買美國貨物於兩國商務大有關礙又美外部大臣致駐華公使領事訓条内開中美立約禁止華工現美政府之意凡商人教習學生游歷人員均應一律優待美總統現已飭工部大臣於華工不應虐待飭管理人民進口之專員於進口華人不得虐待倘不以禮待中國人民定即撤去差

使凡華人携照來美駐華公使及領事有權簽字凡進口人民持有簽字確實之護照即可以此為憑可免一切不合例相待之情事等情是美國於苛待一事已允改良入境一事已無阻碍足見邦交輯睦又向例美國十二月開議院今年改為十月十號想禁工之約能早定議各商自應靜候改約毋過張皇誠恐無識之徒不知商會命意所在或刊圖加以醜詆或演說有碍和平匪徒乘機煽惑愚民或起他變致釀成國際交涉轉於禁約有損務希盡力勸導曉諭商會當為資本家從長計議將不用美貨不賣買美貨之揭貼如在張貼至演說原無不可然亦須出以和平不得詆毀蓋禁工一事本非美國官紳之本意虐待一事更非美國官紳所樂聞當保全其文明之名譽亦兩國人民之幸福也現已函致葛領事切達柔大臣速電美政府飭管理入口員先將各埠碼頭所設囚禁華人之木屋全行撤去以示真實優待之確據俾釋羣疑除札行外先行電聞希即密速勸諭知照馥

元印

附件二

復美領事葛威佈

敬復者前日承
駕兩次惠臨暢談一切昨復接
來函具悉一切並承聲明
貴國大總統之諭及外部致公使領事之函甚為感激現已札飭
各關道轉諭商董勸我商民靜候改約毋再徧張揭帖肆意詆毀及
聚眾會議廣送傳單等事並申明禁工之事非
貴國官紳之本意苛待一事亦非如揭帖內所畫所說切欲保全

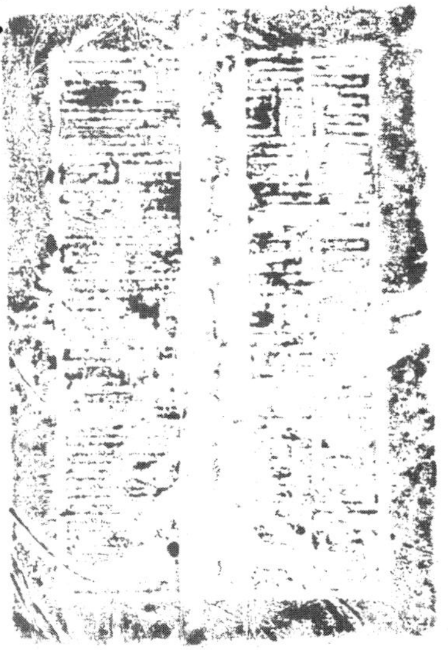

貴國文明之名譽不激成我國商民之變端至匿名揭帖在中國本干例禁如實知其人按例辦罪然非當時拏獲不易究辦若到處搜求恐滋紛擾惟有札行地方官諭誡商民切勿再犯俾曉然於現時

貴國官員俱無虐待情形則風潮自息矣至商人買貨之事向來官不過問聽民自由此事只能勸諭不便强迫此種情形想邀

洞悉中美邦交最篤兩國官員亦素輯睦惟在美工黨妄有競爭中

國商民意圖抵制二者各執明理之人自當持平辦理毋使生事本大臣

職任疆圻定當盡力所能為安靖地方以保和平之福前半月早已函告各

關道留心訪查誡諭後慮我國工黨懷疑激憤又咨屬地方官先將工黨設法解散不許聚衆議論並諭此後美於華工一事必有和平辦法應聽

官與商辦不必工黨過問現聞工黨俱已信從當不生事此節關係最要未曾奉達想

貴領事尚不知也昨又咨探各商行情知定購美貨有至明年七八月者一年之內美貨仍可流通一年之外新約亦早改定仍祈勸諭

貴國各商不必張皇祈即轉達

貴總領事知照專此奉布即頌

日祉

敬再啟者連日為華工入口一事徧詢曾經寓美之華人據稱入境之日船抵碼頭不能登岸關禁木屋不能自由須保証分明始能放行領事所發護照皆不足為憑管理入口之員仍然扣留囚禁等語歷問多人所語皆同查工人並非罪犯登岸拘禁同於囚徒似非中美立約一体優待之本意

應請

貴領事轉達　桑大臣電達

貴政府如能將各埠頭囚禁華人之木屋一律撤去以明真心優待並無苛虐之確據則群疑皆釋輿論自孚倘能將此事辦成本大臣亦可持此徧告商民必萬口稱頌

貴國之文明毋煩官為勸誡而自然彼此浹恰矣特此奉懇再頌

日祺

七月十五日發

七六

謹桐我兄姻大人閣下：昨蒙
枉顧暢譚，深為欣慰。不銷美貨事，早間已回明
邸堂，即擬函稿閱定。廣廈兩埠均由滬商轉行。嗣承電話
示知，奉
瞿大人諭，發電較為迅速，遵即趕緊擬電，送府閱定，
　即行排發。茲特將函電稿一併鈔奉，即乞
轉呈
各堂鈞閱為荷。專肅敬請

七七

八七月十九日

商部為咨呈事接據廣東紳商
電稟內稱全省八大善堂七十二行已
簽誓不用美貨續禁工約請勿
畫押等語前來　查此案迭

據各省紳商先後來稟均經轉行
貴部在案茲據前因相應咨呈
貴部查照可也須至咨呈者
右咨呈
外務部
光緒叁拾壹年柒月拾玖日

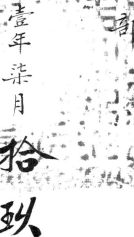

七八

光緒三十一年七月二十三日

欽差大臣太子少保參預政務大臣會辦練兵大臣督辦電政大臣鐵路大臣兵部尚書都察院右都御史辦理北洋通商事宜直隸總督部堂袁　為

咨呈事據上海洋布衆商大豐成記鴻盛源盛寶餘協大

寶昌鴻大復泰昌福餘寶生協牲瑞盛永康怡盛協康等

公雷稟稱上海前因抵制美約公議不向美國定貨詎本

埠外埠紛紛集議，忽行爲不用美貨、不買賣美貨之説，以致内地各商不敢批購，商等存貨竟無銷路。前與美商訂定續到之貨，若不照出，必被控告，若仍行出貨，則南方貿易已絶，且前存貨未清，後貨又積，數千萬之貨價壅塞擠滯，銀項何出，商等有傾產之危，滬市有震動之變，商情惶懼萬分。所望生機，秖有北方數省，近悉學界已有人派往北方各埠運動聯絡一氣，若果有成，商界之危更不堪設想。宫保體恤商艱，無微不至，天津一帶近隸仁宇，市情極為鎮靜感戴萬分惟是東三省及齊魯各境不無被派往之人感動搖惑伏乞飭下地方官迅速曉諭毋惑浮言并飭設法疏通以恤商困而救倒懸不勝迫切待命之至等情到本大臣據此除通飭直隸各屬曉諭商民照常交易暨分別咨行外相應咨呈

貴部謹請查照須至咨呈者

右咨呈

外務部

光 十二 日

七九

收果字六百十五号

美國自由商務會總辦葛利森上伍大人書 光緒卅一年七月廿日到

敬啟者華商不購美貨一舉僕聞之甚為欣悅現在已見不購美貨之效果甚大因美民均甚惶恐深慮美國商務因此受損茲寄上新聞報數張閱之即可見美民若何惶恐矣美國行此等之苛例虐待華工而美國各報內並無自責之一語據此可見美民之私心也僕甚望貴國政府切勿禁止此舉亦不可因美總統日前頒給管理僑民之諭致停此等合理之舉動美總統雖有優待華商學生並游歷等人之諭亦不足為美政府增榮因美政府向來自命為共和政治之政府也再近日美國總法司衙門斷定不准在美所生之華人再入美國土地一節足見美國官員不以公道待華人也僕甚望中國政府俟美國允許赴美之華人與赴美之日本人享受一樣之利益然後方與美國訂約華商不購美貨之舉至彼時始行停止美國為民主之國人皆平等乃華盛頓並林幹兩總統之後人如此苛待來美之貧民僕與思及此實覺慚愧日本擊敗俄國一事所關匪輕美國要索亞州洞開門戶而開美國之門戶以杜絕外國之貨物進口今日本獲勝實足使美國人心驚並足以破美國驕矜之氣也僕甚恨戰爭並強橫之舉惟以各國互相關切以敦睦誼為甚是天下惟公道為真正太平之基礎也東方之時局已變中國亦日臻強盛惟望中國力保僑寓外國之華民之權利如美國因欲保全在華之商務向中國有所擬議倘所議之辦法不合公理務請貴國實力拒之專此敬請

台安

葛利森謹上

一千九百五年七月六號由美國波士頓城寄

八〇

敬啟者，昨接東海關稅務司甘博函稱：抵制美禁華工一事，刻由烟台電報局、新關、郵政局三處會同協助，並具有公啟例說一紙，以期郵傳廣布云云。副又接該稅務司電，准關道文稱，請將此等公啟傳單郵局收寄時務須扣留等語。副總稅務司伏思此舉是否應為，姑不具論，惟身受官局招募之人不應擅自出頭標明此

事是以趕及電飭該稅務司以函應將此等公啟扣
留入官並須查明倡首者為誰隨後達知關道詢以
干涉此事之人應如何酌情辦理即可隨時照行但
無論如何海關郵政及電報局皆應一律看待等語
去訖隨又接電稱天津上海兩處同時亦出有此項
公啟矣云云　副總稅務司　既據前因除將此項公啟

鈔呈
查閲外合行備函，即請
貴部酌核是否應行咨明各該省
大憲酌情轉飭地方官應如何設措之處，尚希
鑒核定辦可也。專此佈泐，順頌
日祉。附鈔件
名另具　光緒叁拾壹年柒月貳拾叁日

附件

抵制美禁華工苛例說

溯查我華工之往美國實由美國求之政府招之使來也即如加鎛寬尼省初合併美國之時急於開拓而歐美之人以其工價廉薄罕有應招者故求之於中國政府乃訂約款即同治七年當我華人初至之時其國人歡迎之狀優禮之誠實有動人觀感之處其後聞風而往日盛一日至光緒初年每歲移往華人殆十餘萬今者加省舉凡鐵路礦務種種繁盛何莫非出自華人之手實無中國之血漢所造出之新世界也歐洲愛爾蘭等處及美之東方人聞悉此情爭往謀生歲有增加因而與華工漸起衝突迨光緒六年續訂約款猶以整理華工為言並非禁往而尚與官

商游學諸華人無碍至光緒二十年續約即有禁工之議然美之資本家胥以華工耐勞價廉仍用華人於是美之工人妒念起而煽惑衆以致我華人居留美境者殆不聊生矣蓋續約内有隨時酌定爲虎之倀全在此四字因而苛例日出虐政屢設且以來美華人所持出口領事官簽名之照爲不足憑以原約爲不足據變本加厲多方侮辱視若罪囚哀哀慘切之狀無非務使美境絶無華人踪跡方稱達其目的今又屆議約之期故我公使梁公以其重申禁約並及官商游學堅不簽諾而我同胞繼前毖後僉以今日不圖後難著手遂乃同聲響應共籌對付之策凡我同胞不用美貨此乃吾國民愛國熱心之所發展

出於不得已而有是舉貨之用與不用在我商民之願與不願美人雖恃强力挾我政府之簽禁約而不能挾我政府使我商民之必銷美貨此計之得而策之善也然此舉不獨關於海外之僑庶而實有關於全國人之名譽且不獨關於全國人名譽之美惡更密切有關於人種之存亡且美人之處心積慮窘我華人步步嘗試致有今日之苛虐現既實行不用美貨在美人自不免於驚愕卻顧然美之手段既不出於强硬則必運以陰柔而彼之威刼利誘均在意計之中二者縱不得逞亦必堅忍力持徐伺吾國民意氣漸消而復申前議輾轉仍陷其範圍是一團　公義盡洩於此則大事去矣至美人之具文明性質者未

嘗不指苛禁華人之非而謂我華人抵制之是惟望吾同胞盡公義表同情萬衆一心萬心一力勿爲威挾勿爲利誘不動聲色始終不懈使美人知我華之魄力即各國素輕我者聞之亦當敬服實我中國發達之起點萬一抵抗不能持久如一鬨之市朝起夕滅適示我之民力薄弱無恒非惟美人恥笑且爲五洲所不齒縱傾黄海之水亦不能滌此垢也總之此事以我團力之舉拒彼無理之苛固非動於一時血氣而倉猝從事於叫囂者比也更望吾國民務出以和平毋失之激烈使彼知吾合羣之意不過希望廢除禁約之苛例别無他意夫望人以優禮待我我必先以優禮待人則彼知此舉實具文明性質尤毋以

我一身無所關涉漠然視之或有婦稚不諳此理者則全仰賴諸董事婉言開導曉以公義勿踰商界權限勿侵國際公例不存芥蒂不起嫌疑持之堅行之久萬世榮譽在此一舉同胞幸甚國際幸甚

電報局
烟台新關辦事華人公啟
郵政局

八一

收粵字七百六號

收裴副總税司函交節畧一紙 七月廿四日

旨

頃接廈門關代理税務司嘉蘭貝電稱聞有人欲於八月初一日起誘從常關辦公之事倡率實行抵制之意現在華人因抵制美禁華工本欲起事又藉福建彩票董事於上禮拜内作一大詭騙不久深恐肇鼓噪之衅因請關道會同提督計議並請福州軍憲隨時酌情保護等語

收果字第十五号 粘特字柒号

照會

大亞美理駕合衆國欽命駐劄中華便宜行事全權大臣柔 為

照復事昨准

貴親王照復本大臣七月初七十四等日照會論

及華商各在上海等埠傳布不用美貨設法阻碍美國

商務事
貴親王似於本大臣照内所言誤會為謂抵制美
貨之意係由中 政府而生本大臣前文所言實係
謂因有職員煽動此事在七月初一日
来函之意頗使本大臣相信
貴親王閣與有同情本國政府之定見則惟願
貴政府早應壓禁茲更願即行禁止彈壓係為
貴政府所應盡之本分緣此係有背條約所列之明

文並有違
貴國聚衆把持之例禁且以庶民如此擅擬國權干
預交涉殊屬不合該挑動此事之人捏造謠言大與
波浪用以毁謗美政府及美國人民使住華之美國
人多所憂虞置其身於危險地步即係中政府按一
千八百五十八年第十一款約内地方官必時加保
護務使身家一切安全不使受欺辱騷擾等事本大
臣前曾迭告

貴部美政府甚願按
貴政府之意除華工外各等華人均可任往美國不過
於美國體制不得有違此即前所屢達
貴部大臣之語也在六月間本大臣曾將本國
總統西六月二十四號所頒之諭函達
貴部美政府並將此諭知照駐美梁大臣請轉達中國政府
貴親王閱此降諭應知係於議政國會未曾集議之
先美政府已盡其權力按照中政府之意辦理本國

總統如此明晰降諭尚有何明晰逾於此者耶茲將所

降之諭節錄於下

按照美律訂立美華條款各等華工即屬中國粗細

華工定行禁止入美然在美政府之意係寬待中國商

人教習學生游歷人等入美以及華官或中政府派

辦公事一切入美之人此項華人准其隨便來往並

准與優待各國人民之權力一律

朕已飭商工部大臣特頒明悉訓條云雖然禁止華

工來美定要毫無苛待照律認真使有權來美者不能得受留難騷擾等情復飭管理僑民官員決不准行苛待之法倘若怠慢華人定即革職然惟惜前者中國官員所發執照毫不經心考驗且駐中國美國領事官常有疏於詳查率於該照內簽字蓋印茲美政府之意係欲設法可使美國領事官所簽印之執照以為確據俾持照者來美以便登岸由此觀之可謂欲止其流先塞其源擯卻華人云所不欲者照此辦

理則中國學生商人游歷者於未離中華之先領得

此項執照足可護其到美不至遭遇留難等諭

貴親王應知

美總統所能辦理一切公事之權不能不被美律限制茲已

係盡於限制之辦理仍應俟議政國會商辦後

總統方能盡其適制之地步其已出之諭甚昭明

總統于中華寔係更盡友誼之情並足見其定意熱心優

待中國人士但

貴政府若仍前听人煽動抵制寔係使華美兩國人
民同受虧損兹何弗曉諭華人現美國政府
既已盡其權力以辦此事中政府實信美國
總統及美政府與美民胥本公平善爲辦結此事故須曉
諭中國百姓即停此淩辱煽惑之勢俟兩國政府設
法除此兩國百姓不睦之原因若
貴親王如此辦理則昭明與美國實有友睦之心且
足證深佩本國

總統已降厚望之旨及所施之政令若然是不待
總統之命本大臣直達中政府本國
總統甚異中政府至今並未了結此排美之舉且
總統原不疑中國與美國毫無友誼之情至論革懲提倡
抵制之首人曾少卿
貴親王來照云未便遽加究懲以免更激公憤
貴親王既有此言係認其有罪故本大臣必再切請
將其革懲不但其己身罪所應得且可使人深明

貴國政府實不樂其所為傷中國為願守素睦之政
府也為此照會
貴親王查照須至照會者　附送洋文

右　　照　　會

大清欽命全權大臣便宜行事軍機大臣總理外務部事務和碩慶親王

一千九百伍年捌月貳拾捌日
光緒叁拾壹年柒

具禀人旅美金山正埠昭一公所客商會館眾職商等
禀為抵制禁約現已實行懇請堅持不懈勿受强硬以全國體而順輿情挽利權而
銷苛例事竊職商等僑居海外身受美例嚴苛日益加甚來往之阻抑搜冊之紛繁牛
馬相待慘無人理恒以一工字阻難禁外華人諸多鬱屈筆難罄述前年旅美商民曾
上呈請力爭禁約之禀已言之甚詳無容覆述以瀆
聰聽第今者中國內地各口岸以不銷美貨為美國苛例之針鋒相敵正是無二善法而且
內地外洋人心合一團體至此中國前數千年所未見者也即今美國各商會大為叙集所
有名望美商及美國各報館其論說多歸咎其本國苛刻太過激而至此返謂華人倡議
停銷美貨正華人職分所當為自咎而不咎人甚為明通之論就如金山正埠大洋商會於
七月初旬並招華商數名合為叙議各洋商詢明中國各口岸停銷美貨緣由亦皆自責而

不責人該洋商均經聯同繕就稟稿上呈美國總統求速電達北京美使就地與華商訂議改良如何方能滿意即將此轉電回美京上下議院再爲妥商以爲日後改良應否地步美國殷商無非爲商權失利務欲求合華商意向免致停銷美貨以保護自己利權起見故爲是之亟亟也趁此時勢正中美商約改良之絶大機會近又風聞美廷欲遣前使康格再到北京爲中國停銷美貨之事從中運動以爲斡旋之計未曉真否如有此事政府儘可婉却蓋停銷美貨者係商家自有之權限原非政府所主使則不爲國際之交涉可知然外人常以恫喝伎倆强硬手段非國際交涉而妄牽入交涉者往往有之職商等竊游海外智識昏庸

朝廷外交之事自有權衡非商民等所敢參議特以商等寄身人國此中情形未嘗不較爲深悉用是不揣冒昧聊效愚誠爲此聯叩

中堂王爺大人爵前乞爲
垂鑒趁上下之一心望堅持之到底毋使欺淩約遵公法磋商既定然後畫押全國體以順
輿情挽利權而銷苛例實爲
德便伏乞
中堂王爺大人鈞鑒

光緒三十一年七月　日稟

客商會館
昭一公所

八四

光緒三十一年八月初二日內閣奉

上諭御史王步瀛奏各省工商抵制美約風潮過激請飭加意防範以維大局一摺前據外務部奏大臣面奉美國工約一事迭經出使大臣梁誠及外務部先後與美政府商議美政府已允優待華商及教習學生游歷人等並允於議院開會時盡力公平妥辦久在案昨據該御史奏稱公憤既興人衆言龐難保無宵小生心乘機竊發思深大局其語亟應明白宣示以免誤會闡釋群疑中美兩國睦誼素敦從無彼此牴牾之事所有從前工約業經美國政府允為和平商議自應靜候外務部切實商改持平辦理不應以禁用美貨輒思抵制況係有礙邦交且於華民商務亦大有損失迭經外務部電行該省督撫曉諭商民剴切開導務令照常貿易共保安全華商自表咸該督撫等懇切勸諭隨時稽查總期安居樂業毋負朝廷諄諄誥誡之意倘有無知之徒從中煽惑滋生事端即行從嚴查究以彌隱患將此通諭知之欽此

收發字一百卌二号

照會

大亞美理駕合衆國欽命駐劄中華便宜行事全權大臣柔　爲

照復事。西九月初一日准

貴親王照稱，御史王步瀛奏，各省工商抵制美約，

風潮過激一摺，奏

上諭以不應以禁用美貨，輙思抵制，既屬有碍邦交，且於華民商務亦大有損失，著責成該督撫認真勸諭，總期安居樂業，倘有無知之徒從中煽惑，即行嚴究等諭，恭錄前來，本大臣茲閱悉，已轉達本國政府矣，爲此照復

貴親王查照，須至照復者 附送洋文

右

照

會

大清欽命全權大臣便宜行事軍機大臣總理外務部事務和碩慶親王

一千九百伍年玖月初貳

光緒叁拾壹年捌月初肆日

八六

具稟華商旅居美國羅生技利埠鍾普莫榮光譚富園葉保元等
稟為請廢工約入美額限人數人數定則主客相安專局設則保
衛有賴事竊商等自美國禁工以來目覩慘狀身受奇苦固已言
不勝言忍無可忍思所以設法報復莫雪前寃也久矣邇來欣聞
海内停銷美貨羣謀抵制雷厲風行
國威大振商等以為羣力既大收效必多從此公理獲伸
國權不替詎料近日所聞則有所謂立約要點者言工禁斷難全廢
但使禁外華人入美無或留難如斯而已夫旅美華人商業非恃
美人以為交易也華工不來商業必敗名為禁工實與禁商何異
且惟工必禁則非工而疑以為工者無不可以藉行禁例彼所謂
寬待禁外之人乃屬表面之詞耳於寬禁仍無實濟也檀香山非
立濱全行開禁在我不無小補然旅美腹地華僑同是赤子在
國家固不容或有歧視之心在旅民亦詎有自外生成之意但或禁
或不禁則苦樂異趣而趨向必歧揆諸一視同仁之政體非所以
昭大公也商等備聞此事不無過慮爰集同人飛電各埠徵求條
陳以備芹獻乃未及兩旬衆議漸集其中可採之處固屬不乏獨

有留美學生廣東順德人譚景樑所擬條陳切實可行衆口稱善
且人數定則主客相安專局設則保衛有賴尤見該條陳策畫周
到用敢上瀆
尊聽謹希
採納素仰
王爺中堂大人熟悉外交為僑民所託命然愚者千慮或有一得心所
謂危不敢不告伏乞
照會駐京美公使婉商開禁酌限人數來美並
電飭出使美國梁大臣向美廷力爭蓋全禁則我固喫虧而撤禁則
彼亦不願惟酌量額限年有定數在彼固可相安於無言在我亦
可藉紓其慘狀且惟此則收回限禁之事歸我自辦既重
國體又保民生一舉而數事備我亦何憚而不為此彼日本之强我
固望塵不及然邇年來美禁日工之說洋洋盈耳而日本政府所
以對待之法則不外自行限禁無勞美人過問而已等是禁也權
操自我或操於人斯固有間矣他如種種虐待情形借禁工而波
及士商者想已久在

高明洞鑒之中不復贅瀆商等久居海外罔識忌諱不勝恐惶企盼
之至所有商等請廢工禁酌限人數來美情由除七月廿一日謹
經電稟及另稟出使美國梁大臣分寫條陳一份夾附外理合僉
具公稟並將條陳附呈伏乞
王爺中堂大人酌奪施行
謹將留美學生譚景樑所擬收回自禁酌限人數條陳附瀆
尊覽
廢工約自設局酌限人數來美以禦外侮而重主權條陳
竊以美禁華工非僅禁工而已也非工者固不禁矣然疑之為工
則不禁者亦禁其無罪而審訊藉端而拘囚凡我旅美華人無不
備嘗諸苦無容景樑之縷述也景樑以為禁約一日不廢則禁例
一日不除其為華工固無幸免而禁外之人欲其優待下船而不
阻之來登岸而不靡之去不亦難乎夫主張禁我者工黨也我以
廣土衆民之國久為美工所忌則我之所以規避之挽救之是必
有道焉乃可與美人相安於無異且限禁而授人以權我之恥也
景樑識見有限既承下問亦思有以為

國家效力敢竭所知冀得一當則今日之事固以廢約為宜然廢約則美人必不許我也則以自禁為宜然全禁則我亦喫虧也則以額限人數為宜自禁則必設局斯主權有所屬額限則必匀計斯美人不生疑以景樑所知大率每渡輪船自香港來限定人數三百華人經商於加鑄寬尼省金山大埠者最多每月船至金山大埠者約有三次計英屬温哥華口岸 Vancouver 旅美烏約及東方等處華人多由此往來美北部口岸一曰秩衿馬 Tecoma 一曰砵崙 Portland 三口岸每月輪船亦有三次合計每月由中國至美之船共分六渡則每月來美人數當有一千八百之譜一年當有二萬一千六百人準此而行不必過多多則招忌不宜過少少則喫虧而設專局以自辦則收回自禁之權尤為得體區區之意是否有當伏乞裁擇俾得實行謹畧議辦法八條如左

一入美人數雖以大多為妙然每渡船限來三百人六渡船則有一千八百人不宜過多多則為其國民所忌久必生變倘是月來美人數不足一千八百人之額即由下月補足總以每年二萬一千六百人為定額查西曆一千九百零四年六月三十日

止計一年之内其新客執有合例護照由香港來美者統計四百零三人其中批准登岸者三百四十人撥回者六十三人一千九百零五年七月一日止計有三百七十三人批准登岸者二百一十九人撥回者一百五十四人其舊客有復回照紙返美者約三四千人因驗眼及各種苛例阻不得登岸者亦不少以視二萬一千六百人之數其所得豈止數倍哉至於假道往別國人數則不在此數計蓋假道不得限我人數也

二向例入美護照在海關給領但保衛出洋其事既繁且重則非海關所能兼及宜設專局名曰保衛出洋總局且美國各口岸凡有運載華人入美之埠須設分局俾得與我公使領事協力關照該支局仍歸總局管轄務期與總局聯成一氣然後保衛諸事方得切實舉行精益求精

三既有保衛出洋總局之設其責乃專固不宜以海關兼辦且官辦不如商辦蓋無論官民不親情意暌隔即使有與民親愛之官以為經理但保衛諸事既繁且重非居美殷商素孚衆望者不能周知利弊且商民利害切身不慮其敷衍塞責貽誤大局

官辦不如商辦斷斷然矣況領照收費各事欲僑民樂於輸將非設專局歸商辦理決不能收身使臂臂使指之效今擬由粤督招商開辦似為切當倘不以商辦為然則由粤省各大善堂攬辦其事或商會經理亦自情意相孚至於開辦事宜若得久居美邦素孚眾望之商人與該省商會集思廣益自有善策可行可毋贅及

四創辦保衛出洋總局設在羊城以便兩粤人出洋就近承領護照並凡外國通商口岸有與保衛局關涉者均宜設分局照應各華僑上岸事宜并出力護理華僑在外應享一切權利如領取外國商標等件務内外合辦以興商利而保華僑該局稟准商務部立案必使華民入美之護照不論工商俱由保衛出洋局給發美國即當承認此等護照為的實憑據務使美人倣照日本人入美之例一例優待

五保衛出洋局宜以中國留美學生領有美國法律畢業文憑者入局辦事以重交涉事宜每渡船開行該律師宜與總理人員及自聘之西醫生等親送各客上船以免美醫驗眼及無理苛

求並以預杜美人乘隙生事之弊

六西醫託名驗眼實行苛待其法至毒然此屬衛生公例恐難駁除欲籌對付之良策非有專局幹員不能舉辦一面自聘西醫一二名與之駁論一面以中國留學生曾在美國領有醫學畢業文憑且有熱心血性愛護同胞者聘用一二名入保衛局受職俾得與自請之西醫覈辦各事隨時設法補救一切

七凡來美新客宜先熟讀來美法戒一書當其報名領照時須設專員令其人將此書默寫若干節並須矢誓到美後斷不習染鬬殺以辱國體此書應準三大主義立論一愛國約十餘頁并聲明日後生計既裕當念其自來捨財利國勉辦公益即以仰答海內同胞拒約之盛德二行己有恥如改西裝習潔淨學英語等三立例議罰似宜延用在美閱歷最深學問精通者為之方能於法戒諸事說得親切

八入美人數當循號數給發護照無號數者不能擅買船票如有在日本檀香山墨西哥及各國假道入美者仍當向保衛出洋局領號數執照乃得入美

羅省地利 華東號

羅省 錦源

羅省 [illegible]

羅生總利 廣昌和

羅省地利 [illegible]

羅生技利 聚昌源

羅省地利 保壽堂

羅省技利 贊壽堂

羅省技利 廣安

[illegible] 同合安記

羅省技利 新永和

羅省地利 巨英隆

[illegible]元利書東

富瑩新公司

光緒三十一年八月初八日

鍾晋偕三千人等謹呈

八七

敬肅者近為華商禁買美貨一事極力防維廿三日奉到
鈞署養漾兩電均已讀悉養電即轉滬道普行示諭漾電亦經密行廿六日據滬道復稱美領事來見因轉述政府之意極欲和平了結督院飭勸導商紳毋再集議並禁止非禮之舉動美領事甚為感謝詞意亦極和婉復召集各紳商宣布憲意開導商界學界諸人顧全大局各紳

董亦深以為然日内本有數雯議會均由曾少卿解散各報亦無激詞解鈴繫鈴仍賴其力一面電約名望商董来滬商議收束之策等情查曾少卿年已七十商會素来信服此次相約不銷美貨並非一人倡議實由衆商公推若遽革懲竊恐衆怒難犯轉致滋生他變祇可密電滬道勸其不再干預以示曲為保全免受外人指摘似屬和平辦法前電擬請美國先將碼頭囚

禁華人之木屋全行撤去以示真心優待華工
之確據此事簡而易行據久寓美國官商言此
事管理入口員即可主持無須商之議院如由
鈞署婉商柔使務將此節辦到寓美華民共聞
共見則羣疑自釋怨氣潛消我勸商民照常交
易亦較易為力若如柔使所請徒用壓力革究
一二人於事無濟柔使曾久處華情形較熟諒
能深悉也馥更有不能不言者禁工之約中美

合訂已二十餘年由限制而禁工由禁工並禁及非工變本加厲日甚一日華民羡美傭價之厚稱貸舉債不遠萬里而來來則困於木屋不容登岸監視甚於罪囚訊供時一語少差立即撥回原籍窮民既喪資斧無路控訴投水自盡往往聞之華民不勝其忿相率不銷美貨以為抵制此亦人心之不死人情所必至也中美續約第六條中國人至美國或經歷各處或常行

居住美國必援照相待最優之國所得經歷常 五
住之利益俾中國人一體均沾又續修條約第
二款中國商民兼包在美國各處華工均聽其
往來自便俾得受優待各國最厚之利益又第
三款已在美國各華工及他項各華人等無論
常居暫住美國應與待各國最優者一體相待
又續定華工條約第四款在美華工或別項華
人無論常住或暫居應得盡享美國律例所准

之利益各等因何常不反復申明最優相待今
竟若此所謂相待最優者然乎否乎然則違約
之咎中國不特不應受其責任且將歸咎於首
先違約之人使其受此責任矣今美使美領事
之言似亦知幡然變計特恐優待徒託空談仍
如前之故事則華民之志願未滿我雖專制斷
不能名商民而責之曰爾必與某交易否則罪
爾亦斷不能進商會而强之曰爾不容不與某

交易否則罪爾何也我國律例無此條官吏不能背例以行事也美誠能優待則宜於定約時將禁約一事毅然删除斯大善矣若不能則宜定明年限再禁十年十年以後永不復禁若又不能則應聲明禁工者僅禁止作苦工之人如洗衣負重石工鐵工之類此外若藝事之美者各國且以其器爲美術院之陳列會計之良者各國且舉其人爲財政所之特員豈能遽以工概

之哉他如幕友治律醫生治病西人皆所禮重
從前美國與工人一律均不准入境惟官員商
人游歷教習學生五項人得入而五項人一有疑
竇仍不免木屋之囚其困難若此又如商人准
入境矣而商人專指股東而言其賣手買手掌
櫃司事經紀均不在商人之列教習准入境矣而
教習專指學堂書院官所延訂者而言其教蒙
塾師課徒自給者均不在教習之列其刻覈又

如此若不詳晰聲敘則所謂優待者仍有名無實又豈能服華民之心哉民心難得而易失民情雖愚而難欺馥近日每遭報館誣謗至以媚外詬之若於禁貨一事不為釜底抽薪之謀僅為揚湯止沸之計誠恐激而生變牽動全局遠慮近憂關係甚大不得不預為陳明者也總之不銷美貨不但有損於美且有損於華我當實力告誡不納華工不但有損於華且有損於美

美亦當盡力屏除盖華商已購美貨而不能售則華商病美貨因不售而不能再来則美商病兩受其病故當告誡華工不至美則傭資少傭資少則華貨難銷而華商困華工不入美則美工貴美工貴則美貨難銷而美商亦困兩受其困故當屏除誠能化去成見完全公德則兩國人民均受幸福昨請

鈞署據情入告俟奉有

諭旨再廣行宣示一以安商民之心一以杜外人之口 十二
總以和平辦理勿滋事端為宗旨祈
晤柔使切實告之聞康格東來亦半為此事康
公使和易近情亦素知華工疾苦今議改約當
能刪除苛例和洽邦交也所有開導禁購美貨辦
法默慮後來情形用特臚舉奉達是否有當伏候
鈞裁肅此敬叩
勛綏周馥謹肅

敬再啓者，密查此次不用美貨，上海學界、商界分爲兩派。學界事不干己，好爲高論；商界𠛬於衆論，勢不自由。平心論之，則不定美貨，已足抵制。旋又倡不買美貨、不用美貨之説，則已甚矣。貨已入華商之手，是華貨，非美貨。必使壅滯不銷，是困華商，非困美商也。華商受困，則美商亦承其敝。蓋交易之路不通，則往來之機頓滯。定貨不起，餘價不清，皆勢所必至之事。洋

商控告致啓交涉又有相因而至之理現已切
實曉諭暗爲解釋務使工商安分守業交易
如常現尚安静不致暴動可以仰紓
廑系惟商情固結煽惑人多將來事殊多可
慮耳再此肅請
勛綏 周馥 謹再啓

八八

說帖

兩廣總督於七月二十三日因接准美國總領事所請已出有不准抵制美約告示該示內自應列有中政府決不允其以禁用美貨為抵制之言而示內並無此意惟諭商民須俟至臘月間美政府如尚未按中國所請照辦毋行設法抵制

八九

大亞美理駕合衆國欽命駐劄中華便宜行事全權大臣柔　爲

照會事、接准駐劄廣州美總領事電稱、現廣州府

地方、抵制美約不買美貨、舉動仍行擾亂、並輕視

貴國所降之

諭旨、致商人等失利日多、地方官毫不經心遵

旨嚴禁、且該地方官按照本總領事所請、將游説抵制之

人等拏獲、惟又暗行訊問、嗣經釋放、本總領事署所用

之人、屢遭欺嚇、若仍遲禁、恐將釀成重大事端、等因、

本大臣即請

貴親王迅速籌畫，勝於從前申禁之法，務求有驗，保護該埠美國人民及美國所用之人，並請將此不合理之舉動即行停止可也，為此照會，須至照會者。附送洋文

右 照 會

大清欽命全權大臣便宜行事軍機大臣總理外務部事務和碩慶親王

一千九百伍年玖月拾叁日

光緒叁拾壹年捌月拾伍日

中堂王爺大人鈞鑒月前滬道集紳等於洋務局出示南洋大臣轉
大部養電具見
大部恤商困重邦交顧全大局之至意即滬道疊次勸戒並
電約張湯二君開誘紳等亦何敢不諒其誠敬已遵照辦法
但視商會能自信商界能自愛而已恭讀初二日
上諭彌用感悚紳等之愚竊以為抵制工約一事既不足為商
困亦無礙於邦交而大局之能否顧全尤在堅持不在解散敢
以全體之意見為
大部陳之人人有自衛同種之心而後可立於生存競爭之世
此世界之公理也不用美貨之說倡自外埠而滬埠應之發
於學界而商界亦應之發議以四月二日而實行於六月十
八日中間會議即向業美貨今以為苦之各行號亦在其
列感於同人不用之說於是不定之議起一時激於義憤相
率簽名紳等但盡相戒不用之忱斷無勒令不定之力也
夫美以禁工之故辱及吾國上等社會之人其待我之心直
猶太波蘭之不若長此終古國將不國何有於商且紳等亦
何嘗不為商計也六月十八以前所定之貨議由商會黏貼
印花登報聲明仍可照舊行銷近復以存貨過多市面難
以周轉復由紳等召集商界學界議定疏銷之法分電各
埠以工約之故而重困吾商誠所不忍而以恤商之故遂使
全國一線奮躍之機復歸消滅又豈
大部所樂聞乎行銷六月十八以前所定之貨所以恤商
困不用六月十八以後續定之貨所以爭工約不定不用理
實一貫固並行而不悖也若明知國人有不用之說而行

有不定之議而猶私行續定者是不以國民目待而自求失耗也此則非同人之害之也美禁華工已非公理前約為國家所許吾商民亦復何言今值可改之期而不言將永無改之之望矣查二十年續定限禁華工條款第三條聲明所定限制章程專為華工而設不與官員傳教留學貿易遊歷諸華人享受寓美利益有所妨礙第四款又載除華工外別項華人應得盡享美國律例所准之利益與待各國人最優者一律相待無異乃定約以來無論何項華人均藉詞苛待是違約之事美實為之准之平等報施之例即以美之所以待我者還以加諸美人之身亦不為過然華人不敢出此也故發議抵制以來有謂宜脅罷華人之傭於美商者有謂宜以此時並禁工之約要求作廢者

紳民等均婉勸而切諭之即有一二無知之徒妄懸揭貼亦為全體所不認而逐漸消滅美人之來遊歷者其以禮相待如故也美貨之來輸入者其報關進口如故也美人之在華一切事業財產其得公共之安定如故也僅僅以不用美貨為人人自有之權人人各行其是而已紳等自問方以為此等抵制極為和平各國亦多譽以和平者意美人自號文明且將引為大疚而日夜謀所以改良其無禮之舉以謝我國人初不意我政府從不責其違約而柔使轉以違約責我華人向

大部為無謂之要求無端之恫喝也中美通商載在條約誰不知之柔使所謂原約十五款者亦謂美國人民有進貨買賣出貨買賣之權利耳非謂中國人民必有買賣美

貨之義務也中國人民無必有買賣美貨之義務即中國政府無必欲强迫中國人民買賣美貨之責任可知何背於條約何關於國際而柔使牽强附會必責我政府擔其責任然則美之關吏顯違原約苛待我上等華人者美政府獨無應擔之責任耶總之苛待華工出自美國工黨之私見不用美貨出自中國士民之公義均非兩國政府之本意即無關兩國交際之睦誼公理公法萬國自在大部據理以答柔使其將何詞紳等亦知美人議還賠欵向來邦交視各國為勝然以邦交之故不惜自壞其大局以殉之天下安有是報酬乎夫所謂邦交者亦在工約之能改良否耳禁工原約本有優待別項華人之語日來各報所載美總統之訓詞柔使之照會無非申明原約而已有原約而顯違之空言實行誰其敢信紳等管見以為美苟真有改良之意則新約所宜增入者厥有八端申明原約優待別項華人一也將各口岸木屋一律撤除以示永無虐待之確據二也蠲除上等華人入美之護照嚴定關吏留難無禮之罪名以期杜絕藉詞欺侮之弊三也已在美之華工宜與美國及別國人一律待遇凡在美國及領土境內往來均得自由其來華及往他國者均須給以回美之憑據不得藉故阻止四也華官之遊歷華商之往來以及在美經營商業者其所携帶之人所操之職司無論為貴為賤均不得以華工論不在禁止之列五也菲獵濱檀香山諸埠提出禁約之外華工仍可任意來往六也自訂約之後美國官吏若不實力奉行美國法廷應許華人有控告該官吏違約之權

美國政府並須擔違約賠償之責任七也華工為中國下流社會之人未受教育其被人輕侮大率由茲美國應許中國紳商集貲選派熱心任事之人前往美國設立小學延聘中國教員專教華工子弟以期改良其性質更設勸化會以開通年三十以上之華工庶幾程度漸入文明不至貽人非笑八也以上八端皆衡情酌理應行整頓之事並非故為高論強美人以所難致乞

大部據情照會柔使並電駐美梁大臣與美政府磋商如能如約則不獨抵制之事可即消弭而中美交誼且日益親密否則不用美貨之議並無待紳等之演說報章之鼓動而已深印於人人之腦筋無形可求從何解散若別施以壓力禍恐以和平之局激而為暴動之舉紳等且與蟲沙同盡而中國前途將不可問矣紳等代表輿論言盡於此惟

大部瞻言百里反復籌之中國幸甚紳等幸甚

寓滬紳民仝叩

九一

敬啟者本月十五日肅布美字第八十號函計邀
堂鑒二十日偕 伯唐參議赴美總統鄉居謁見談及華
商禁貨抵制之事總統謂民間聯結抵制外人本係
文明辦法原不能以力禁遏本總統素不以禁例為
然然工禁全弛尚嫌稍早貴大臣前言禁外之人不
得指限等類及華人來美須與歐人一律各節甚合
公理冬間議院開會定必勸諭議改禁例雖議紳意
見或有不同能否照行未敢預必而本總統自必力

為提倡不任禁例悉仍舊貫等語誠細繹總統所言與平日議論正相脗合大抵皆以改寬禁例為主其非空言敷衍自可想見因即答以果能如此辦法於兩國邦交實有裨益於美國聲譽尤增隆重總統申言自必照辦又謂華商禁貨若仍過於激迫深慮勢成騎虎議紳有所藉口如能稍緩實行尤覺易於轉圜誠查閱中外報章禁貨一事近奉

諭旨頗已平息美總統所慮自為預防阻撓起見似宜密勸

商民毋過激切靜候議院消息再定辦法至於議約一舉總統始終未嘗置議蓋中於柔使之言欲我稍爲遷就而又不便昌言其旨也其實約之與例相輔而行而例實爲約之宗主約寬而例不改約難實行例改而約從寬例難加密故勉強訂約不如急切改例之爲得柔使之急於訂約無非善自爲謀總統之急於改例實屬知所當務應請

鈞部將議改工約暫緩談判俟西十二月初旬美議院

開會改例辦法能否實施然後訂約較有把握誠一
面遍託知交運動議紳使爲我助或當有濟前經肅
電上陳計已仰邀
鈞鑒特再詳述務求
代回
邸堂列憲俯准照行大局幸甚專肅敬請
均安
梁誠頓首
光緒三十一年八月二十三日
美字第八十一號

附件

照錄擬定華人抵境被阻擯索償格式全用漢英文

一本人姓名

二何處居住

三作何事業

四領有何項護照或有商工紙

五何處出口來美

六何日出口中歷西歷

七何船出口

八何日抵美中歷西歷

九何處入境

十問口供之美員是何姓名

十一傳話人是何姓名

十二問答如何全敘

十三因何被阻撥詳悉寫明

十四如係被阻〇被阻若干日

由某日至某日西歷

十五如係被撥〇何船撥回

何日離境中歷西歷

十六船脚支費若干取收單粘附爲據

十七車脚支費若干取收單粘附爲據

十八船上費用若干

十九車上費用若干

二十收師支費若干取收單粘附爲據

二十一傳話人支費若干取收單粘附爲據

二十二如係被阻○被阻期内商人應得利益所值若干

被阻期内工人應得工資若干

二十三有無淩虐情事詳敘

本人簽名　　二證人簽名西人吏好

呈請中國領事查明簽名爲證

照錄擬定寓美華人查册被拘擬索償格式全用漢洋文

一本人姓名

二住居何處

三作何事業

四原日用何項紙入境

五何處出口來美

六何日出口中歷西歷

七何船出口

八何日抵美中歷西歷

九何處入境

十原來作何事業　在何處

十一寓美若干年

十二被拘之時作何事業　在何處

十三查册美員是何姓名

十四傳話人是何姓名

十五何日被拘中歷西歷

十六在何處被拘

十七因何被拘

十八如係被撥○何船撥回

何日離境中曆西曆

十九會請律司代駁否

二十如請律司支費若干取收單粘附為據

二十一傳話人支費若干取收單粘附為據

二十二如係被拘○被拘期內商人應得利益所值若干核實計

被拘期內工人應得工資若干核實計

二十三如係被擄○實在損失若干

二十四有無凌虐情事詳敘

本人簽名　二證人簽名西人更好

呈請中國領事查明簽名為證

九二

大亞美理駕合衆國欽命駐劄中華便宜行事全權大臣柔　爲

照會事。茲附送西九月十四日上海新聞報内載之

曾少卿觀察正告美商一節，雖有西上月三十一日之

諭旨及兩江總督之告示，禁此舉動，而彼仍明言再行抵

制等情。查八月十四日本大臣已請將其革懲，因彼爲

上海抵制美約最着之人，更足使人仇視美國人民，當

又催請革懲，因本大臣素悉

貴政府懲辦捐納人員與懲正途科甲一律，現本大

臣有
貴國西九月三十一日
旨意在案、故不必指明其如何背旨故犯、鼓動他人干
犯中美兩國約條、侮慢
旨意之咎本大臣、甚盼
貴親王終按屢次所請允照美國所應得請照
貴國威律懲辦之意辦理、可也、須至照會者　附洋文
右　照　會
大清欽命全權大臣便宜行事軍機大臣總理外務部事務和碩慶親王
一千九百伍年玖月貳拾叁日
光緒叁拾壹年捌月貳拾伍日

附件

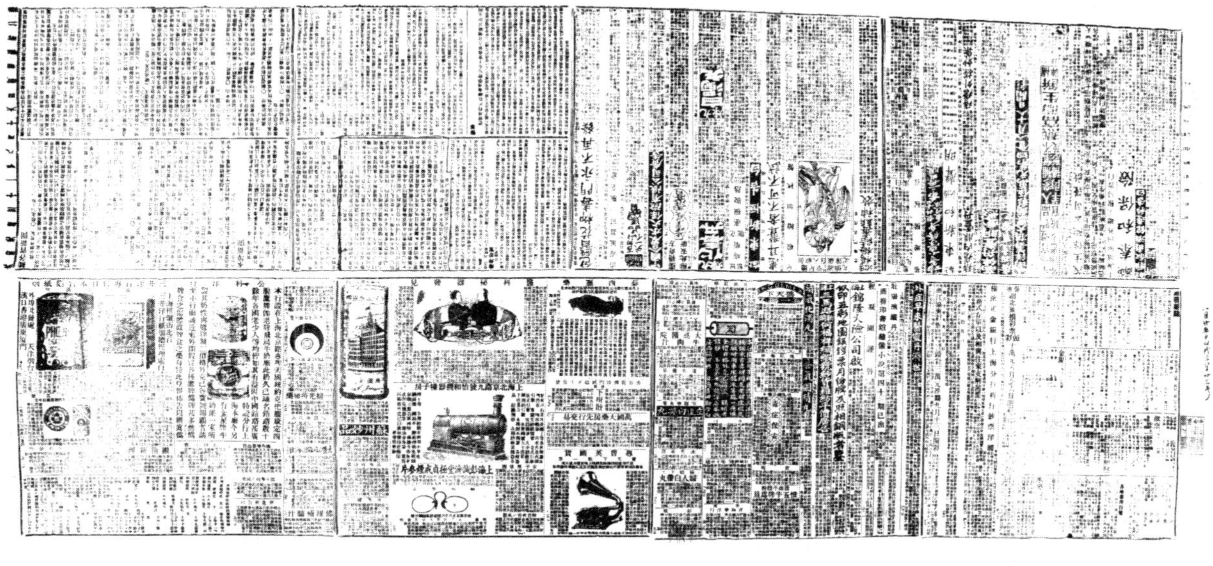

九三

外務部
比

咨呈

頭品頂戴兵部尚書署理兩廣總督兼管廣東巡撫粵海太平兩關事務岑　為
咨呈事光緒三十一年八月十九日承准
貴部電開美使照稱接廣州總領事電現廣州府地方抵制
美約不買美貨舉動仍行擾亂並輕視貴國所降之
諭旨致商人失利地方官毫不經心遵

旨嚴禁且該地方官按照總領事所請將游説拑制之人等拏獲暗行訊明嗣經釋放本總領事署所用之人屢遭欺嚇若仍遲禁恐將釀成重大事端請迅即籌畫勝於從前申禁之法務求有驗保護該岸美國人民及美國所用之人並請將此不合理之舉動即行停止等因查拑制工約前已奉

旨飭各省認真勸諭至改訂工約各節美使來照謂總統俟議院開時盡其逾制之地步本部已將改正約稿彙寄梁使於議院未開之先切告美政府克踐前言盡力公平辦理希將本部商辦情形曉諭商民以釋羣疑美使所稱拏獲人犯暗行釋放並領署所用之人屢遭欺嚇各情亦希詳細查明並飭

屬照章保護即電後又於八月二十五日准電開擬制工約
事駐美梁大臣電稱昨總統言西臘月議院開會必令議紳
議改禁例大旨係聲明祗禁工人其餘人等往來居住均與
歐人一律辦理總統既以商令議紳改例為言應請勸導商
民勿過激切且候議院消息工約亦可候禁例改寬再行酌
議否則約嚴則例難改約寬則難期批准必須先改例後定約
方有把握等語希照查照各等因到本部堂承准此並於光
緒三十一年八月十八日准廣州口美國總領事照稱接閱
貴部堂八月初九日來文言禁用美貨之事並因此事近奉
電傳

上諭且經極力勸諭商民人等停止聚會演說等因但此舉未能
服足中美條約而行與顯明貴部堂與美國友誼之篤及深
感美國總統為此事明白曉諭之美意如現仍任行禁用美貨
之事固不可解仍任禁用美貨之長紅貼於祗賣土貨之舖
戶亦不可解仍有私行聚議亦不可解既拏滋生禁用美貨
事端之二人不當堂訊明懲辦而反聞將行釋放或現留候
保所亦不可解貴部堂是否不欲顯明此滋事被拏人及仍
用恐嚇法以令別人禁用美貨者之行為均足致貴部堂暨
貴國政府及貴國所欲敦好之國不樂想美國總統業經盡
力辦理此事以表公義及友愛中國之心並自行飭令以最

優禮待華人而貴國亦經
上諭責成各省督撫禁止禁用美貨之事詎此事現仍行之不止
致目下美國在粵東省之商務比
上諭未發之前更為傷碍現據美商稟稱各華販商原甚欲買美
貨但因衆人均被恐嚇而不敢買用苦無銷路又據三達大
水公司稟稱河南有某拖船東主勸別拖船東主勿載美貨
此不過具有可証附近本省目下情形之憑據而已惟該公
司有船在汕頭甚至欲僱帶水人不得欲僱人起貨咕哩亦
不肯為此事多由該處華人報館藉得官仕刊錄各節嚴斥
該公司買辦暨親屬及勸止咕哩所致各等語茲將僅如此

事之重而被罪者為貴部堂諫之如港官近日因某新聞報
館干犯違碍條約利益之罪已將封禁其各主筆亦已判定
逐離香港五年試問貴部堂如任此事徧行中國南方是否
違碍美國按約應得利益乎然所有本總領事曾與互論此
事華人僉以貴部堂於此事有表同情即閱貴部堂所來各
文深令本總領事亦覺無畏而美國政府意見以為貴國今
昔均應將此事禁絕誠以此事顯背條約及中國律例也貴
部堂尚不即行出示明白曉諭嚴辦行恐嚇法人嚴禁私行
聚會概將揭帖長紅諭說撤毀凡屬貴屬地方一律禁止禁
用美貨之事俾眾咸知貴國政府暨貴部堂均於此事不表同

情則本總領事廹得電稟本國政府以此陸續違碍本國條約之事祇應為中國官員是問並本總領事屢陳此事均被置之弗恤也等由前來除分別電復照復並出示曉諭札發東西兩省各道府直隸州廳迅即轉發所屬刻日遍行張貼並飭遵照迭次札飭事理將所屬商民妥為勸導所有美國衙署洋行輪船雇用之人並即照章保護其各屬地方設有報館之處並由該管地方官傳諭主筆人等不得任意詆毀美國雇用之人致為外人藉端指摘仍將遵辦情形及貼過告示日期申復察核及行廣東廣西藩臬二司廣東善後局廣西洋務局一體移行遵照外擬合咨呈為此咨呈

貴部謹請察照施行須至咨呈者

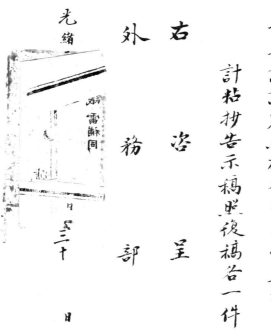

計粘抄告示稿照後稿各一件

右咨呈

外務部

光緒　　月　三十　日

附件一

為出示剴切曉諭事現承准
外務部電開美使照稱接廣州總領事電現廣州府地方抵制美
約不買美貨舉動仍行擾亂並輕視貴國所降之
諭旨致商人失利地方官毫不經心遵
旨嚴禁恐將釀成重大事端請迅即籌畫勝於從前申禁之法務
求有驗保護該岸美國人民及美國所用之人並請將此不合理
之舉動即行停止等語查抵制工約前已奉
旨飭各省認真勸諭至改訂工約各節美使來照謂
總統俟議院開時盡其適制之地步本部已將改正約稿彙寄梁
使於議院未開之先切告美政府克踐前言盡力公平辦理希
將本部商辦情形曉諭商民以釋羣疑又准電開抵制工約
事駐美梁大臣電稱昨
總統言西臘月議院開会必令議紳議改禁例大旨係聲明祇
禁工人其餘人等往來居住均與歐人一律辦理
總統既以商令議紳改例為言應請勸導商民勿過激切且候
議院消息工約亦可候禁例改寬再行酌議各等因到本部
堂承准此查粵省商民停購美貨抵制工約一事迭准美國總
領事照稱美國

大總統允認定議改革並欽奉
上諭節經本部堂出示曉諭商民照常貿易一切衆議演説之舉併
行停止暨通飭各地方官切實開導在案現美國
大總統復允俟議院開時盡其逾制之地步並令議紳議改禁例是
將來更訂工約必有以饜我商民之望中美敦睦有年此次美國
大總統因我商民于工約一事期望迫切一再允認盡力議改凡我商民
人等自宜力守和平斷勿過於激切以固邦交而聯睦誼昨准美
國總領事照稱各華商有欲買美貨但因被人恐嚇不敢買用
河南汕頭等處並有人勸止拖船东主勿載美貨及勸止咕哩勿起
美貨等情如果屬實不特有乖兩國交好之情抑且大背貿易自
由之理斷非識大體明公理者之所為合亟再行出示剴切曉諭
為此示諭闔省商民人等一體遵照尔等須知工約一事迭經美國
大總統一再允認盡力議改務須恪遵前奉
諭旨照常貿易共保安全除從前聚議演説之舉業經停止外所
有禁阻他人購用美貨之揭帖長紅亦勿再行張貼無論貿易
傭工人等均应聽其自便不得有强迫禁阻及恐嚇詆毀情事倘
敢故違則是有意生事擾乱和平本部堂亦不能為爾等寬諒
也其各凛遵毋違特示

附件二

照復領事文

爲照復事接

貴總領事官八月十六日來文以禁用美貨之事仍有私行聚

議所拏滋生事端之二人不當堂訊明懲辦反聞將行釋放並

據美商稟稱各華販商原甚欲買美貨但因衆人均被恐嚇而

不敢買用又據三達火水公司稟稱河南有某拖船東主勸別

拖船東在刁戕危言該公司旨沿生山頭甚至次雇帶水人不

得欲雇人起貨咕哩亦不肯爲此事多由該處華人報館藉得

官任刊錄各節嚴斥該公司買辦暨親屬及勸止咕哩所致各

等由本部堂均已閲悉查粤省商民禁用美貨一事前奉

諭旨即經飭令廣州府南番二縣親詣廣濟醫院當衆敬謹宣讀並

經本部堂迭次出示曉諭商民遵

旨解散旬日以來一切聚會演説之事概已停止前此拘獲之馬達

臣潘信明夏仲文三名業經發縣查訊尚未據將訊供情形稟

復核辦本部堂爲顧全兩國睦誼起見於此事寔已盡力辦理

第此次粤省商民停用美貨實由美國苛禁華工而起現在工

約如何改良尚無端倪羣情亦因之尚懷疑慮事關閩省公憤惟有嚴飭地方官盡力設法以期逐漸消弭勢難掺之過蹙迫使生變以致禍患不可勝防則不惟於兩國交誼無益且恐有礙地方治安

貴總領事官近在此邦一切情形均所目覩諒亦能見及也至謂各華販原甚欲買美貨但因衆人均被恐嚇而不敢買用查粤省商民並未有赴地方官處控告被他人强行廹脅之事如果有華商欲買美貨而被他人强廹恐嚇者應請

貴總領事官將欲買美貨之華商及强廹恐嚇之人詳晰見示以憑飭令地方官分别查辦倘事無佐證本部堂亦無從按究其三達公司所禀各節如果屬實自當設法查禁本部堂現已再行出示曉諭商民人等不得再有聚會演説及張貼禁阻他人購用美貨之揭帖長紅暨飭各地方官於美國各公司雇用之人照章保護並嚴諭各報館不得任意詆毁美國雇用之人致干查究相應照復

貴總領事官查照順頌

日祺須至照會者

具稟人旅美正埠昭一公所客商會館眾職商等

稟為美醫阻留妄加眼疾懇請中美簽約時議添一款華人有權自請醫生協同驗看以守國權而安華旅免欺陵而拒索詐事竊職商等旅美多年所見華人來往無論上下人等自落船及至泊岸美國皆設醫生查驗眼疾其有眼疾而不許者理有固然即無眼疾而多方阻留不可勝計況其中又有以黃金之有無為眼疾之定案華旅之吃虧尤不可以更僕數雖歐洲各國人到美同一驗看而不敢有顛倒欺凌之弊獨於華旅而敢出此其可知也近日我中華各省已行抵制禁工之約其後美廷或大加改良與否抑或每年限定華工若干到美與否均未可知即如禁例或陽稱寬鬆而美例設有此醫生以驗看眼疾為阻留我華旅使不自有主權亦常設醫生以為對驗則陽為開者實陰為闔其弊有更甚於前者此美廷詭譎之故智又在旅美華人所習聞而慣見者也前者關員之阻留猶得請律師

以為駁論今者醫生之阻留而動成鐵案矣其立例陰險之處全在於此雖立約之事國
事也政府自有權衡非商民等所敢參議然事中之甘苦每身受者言之較詳彼族之情
形亦習處者能窺其隱故效芻蕘之獻甯冒干犯之罪為此瀝陳聯叩
中堂
王爺
大人爵前乞為
垂鑒議如可行請為力爭添入約章專為定例守國權而安華旅免欺淩而拒索詐實
為
德便伏乞
中堂
王爺
大人鈞鑒

光緒三十一年八月　日　昭一公所　寧陽會館　稟

九五

考工司

呈為咨行事案查粵省抵制工約一事前准八月漾電當經本部照復美使去後茲准復稱兩廣總督所設之辦法殊不足禁止廣州人民之抵制及碍美國商務已迭次切切照會貴部在案於西八月三十一號

大皇帝降旨之先廣督曾出示諭不過囑百姓須待至本年臘月方可實行抵制由是觀之廣督實係允其抵制不過以此時為未便耳嗣廣督將所降之

旨出示布告只另列鬆懈數言以表其非出於血誠是以廣州一帶之人無不疑其於抵制之舉係有同意雖出頭之人不准衆人聚會而彼等常自行集議以致美總領事署所用之人及該處願買美貨者均迭遭驚廹該督所轄地方即如汕頭與廣西梧州亦係如此情形

朝廷所降之旨係飭各省督撫曉諭商民剴切開導務令照常貿易共保安全並責成督撫認真遵

旨稽查倘有無知之徒從中煽惑即行從嚴查究等

諭茲該處百姓仍不敢照常貿易因有人時常恐嚇買用美貨之人從未見官場懲辦足見該督未曾遵

旨貴政府有管轄該督之任而已經責成其遵

旨照辦故切懇再行極力設法定使該督毋得違

旨務須遵照華美和約條款方為正辦等因前來相應咨行

貴督查照並將辦理情形聲復本部可也須至咨者

兩廣總督

光緒三十一年九月　日

九六

敬肅者前接
鈞部函開美使欲革懲曾少卿一節殊難著
手操之過促恐激公憤聽其在滬亦恐為衆
慫慂横發議論別生枝節難於挽回可否即
飭滬道設法令暫離滬上以免外人指摘等
因當經密電滬道相機妥辦茲接滬道電稱
查明曾少卿非首議之人不過發電領銜美
領初欲拏辦嗣以公論所在未敢肆意且曾

早辦一死安肯以避禍貽笑於人近日風潮漸
次平靜外人亦無指摘之語即使橫來要挾
我亦有詞可對若勸令他出以爲保全無論
曾少卿決不肯行就令勉承憲意流言蠭起
人心轉爲震動管見謂此時祇宜示之静鎮
上下相喻於無言實爲兩全之策等語查滬
上現在情形已交之美貨與已定而未交之
美貨業經紳商調查總數給發印花准其銷

售滬上市面可望轉機內地銷場亦漸活動風
潮漸次平靖既無損於商務外人自不能別有
指摘之詞至以後新訂美貨之舉恐華商未
必情願然已訂未交之貨須到明年夏秋交
清彼時工約必已早定可望彼此渾化無迹
滬道謂宜示以鎮靜相喻無言此語不無可
采保持團體愛惜國民外顧邦交內孚羣
望不能不審慎出之已飭滬道妥籌不為遥
制是否有當祈
示遵行專此奉復敬請
勛綏

周馥謹肅

九七

中堂王爺大人鈞鑒：敬肅者，八月十二日奉鈞部八月初三日函，并往來照會敬聆一是。抵制工約一事，迭經肅復數函諒邀省覽。此事發端，始於上海倡議，不及旬日，而各埠遠近同聲響應，海外各島商民亦表同情。其感應之速，團體之固，為向來華民所未有。滬地為華洋綰轂之衝，學界風潮尤為激烈。第其陳義既屬正大，舉動亦極文明，若官長措理稍一失宜則罷市散學之事均所不免外侮方深内訌复起不特貽笑外國且將渙散人心顧函電交馳屬滬道於接見紳商時惟勸以和平辦理慎毋暴動致成國際交涉一面函告素有名望諸紳務須將學界商界設法調停一面切告駐甯駐滬領事要以先去各埠碼頭木屋表明真心并無苛待華民之實據并宣示美總統寬待華人以領事護照為憑

之諭旋奉
諭旨當即廣行張貼商民共喻
朝廷不得已之苦衷及美國顧和平商辦本意近
來人心靖謐工黨不再聚會羣情翕然馥始終
皆以和平處之正以仰體
朝廷外藩邦交內恤民隱之至意不敢稍有激烈
致釀交涉此則苦心默運不敢求諒於他人者
也惟已定未售之美貨亟須設法疏通方免

商家受困迭接滬道来禀知學界商界均已
由張謇湯壽潛諸紳出為調停漸已貼末
銷各貨均由商會發給印花各皆允從美貨
皆有暢銷之望商務照常交易可以稍慰
廑注聞美簡專使將次来華未知確否將
来工約須由
鈞署與美使商訂切實改良謹擬數端上備
采擇

一官員不能專指出使一項凡中國有官職出身者有官照者皆是官員既有護照爲憑即准入境

一游歷不能專指官員一項凡富商大賈及考求政治學術或游觀山川物産講求製造工藝者皆是亦不能由關員驗其游資多少以定去留凡中國富人常有不携銀錢而所至之處銀行皆可匯兑者

一教習不能限公使領事所請之教習一項凡商民邀往教讀者無論中文西文皆是教習各國學堂無不專重本國之文中國學生自應先讀中國之書若中文教習限制來往則華人寓美之子弟永無讀國文之人無怪其獷悍成俗也

一學生不能專指大學堂高等學堂凡有志赴外國讀書者皆是學生

一商人不能專指股東一項凡在華商店鋪管帳登數賣手買手經紀皆是商家必須之人若無諸項人股東一人豈能獨開市面

以上數端本係原約不禁之人乃美國向來關員諸多留難遂致阻滯現定新約宜切實聲明皆不應禁

一已在美國之工人無論冊紙有無遺失既已入境皆不應禁

一久居美國之工人凡父母妻子照前約均所不禁至胞

兄弟及未婚之妻并無明文但以情理論之亦不應禁
一久居美國暫回中國之工人如重赴美國既有冊
紙為憑應無論久暫有無呈明皆不應禁
一生産美國之人隨父母回華如重赴美國應准隨時登岸不應禁
一醫士東西各國甚重其人無論通西醫學或通中醫
學但是醫生均不應禁
一律師無論通中律或通西律凡是通法律學之
人皆不應禁

一文學士凡著書立說之人可以化民可以變俗係有益於地方治安之人皆不應禁
一幕友凡顯官巨賈皆有襄辦筆墨代寫信札之人東西各國無不皆然亦不應禁
一美術巧工能製造之人各國皆重視之不與工匠比類不應禁
一唱戲及能音樂之人非工人不應禁
一檀香山飛獵濱及新附美國各屬島向皆

華民薈萃之地與美內地不同當日立約該地
方均不在約內應准照向章往来自便概不
應禁
以上數端前皆混入禁工之內應提出聲明約
不應禁總之禁工祇能禁苦力粗工之人此外
非作苦力非作粗工者約章所不載即禁例
所當寬不能變本加厲違背初約至於入境
華民因於木屋入境婦女量度身材以無罪

之平民同於犯法之囚犯禁制自由文明之
國不應有此舉動致傷名譽此又美國所應
自行改革不待再議者也
棻滬上擬結團體廢此工約然以時勢觀之
此約萬不能廢祇有改良之一法如不預為
之所他日約成不能饜衆人之心揆之羣情
仍不免有觖望之事茲特詳列條目畫清畍
限以便

大部與美使磋商有所根據梁震使聞有
初藁達部本署未接美使文牘不知約文
如何不過就華民所願望與華工所疾苦者
略陳梗概中有與前圅互有異同者應如何
刪除煩苛防損取益之處諒
大部必能折衷至當俾苛政可以剔除邦交
益形輯睦中外禔福商民乂安不勝區區至
願祗此敬叩
勛綏諸惟
鑒察
周馥謹肅

九八

敬啟者本月十五日肅布第八十四號公函計荷
堂鑒十九日祗奉
堂函及柔使往來函牘約稿問答節畧等件仰見
邸堂列憲毅力堅定藎慮精詳卻無理之要求抱不移
之宗旨薄海士民同深感戴檀飛等島需工孔急
實與美國本境情形大有區別華人在彼頗能自
立與在美傭工取憎招忌者迥不相同我
邸堂列憲鑒及此情堅持到底實為百姓之幸福抑亦

輿情所注念公論所必爭也自此間脩約不成華
商禁貨抵制美國上下漸已改變宗旨力主和平
即倡始仇華之太平洋濱海如阿利根嘉釐福尼
亞等省亦皆以
中朝之外交進步華民之智識日開不敢仍前歧視議論
亦為一變加以洋布麵粉銷場所係始終固執恐
壞商務而近年西省工值陡增勞傭缺乏園工瓦
匠日索五六金圓苦力粗工亦須二三金圓不等

以致田野荒蕪蔬果朽爛林木不治道路不修大
小資本之家咸相驚怖以為循是不變再閱十年
海疆磽沃必成瘠區羣謀補救之策莫如招致華
工不欲任由工黨把持束手受困誠亦乘機運動
紳商報館使其著論刊布羣情益覺鼓動阿利根
省砵崙埠美商務會太平洋一帶團體之最有勢
力者也本年夏間上總統書請自今以後十年為
期每年准華工限額入境以當美國戶口百分一

之什一爲準計美國户口現有八千萬衆則八萬矣十年統計則八十萬矣光緒初年華工極盛之時尚遠不及此數今乃慷慨拓徠寬爲定額苟非相需甚殷何以得此西省紳商之見且已開通更何有於他省爭利分肥之華工且欲歡迎更何有於别項雖未必遽能辦到然此中民情亦大可見矣美總統日前出巡南省曾遣其記室密告以此行必勸各省議紳改寬禁例昨抵佐治亞省向蘭

塔城集衆演説果及華工問題專以改寬禁例公
平待人爲言語意精妙詞氣激昂南北黨人無不
同聲贊助大約議院開會必將勉踐前言不令工
黨過於挾制誠現已廣託議紳從中助力仰承
指導或當稍有所得用資補救一俟改例辦成即當
電達
鈞部與柔使談議不特風順帆輕易於爲力抑且規
周矩折可出萬全以誠愚見莫善於此謹將砵崙

商務會上總統書及總統演説各節要譯呈伏乞
省覽至於訂約辦法現在情形與八月十五日
堂函發出之時又復微有不同似應別為操縱柔使所
言亦多一面之詞處處皆有可駁蓋向來駐京各
使類多好事喜功往往不守所奉訓條意圖嘗試
柔使雖較圓融或亦難免此習我
邸堂列憲洞燭幾先諒彼不敢肆其故智也工人非工
指列名目二節頗為全約之要點謹將鄙見引申

論之工人名目聲敘一款本係援引美國例文並無半字增減柔使以為未能完全顯係飾詞强辯蓋以舊約列明禁外各項華人美官拘牽字面中國吃虧已甚深恐此次列明工人名目則未經列入者我可作為不在禁内於彼實有不利故堅以不必敘及為言預為將來周内地步用心狡密已可概見至於非工之人詳細指明以免美官誤列華工之内

列憲用意之深經營之苦實深佩仰惟剃頭廚子等項
在美本入工黨柔使若不允從將此數項剔去殊
為不值不如逕用非工之人字樣亦不敘及名目
字面既無工類在彼無挑駁之虞文義亦屬渾含
在我無掛漏之患利害相衡較為妥當近年來美
華人如律司銀行保險糧食裁縫靴鞋牲畜等店
酒房典當牙醫報館一切等衆美官亦認為非工
而藉口約章所無不允入境殊不計世界人類除

傭工外名目甚繁更僕固難悉數約章萬難全列誠前與工商部大臣極力剖晰此旨彼亦俯首無詞想柔使亦不過於為梗也萬不獲已則照美總統所稱營業職業等項列入亦尚包括蓋官民公司大小鋪店凡有資本與人交易者皆營業也法律工程方技美術凡有專長可資生計者皆職業也較之中國士農商三項界限尤覺寬博似尚可從愚謬之見無補

高深尚乞
邸堂列憲鑒察而裁正之以上各節統乞
代回
邸堂列憲核奪訓示是爲厚幸專肅敬請
均安
梁誠頓首
光緒三十一年九月二十四日
美字第八十五號
附譯件

附件一

節譯美總統盧斯佛氏在佐治亞省阿蘭塔城演説 一千九百五年十月二十一日 光緒三十一年九月二十三日

言念及此不禁憶及我國外交與植棉家直接關係之一事棉花銷場中國爲大本年禁銷我貨實與織棉各業特有損害我政府正在竭力籌畫解散此禁然欲解此禁惟有一法余須賴國會之助力我之權義我必力爭我必警告中國毋得堅執所爲使我不能屈己以就然反求諸我亦應以力爭權義之心力認天職我非自信無瑕不能入萬國平等法廷我非以公平待中國不能責中國以公平待我中國禁銷我貨之原因首在華人來美我國待遇之感情彼之禁貨不能以我之待遇遂謂公平况其辦法尤多不合然我國從前待遇華人本已限於天職其事固昭昭可據也夫禁拒傭工華人指粗細工人而言以保護本國之傭工明明爲我之天職蓋百凡天職之中當以自保國本爲至大而自保國本之法又以力保傭工之完全爲至要

余固知欲保我國傭工之完全不得不禁拒華工是以禁拒華工爲我天職亦猶夫美工到華偶有窒礙則禁拒美工爲中國之天職此等權義本爲施報中美前定約章彼此原認此權特我國行例之間固不應稍有淩暴而非工華人來入美境尤須加以禮貌加以敬意加以招待凡夫中國遊歷遊學營業中人有職業人必須與別國同等之人一律相待照料入境

我之律例約章必須擔承非工華人咸有入境之權優待之益與各國人民無異余以行政之權將多年行例積弊迅速禁遏即無國會之舉動余亦能有所設施余固將極力設施特有非借重國會舉動不能設施之事又甚望其有所舉動也此固我國利益所關尤濱太平洋南大西洋及海灣諸省利益所關我國苟坐令他國競爭遂我國於中國銷場之外見識不已短淺乎且也余所求乎國會者實有較利益尤爲高尚之思想余蓋爲義爲理而言也我美國當首倡天下以人人相接公平正直之道爲萬國交際之基礎

附件二

節譯美國阿立根省砵崙埠商務會上美總統書 一千九百五年七月十二日 光緒三十一年八月初九日

我國現與中國修改工約所有現今中國營業人遊學生有事業人前來美境困難情形亟應一概除去凡寓居美境之中國人民皆應聽其有回國復來之自由此後十年之內應准中國工人限額入美惟每年不得逾美國户口百分一之什一照此辦法統計十年中國在美工人亦僅當我户口之百一耳倘美國工黨仍復抗阻是直將彼等之禁

譽權勢及振興之能力自加菲薄而將我國前途興盛之機篡奪不顧徵特我國本境受其影響即夏威仁飛獵濱諸島巴拿馬海峽亦爲所累矣伏望

大總統迅賜核奪采擇施行

三十年前嘉厘福尼亞等省居民怵於亞洲移民之日增禍患之不測羣請中央政府設法保護而限禁之例遂行良不誣也自時厥後

經驗既多始知從前所慮殊無根據蓋中國人民固無意佔籍未嘗干預公事亦無權力以反我之政治也時至今日濱太平洋各省不以禁例爲然與中部及西南諸方幾無以異近者

政府通諭優待來美華人辦法全國皆爲欣悅然竊慮其不足以正本清源必賴兩國新訂之約或議院新立之例始足實行我

政府慈仁之本旨

昔以華人傳惡俗敗文化爲慮者已就消滅而華人耐勞開智所作之工恆與所受之值相等進步無不歸國此傭工之擅長亦已顯然可徵矣我國未經闢墾之區苦於勞工缺乏坐令荒蕪亟須華工前往經理即家務傭工亦非華工不可夫工黨之抗拒華工入境者其大端則恐傭值等差及受傭資格當彼競爭或將減低耳然近年歐洲各國勞工移殖美國爲數雖鉅而勞工傭值情形日有增進方

將未艾況濱太平洋各口收入少數之華工實不足與紐約波士頓費
城等海口所入意大利波蘭士拉務俄羅斯諸人比量同力可知其
不必拒阻也目下濱太平洋各省荒廢已極由今日之工政萬難望有
起色苟能得濱大西洋所入移民之什一已廢之田畝自可墾治未成
之官道自可修整而鐵道之建築亦可從新興作矣然猶有進者我
與中國邦交之疏密我國商務盛衰之關鍵也近十年來我太平洋
濱出口貨物固已大有加增然亦知此十年中至去年十二月八日爲止兩
國實有一公訂之條約在此條約者苟過脩訂續行中國必欲畧取利
益自無疑義現在此約已經期滿兩國談判不諧中國人民於是有迫
嚇仇恨之舉動蓋不獨難望商務之增長且將虞其停滯固顯然
矣苟其效果如此不誠爲大不愜意之事耶蓋統全國商務之各部
分而言未有若東方出口之急須振助者熱心者流或謂此項商務
固大增長然較之我國別項商務已見渺乎其小更無論他國出口
商務之大者矣當此外國貿易關係之際有人於此得其感情則商
務可以大張即用盡合宜之方法與之聯絡亦固其宜而況此少數華
工之輸入其川費可爲歸途輪船津貼又可減輕產貨裝運之費也

九九

敬啟者本月十一日肅布美字第八十六號函計邀
堂鑒昨晤美外部路提談及工約路提謂拒約一事曾奉
上諭嚴禁而風潮仍未平靜當緣各省地方官未能實力
禁遏故敢陽奉陰違一至於此貴國政府似須再
行設法解散庶不傷美民之感情擬議院之改例
等語 誠 告以工禁苛嚴拒約抵制華民原有不得
已之苦而且此等舉動國民固自有權尤非壓力
所能禁阻

朝廷顧念外交
明降諭旨剴切勸戒各省督撫亦已出示開導而凡形跡
可疑言語稍激之人無不拘傳訊究在日進文明
之國已視為束縛自由乃欲再加嚴厲辦法無論
為公理所不容且恐激成變故不可收拾貴國素
主和平當不樂有此事也中國近五年來民智大
開愛國思想日益發達權利界限日見分明非復
從前蚩蚩景象貴國官員每謂華官可用威力制

民想係十年前見解非深知我國之現情者總之我
政府對付拒約之政策已屬不遺餘力與貴國對
付工黨情形兩相比較~~方~~實覺嶄赧無地路提云敝
國素講自由何敢要求貴國以强禁拒約祇望設
法勸散毋使堅執兩敗俱傷且如廣東連州教案
貴大臣雖據廣州官電謂與拒約無涉惟小故恣
爭遽斃數命未始非平昔先有仇美之心而後臨
時動惡也　誠答以該教士所供並不關涉拒約已

屬明徽連州亦非拒約之地並無集會演說仇美
之心無從而起當係別有釁端不能牽合作證路
提復堅囑代達
鈞部速行設法善勸商民靜候議院改例再定辦法
言之再三事關交涉不便壅不奉
聞至應如何辦理之處必須體察拒約近情始能定
奪想
鈞部外重邦交內顧民志當有以調停而補救之使

外人無所藉口而商民不虞激動也至議約一節
倉卒之間恐難獨操勝算仍以虛與委蛇俟改例
後再行切實談議較有把握以上各節統乞
代回
邸堂列憲詧核是荷專肅敬請
均安
梁誠頓首
光緒三十一年十月二十一日
美字第八十八號

一〇〇

逕啓者本年本國
總統游幸美國南境於西十月二十日至愛特蘭特地方該處官民
均行迎迓
總統乃演說諸政並論及華工往美之事意旨甚善 柔大臣以
貴大臣想亦願聞故囑潄參贊將此論說轉送茲特備函附送披閱是荷此請
日祉 附單
名另具 十一月初五日

附件一

This leads me to a matter of our foreign relations which directly concerns the cotton planter. At present our market for cotton is largely in China. The boycott of our goods in China during the last year was especially injurious to the cotton manufacturers. This government is doing, and will continue to do, all it can to put a stop to the boycott. But there is one measure to be taken toward this end in which I shall need the assistance of the Congress. We must insist firmly on our rights, and China must beware of persisting in a course of conduct to which we can not honorably submit. But we in our turn must recognize our duties exactly as we insist upon our rights. We cannot go into the international court of equity unless we go in with clean hands. We cannot expect China to do us justice unless we do China justice. The chief cause in bringing about the boycott of our goods in China was undoubtedly our attitude toward the Chinese who come to this country. This attitude of ours does not justify the action of the Chinese in the boycott, and especially some of the forms which that action has taken. But the fact remains that in the past we have come short of our duty toward the people of China. It is our clear duty, in the interest of our own wageworkers, to forbid all Chinese of the coolie class—that is, laborers, skilled or unskilled—from coming here. The greatest of all duties is national self-preservation, and the most important step in national self-preservation is to preserve in every way the well-being of the wageworker. I am convinced that the wellbeing of our wageworkers demands the exclusion of the Chinese coolies, and it is therefore our duty to exclude them, just as it would be the duty of China to exclude American laboring men if they became in any way a menace to China by entering into her country. The right is reciprocal, and in our last treaty with China it was explicitly recognized as inhering in both nations. But we should not only operate the law with as little harshness as possible, but we should show every courtesy and consideration and every encouragement to all Chinese who are not of the laboring class, to come to this country. Every Chinese traveller or student, business man or professional man, should be given the same right of entry to, and the same courteous treatment in, this country as are accorded to the student or traveller, the business man or professional man of any other nation. Our laws and treaties should be so framed as to guarantee to all Chinamen, save of the excepted coolie class, the same right of entry to this country and the same treatment while here as is guaranteed to citizens of any other nation. By executive action I am as rapidly as possible putting a stop to the abuses which have grown up during many years in the administration of this law. I can do a good deal, and will do a good deal, even without the action of the Congress, but I cannot do all that should be done unless such action is taken, and that action I most earnestly hope will be taken. It is needed in our own interest, and especially in the interest of the Pacific slope and of the South Atlantic and Gulf States, for it is shortsighted indeed for us to permit foreign competitors to drive us from the great markets of China. Moreover, the action I ask is demanded by considerations that are higher than mere interest, for I ask it in the name of what is just and right. America should take the lead in establishing international relations on the same basis of honest and upright dealing which we regard as essential as between man and man.

Monterey, Havana, Ward	10:00 a m	.00 p m
Korona, St Thomas, Quebec	9:30 a m	12:00 m
Uller, St Kitts, N Y & Dem	9:00 a m	11:00 a m
Coamo, San Juan, N Y & P R	9:00 a m	12:00 m
Zulia, Curacoa, Red D	8:30 a m	12:00 m
Germania, Naples, Fabre	——	——
Mesaba, London, Atlantic-Trans	——	9:00 a m
Algonquin, Jacksonville, Clyde	——	3:00 p m
El Monte, New-Orleans, Morgan	——	3:00 p m
El Rio, Galveston, Mor n	——	3:00 p m
Concho, Galveston, Ma ty	——	3:00 p m
Princess Anne, Norfolk, Old Dom	——	3:00 p m
MONDAY, OCTOBER 23.		
Hamilton, Norfolk, Old Dominion	——	3:00 p m
TUESDAY, OCTOBER 24.		
Kronprinz Wilhelm, Bremen, NG Lloyd	8:30 a m	12:00 m
Havana, Colon, Panama	10:30 a m	1:00 p m
Georgic, Liverpool, White Star	——	——
Arapahoe, Charleston, Clyde	——	3:00 p m
Jefferson, Norfolk, Old Dominion	——	3:00 p m

SHIPPING NEWS.

Port of New-York, Friday, Oct. 20, 1905.

ARRIVED.

Steamer Chesapeake, Delano, Baltimore, to H C Foster, with mdse. Left Quarantine at 6:55 a m.

Steamer Bayamo (Cuban), Huff, Tampico October 12 and Havana 16, to James E Ward & Co, with mdse. Arrived at the Bar at 5:25 a m.

Steamer Prins Willem II (Dutch), Beckering, to the Holland-America Line, with 11 passengers, mails and mdse. Arrived at the Bar at 7:10 a m.

Steamer Maritime (Br), Roberts, Las Palmas October 2, to J H Winchester & Co, in ballast. Arrived at the Bar at 10:30 p m, 19th.

Steamer Bermudian (Br), Fraser, Bermuda October 18, to A E Outerbridge & Co,: with 213 passengers, mails and mdse. Arrived at the Bar at 11 a m.

Steamer Princess Anne, Tapley, Newport News and Norfolk, to the Old Dominion Steamship Company, with passengers and mdse. Left Quarantine at 1:22 p m.

Steamer Barcelona (Ger), Fey, Hamburg October 4 and Bremen 5, to Funch, Edye & Co, with 523 steerage passengers and mdse. Arrived at the Bar at 10:30 a m.

Steamer El Sud, Higgins, Galveston October 14, to the Southern Pacific Company, with mdse. Left Quarantine at 1:12 p m.

Steamer Colonel E L Drake, Fenlon, Port Arthur, Tex, October 11, with Standard Oil barge 95, to the Standard Oil Company, with oil. Anchored in Quarantine at 8:10 p m.

Sandy Hook, Oct 20, 9:30 p m—Wind west, strong breeze; partly cloudy.

SAILED.

Steamers Trafalgar (Br), Norfolk; Jamestown, Norfolk and Newport News; Langford (Nor), Pilley's Island; Suldal (Nor), Baracoa; Saratoga, Nassau and Santiago; Apache, Charleston and Jacksonville; Alamo, Mobile; H F Dimock, Boston; Wotan (Ger), Rio Janeiro and Santos.

THE MOVEMENTS OF STEAMERS.

FOREIGN PORTS.

Queenstown, Oct 20—Arrived, steamer Cedric (Br), Haddock, New-York for Liverpool (and proceeded).

Brow Head, Oct 20—Passed, steamers Etruria (Br), Potter, New-York for Queenstown and Liverpool; Victorian (Br), Hart, New-York for Liverpool.

Dover, Oct 20, 1:35 p m—Sailed, steamer Bluecher (Ger), Reessing, from Hamburg for New-York via Boulogne.

Gibraltar, Oct 19—Passed, steamer Indrapura (Br), Horne, New-York for Singapore, Manila, etc.

Rio Janeiro, Oct 18—Sailed, steamer Castillian Prince (Br), Filmore, New-York.

Naples, Oct 17—Arrived, steamers Madonna (Br), Lander, New-York; Sicilian Prince (Br), Claridge, New-York.

Havre, Oct 20, 2 p m—Arrived, steamer La Bretagne (Fr), Poncelet, New-York.

Genoa, Oct 20, 5 p m—Arrived, steamer König Albert (Ger), Feyen, New-York via Gibraltar and Naples.

Lizard, Oct 20—Passed, steamers Cheruskia (Ger), Wiehr, Galveston via Newport News for Hamburg; Coblenz (Ger), Nahrath, Havana via Newport News for Bremen; Rotterdam (Dutch), Bruinsma, New-York for Boulogne and Rotterdam.

Scilly, Oct 20, 6:25 p m—Passed, steamer Moltke (Ger), Ruser, New-York for Plymouth, Cherbourg and Hamburg.

附件二

現時美國之棉貨銷售於中國者最多自去歲華人不買美貨之事起製造棉貨之商人受損最大本政府力圖抵制華人此舉惟必須得議院相助方可美國必須堅持本國之權利中國亦須謹戒莫行我國所不能受之事但我國亦須尽我分內之責任若我不以公道待中國又焉能望中國以公道待我也查華人不買美貨之舉實由於我國接待來美華人之形狀但華人因此遂不買美貨於理實為不當且華人於本行此事所施行者更多於理不合之處然前此我國之待華人實未曾尽我分內之責任也夫禁止各項華工以保我工人之權利實係我國之責任查一國最大之責任在乎保全本國之權利而保全本國之權利則以保全本國工業為至要本總統深知保全我國之工業端在乎禁止華工是以禁止華工誠為我國之責任即如美工赴華若有碍中國之工業中國亦禁止之實亦中國之責任也此誠中美兩國同有之權利上次所訂之中美條約業已載明凡各權利兩國全享無異也但我國不但於施行禁約務須和平且務須以優禮待

非業工者之一切來美之華人，凡中國之游歷人員、學生、商人，均應須准其來美，並以優禮相待，與待他國之游歷人員、學生、商人無異。故凡我國訂立條例約章，除華工外，凡一切華人均須得有一樣來美之權利，受一樣之接待，與他國人民無異。我國施行工例律因年久弊生，本總統現在從速改革，雖無議院之助，本總統所能行而必行者甚多，然有須待議院允行之事，本總統實深企望誠以本總統之所望於議院者實為保全我國權利之所必需，誠以我國若任從他國盡奪我在華之商務，則我國於保全權利一事實未周備。然本總統之所望於議院者，雖為保全權利，亦誠按公理之所在。為夫人與人應以公平誠實相交接，則推因而至於國與國亦如之，是以我國應首倡國與國公平誠實之交接也。

十一月初五日　菜字一百卅三號

一〇一

照會

大美國欽命駐劄中華便宜行事全權大臣田　為

照會事。西十一月四號、兩廣總督為抵制美約事出一示諭、嗣又為抵約事照會駐廣州美總領事官、兩件內皆有不須言而言者、有此無用之言、恐後有藉此而興擾亂之事、故應知照、

貴親王查照西十一月十四號兩廣總督照會總領事官文內稱總
之拒約一事地方官有司祇能禁止聚會演説及刊布揭帖書本煽
惑恐嚇等事至於商民欲購何國之貨及與何國人交易人人皆有
自由之權斷非勢力所能强迫貴總領事深明事理當亦必以為
然前接貴領事官迭次照會以貴國
大總統特須優待華人之諭並飭議院於本年西歷十二月將禁工苛例
改革本部堂日深殷盼現在爲時已屆惟望貴總領事官詳達貴
國政府早將此事和平定約寔踐改革之言則拒約之事不禁自

息奐從前西十月三號、及十月三十號、曾兩次照會
貴親王、指論粵督係故露有默許抵約之意、以上所列粵督照會
內、至於商民欲購何國之貨、及與何人交易、人人皆有自由之權、
斷非勢力所能强迫等語、足見其係不欲彈壓此仇美舉動、向來
美國從未請强迫人與美國人交易、惟因有人結党嚇禁顧買
美貨者、意在欲使美國生意受損、不過係請壓禁此事、因該督寔能有壓禁此
事之權、乃不力禁、則係其故意不為也、他省總督皆能力禁此舉、是以在該各所轄地方、仍照常辦理交易、至所列
大總統諭議院於本年西十二月將禁工苛例改革、本部堂日深盼覩、現為時已屆、惟望貴總領事官詳達
貴政府早將此事和平定約、寔踐
改革之言、數語尤關危險、

至論及早改華工入美之舉
貴親王深知兩國政府並無商酌此事中政府亦並未
有所請且本國
總統並無允改此例更未經有美國有權大臣應許草
改至所議改禁工之約稿無論中美兩國所擬皆屬
明言禁止華工入美云云是禁例定不能改至於別
項華人欲行入美爲禁例過苛故中政府即請修改
因而美國

總統降諭行飭該管官員於此項華人應照公平優待此諭

已於西八月二十八號曾達

貴親王諭内載明凡粗細華工定行禁止入美將來仍

行禁入美境至所論飭議院等等之言

貴親王素悉美國

總統不能飭議院定何律例只能將何項之事擬交議院商

酌不能行强迫之命且

總統並未應許將華工入美之例請議院改革在西十月

三十一日號本大臣照會

貴親王云奉

總統之諭美政府願照公中優待中國惟定不讓中國反對以不

公惟粵督於西十一月初四日所出之示曾引此言內錯

錄云總統已允優待赴美華人此處有錯誤之言祇

能中國工人冀望入美其示內並云總統已允議改苛

例此係使華工想係為禁工入美之例似此無據之言

實為誤事欲使美國政府應允修改禁止華工入美之例

且其不能不知美政府並未如此應許更應知其所出之示係使人常懷不能有驗之望似欲破壞兩國政府所議之事另生事端現廣州府一帶華演説時已倡言須要美政府准華工入美此係提出兩國政府所未商酌之事且係兩國政府所不能商酌者但粤督之告示乃係鼓動該地方之人決意要求又令其深信將必有成似此毫無確據錯誤之言恐有關於危險本大臣不能不竭力駁論此言也

前本大臣同

貴親王商酌所擬之約條或當面談或照會曾聲明

美政府定禁華工入美茲本大臣必再說明粤督所

出之示與其照會內稱美

總統擬改此例美政府並未曾有此言即將來亦難應准

本大臣不能不以粤督之舉動乃阻碍兩國和睦之

誼因粤督從未曾壓滅仇美之党似其與有同心方

釀出連州殺教之案若粤督似此告示錯擬美國政

府之意勸勉百姓不生事端係因有美政府已允其
未允之言並有情允仇美之舉乃不過曰彼不能强
迫人買美貨之語此即顯出係不肯壓禁仇美之舉
若如此辦理將来必再生殺害美人之舉本大臣已
經接有来文於兩廣所屬之地除連州英德已有教
案外又有鬧教之事此係使本大臣相信該督實係
不遵
貴國

大皇帝諭旨而百姓皆悉學總僅只面從而已本大臣早
經照會
貴親王如美國人因中國拒約若有虧損即責成中
政府理應賠償茲本大臣理合再行聲明函達知
貴親王美國政府定要照此法辦理可也須至照會
者　附送洋文
右　照　會
大清欽命全權大臣便宜行事軍機大臣總理外務部事務和碩慶親王
一千九百伍年貳月初四日
光緒叁拾壹年壹月初八日

LEGATION OF THE UNITED STATES OF AMERICA TO CHINA.

一〇二

十二 川

十一月十九日

呈

具呈上海商會、文明拒約社、中書科中書杭慎修、候選道曾鑄等為美國議院仍持苛禁懇
恩電咨力拒以全國體而重民命事竊維美國禁工苛例百出違
天蔑理久為有血氣者所公憤若施諸西歐平等之國民將風
潮激烈鉄血競爭久演成非常之慘劇而有非片刻所能忍
受者矣華民安分守禮尊
君親上雖備嘗慘毒而顧念
國家已懊訂此約勢無中悔之理故忍受千災百毒堅待至十
餘年之久而無異言此服從循謹之良民應為

中堂旨

朝廷所深念而憫惻者矣迨禁約期滿始敢陳情呼籲蒙
大部俯念民情迭次爭論而美工黨恃衆怙惡迄無悛志我
國民計無復之不得不援照美拒英貨之例冀相抵制公論
所在全國一致亦可見民心之齊一而公理之不容誣矣而美人
慮其傷損利益阻碍商務遂以甘言相餂 美總統既有優待華
人之諭 柔公使莅任過滬與 鑄等面議亦有和平商辦改良禁約
之説我
國家重信敦睦以其言之愷切如此決無舛錯遂
諭令商民照常交易而國民之茹痛忍苦以待改良之續議者又半年
於兹矣不圖美之工黨既不我諒反為可欺近日開議仍其故
態電信遥傳民情大震深慮為期促迫萬一悞允簽約則大
錯鑄成又貽無窮之禍爰情勢迫切彼此電商惟有仰懇

中堂王爺大人迅賜電咨　駐美梁大臣竭力阻拒并求
代表我全國人民意見照會　美使柔大臣如苛約不能删改我全
國人民維有實行不購美貨之舉以對我海外被虐之同胞以慰
我以死拒約之義士為此瀝陳懇求
中堂王爺大人顧念大局俯賜成全不勝盼禱迫切待
命之至情急勢迫語不擇言尚求
垂察專敂
勛安伏維
鈞鑒
光緒三十一年十一月　日　上海商會　文明拒約社　中書杭慎修　候選道曾鑄等

謹將各省附列姓名詳錄恭呈

鈞鑒

計開

直隸

楊松如　黄文蔚　婁文香　陳毓鍾　王學禮　王大勇

李天來　李恭德　趙志濂　趙　珍　趙　中　王公好

王西禮　劉學道　趙中道　何　來　何流連　李迺盛

李榮林　李桂全　楊子久　王建中　劉瑞琛　許　鴻

秦錫銘　曾　向　許景廉　路　濬　李　中　方子雲

馬瑜臣　白思理　張國寶　程啓元　許念祖　趙國琛

周之俊　金寶元　孫福先　趙國璽　王在中　李金劍

慕維翰　慕維垣　張文清　董少棠　視連波　王夢琴

文望周　葉錫三　馮瓚臣　姜肇渭　陸　順　翁世賢

金硯臣　葉長清　馮雲麒　劉名楨　康敬通　翁守道

樊家祺　張寶祥　馮貴堂　陳善初　許家吉　楊大受

蔣　麒　徐永貴　劉喜壽　恆　通　李席珍　章見復

徐　郢　殷祖和　王玉明　張守愚　王　頤　章仁壽

徐舜年　馮譜清　俞練秋　鹿世芳　翁方平　胡貞如

馬慶寬 李冠羣 趙一鶴 祖蔭椿 李叙賓 盛澤
王德 王芹 韓楨 祖蔭喬 李叙賢 樂詩
安業修 蕭龍石 王樾 祖望斗 呂樂修 方廣泗
安金銘 武岫石 崔蔭長 祖金繩 戴孝孺 方卓然
李景桂 武光裕 崔蔭棠 張庚望 蕭騤 曾靜修
李景松 趙天祿 李之華 陽學賢 蕭騮 徐君彥

徐瑞甫 徐程 徐瑞麟 王子琛 清芬 李廣甲
徐聲甫 徐思誠 梁稜章 令安 孫慶 陳郊
王永善 孔星橋 馬玉普 陳維藩

順天

趙鈺 韓景琦 趙文府 李繩武 周上開 王鈺
韓學琦 趙廷弼 劉大中 李春圃 李吉齋 崔殿文

曹智廣　劉弼臣　萬翁伯　史志東　許久林　蕭雨辰
李長明　柏潛玉　梁會豐　張錦文　吴宗恕　劉萬生
王占魁　李魁元　胡寶珊　宋長山　梁全秀　王金山
鄧筱舫　龔耆齡　康穀臣　王書祥　王維楨　王毓蔭
王毓蕃　李葆如　牛　鈞　薛樹棠　陳鴻書　陳雲書
陳亮采

山東
王書香　宋傳訓　李菊農　唐　宗　于鼎基　李敬銘
梁子良　宋有章　褚　瑞　周開第　周開銘　周開甲
徐國鏞　孫百林　金　訓　侯錦波　張國賢　潘大志
譚靖夫　施振華　夏繼虞　劉樹義　殷之輅　王鳴玉
袁光泗　華有訓　夏有虞　包希賢　王世昌　賈振華

梁同善
金邦傑
畢洙
尹葆善
于郁
張布賢
薛樹坊
孫之麟
畢道文
尹維城
劉淇
張布古
劉錦棠
孫毓祥
陳奉新
石良才
郭藩
張布夷
王度
孫毓泗
陳奉賀
劉恩齡
唐紹楨
張布烈
王慶
孫毓沂
陳繼昌
李官慎
李鳴九
史廷燎
金邦良
孫燾
蔣履泰
王廷桂
張布聖
鄭鳴達
葉向陽
金鐘
金鏞
曾國藻

宗室滿蒙旗回

趙受霈
勳銳
樂綬
曾歷
慶全
松壽
瑞沅
吉昌
錫祐
寶宗
明廉
松珍
春秀
玉璋
文釗
松厚
文明
貴年
松祥
寶竹木
長林
榮安
薩拉哈本
塔克布

恩良 恆竹卿 哈國賓 榮偉卿 崇松石 崇殿才
金球 永潤 椿眉臣 恆書 金啓 嵩恂
恩禧 桂柱臣 焌介臣 福陞 恩銘 魁瑚
松秀 承寶芝 寶伯魁 琪祥 松峻 柏林
恆少雲 黑少如 錫洪九 書祥 白圭 瑞蘭
恆景先 沙維侯 瑞圖 榮華甫 錫寶芝 安寶臣

錫璋 國華 宗鈺 呂佐周 李象曾 陳光第
陳國立 克里布 恆岳 貴明 龍佐周 唐煥
良悦 吉順 潤普通武 全節 阿必達 杜秀明
佛爾圖春 松秀 關文玉 啓瑞 王錫恩 國華
吉璋
山西

姜公度 曲化宣 郭寶三 詹聖波 倪良臣 王正軌
王振鐸 王誠 郭連城 倪棟臣 童世寶 劉恩波
施正浦 蘇志香 甘棠 甘露 甘澍 甘霖
黄通貴 黄通育 黄中理

安徽

陳驥 賀馥階 朱蔭松 李壽春 舒肖軒 賀輔之
徐纘戎 吴小亭 李廷鈞 賀家椿 巢燕 羅冕
賀宣之 吴明良 賀廷樞 賀廷桂 施正方 許有功
賀登之 吴新明 賀人壽 徐鸞 龍濟川 望有齡
賀砥如 賀蔚之 賀静三 徐儀鳳 哈龍 沙遴
賀如金 劉朝望 賀廷森 董家會 邱求達 葛振邦
賀運之 何春台 賀廷楷 董家瑞 王開運 李協中

劉文治　劉文朗　劉文淵　劉文述　張祥　張啓
張保　張陽　劉良　劉理

江蘇

李應登　侯棨　朱襄　許景華　柳保森　朱家同
侯穀　夏立志　朱茀　許壽山　張維崧　周念東
王鏡明　尤喜仲　嚴雷存　張祖壽　毛宏　陸象乾
郭式金　石如拳　黄開森　鄒壽洪　孫許元　六念儒
杭敦詩　費世凱　薛鏞　鄧詩　查士翰　蕭晉爵
陸慶良　牛敬中　買祖良　鄭世璜　王方騏　鍾康年
陳同文　石春航　侯方智　鄭世琛　王方驥　王潤青
孫鍾　朱春亭　蔣超　鄭世佐　林麗生　王叔枌
時勉中　蔣萬里　鄒壽祺　鄭世仁　繆家修　汪志誠

汪克誠 彭世寶 方鴻年 李若顯 時寶方 李敬時
吳贊清 李家珍 居世廉 蔣 堃 連 平 卓成章
彭家瑞 陸傳清 葛詠霓 袁麟經 曾子恆 鍾銓廣
孫 旭 宋乃和

浙江

杭念祖 華必勝 曹佩卿 朱 勉 陳 春 貢 瑗
許景棠 曹奇麥 姚文政 弋 美 陳應榮 趙子儀
陳桐軒 曹奇崙 史 冕 王爵尊 朱馥亭 居友梅
朱承治 李文輝 湯金錫 王治基 杜綬宜 金大中
張兆霖 祝 瀛 方鴻典 許 蓉 時 勉 金作良
白顯曾 祝家駒 朱承德 許開甲 朱 元 金立鰲
沈家駒 祝錫三 陳絡榮 蔡 潞 金作礪 許 夔

黃壽愷 陳榮昌 周洪 曾祖長 陳彭年 陳錫三
陸湘雲 高保來 孫謨 施琪 郭子名 夏珣
徐仰雲 史作年 孫範 連雄 王家年 王家駒
李梓 光福 蔣方慶 濮方登 金度 方旭
張勤 金貴 祝登青 濮度 陳麟 向銘槐
王大坊 錫雲 鄒紹先 葛懷 龍勝友 朱保奎

徐文波 鄭之良 祝英 鍾若恂 夏紹基 汪立仁
宋邦俊 鄭之李 畢麟閣 湯鼎 朱福誠 朱福保
宋邦彥 張寶華 周鳳韶 湯盤 何玉忱 蕭公蔚
宋邦友 朱廷瑛 黃守謙 湯卣 蕭公肅 吳保名
鄭蘭 許象先 陸伯年 湯孫銘 龔彥師 蕭慶曾
鄭蕙 許象乾 王景嵩 夏紹弓 蕭慶培 倪光熙

顧光策　朱孔昭　白垣　徐璵　張思勉　聶聽松
林際唐　朱孔彰　繆子亭　陳士毅　余祖恩　余光治
陳樹滋　朱孔揚　宋仁　管淑曾　羅懷清　趙蔚
李維敬　劉恭壽　岳春　管鴻文　張禮幹　張子澄
李維熙

廣東

劉田海　何象坤　洪永泰　潘江　陸世凱　馮夏時
何焱森　梁世豐　江國樑　呂海平　金望川　胡信書
麥道榮　陳輔朝　劉正林　馮旭　朱琬　林守訓
麥清賢　梁亞義　褚泰　衛止平　林守璞　張愚
沙琪　克定方　嚴克家　陸慶敷　林守真　林同文
何象乾　李知明　潘勤　周品三　楊步蟾　陳其瑗

李經腴　梁　程　麥　棠　盧頌芳　陳頌芬

廣西

蕭晉榮　毛霖熙　呂德琳　鍾酉生　楊士格　秦　聲

張培基　吳德琳

雲南

安　李　李　桐　段榮美　萬里程　王正治　金生光

陸元龍　陸元壽　陸元凱　陸金林　孫良選　金慕橋

李　通　張仲聲　張頌閣　朱德年　楊杏堂　楊佑齊

趙　傑　趙松泉　王　佐　王仲年　劉思齊　全濟清

全頌清　全　泰　全勤士　錢國寶　錢椿年

貴州

朱允芬　宋振鈞　邱學慎　周　緯　傅渭鯤　劉　勳

馮士先　湛祖思　方敦素　錢　瑗　蕭天祥　周文波
方履中　蕭　勳　劉濟良　白方雪　施　通　周質卿
屠貴明　朱成良　石　謙　余沅芬　張　蓉　許寶時
向中黄　向玉林　尚天貴

湖南

魏文肇　曾廣鍾　楊開運　左念恆　許長傑　李　源
劉公度　方　林　許鄧祥　金天禄　曾仲眉　魏肇鏊
曾長禄　方　森　殷鴻保　卞保臣　魏守瑄　梁鹽堂
許開應　蔣式金　葛振清　周家純　金　森　孫子方
朴在學　朱少峯　呂少華　樊誠亮　郭春帆　周維儀
荀樹聲　婁守坤　金天祥　蔡　鍔　李子通　李子衡
薛寶義　張陳善　張效先

湖北

吴振英 吴念慈 吴孝元 賀植階 吴漢源 游家瑞
吴輔廷 吴孝乾 雷蓮蓀 賀高林 於樹棠 陳雲軒
吴書麟 錢雲卿 雷荷蓀 賀壯林 邢騏 俞祖鑫
吴雍智 吴如松 吴柏孫 賀新畬 李威 陳萬鎰
吴建唐 吴至禮 戴香廷 余南谷 石山儀 賀嵩林

賀桂林 王鍔 曾芷香 饒鳳瓊 蕭壽廷 但興良
吴瑛 蕭秉鏞 方誠 饒鳳管 王道源 吴至華
吴輝 李應中 吴宏圖 徐大煜 任永祺 吴至奎
吴兆庚 萬鵬程 饒鳳璜 王維鑑 孫祥林 吴至堂
吴柏壽 陳振聲 饒鳳琛 周國柱 任永年 劉國棟
吴銘卿 黄紹甲 張恕 徐鼎勛 周以璜 劉國柱

許廷授　李心地　章可貞　胡湘南　吳傳達　萬敷
游暢生　尹家楣　劉熙青　夏道煇　賀良雲　李開銘
賀子穆　萬際軒　龍五芝　吳雲青　松桂　于鳳台
吳汾　李哲明　楊可愛　何樹仁　易仰芳　朱世能
賀彥稚　劉光弼　覃壽堃　張用賓　朱國楨　石墀
陳南藻　楊捷三　游家鑄　劉季鳳　魏德祥　陳銘
蕭鳳池　朱寶琳　席恆　席謙　吳至勳　胡子銘
張小廋　曾斗山

四川

蕭開泰　劉義年　劉鴻符　李維熙　顧緗　杜德興
鄒祖堯　彭世英　余信芳　劉秀伯　陳國銓　鮑世龍
鄒祖舜　劉鴻箸　張仁鑑　涂子厚　廖廉能　劉鴻銘

史策芳　王鳳翔　劉樹聲　劉聲元　楊大烈

甘肅

雙國文　李象東　沙維藩　陳爰昌　鄒天爵　鄒天祿
何敬恩　劉知義　畢可興　陳祖舜　徐景賢　徐景貴
何德發　孫大祥　潘世福　李吉森　王大昌　蔡　寬
陸大寵

江西

王晉康　倪蔭樵　田　霈　蕭象乾　彭壽康　童正林
夏　金　廣華壽　汪保隆　汪康隆　汪　乾　鍾　熹
楊同壽　施開泰　陸世芬　陳子周　許家猷　陸世賢
章　祥　許家璧　陸世勳　章　卓　吳永澄

河南

祖敬 潘志毅 張坤 張必昌 袁東聖 袁學泗
祖全 吴守堅 張紹洛 張必達 楊鎬 楊豐
祖同甲 李乃盛 張汝昌 董家駒 李乾 張守愚
張錫三 吴可祥 高無爭 李陳堯 衛宣平 郭品三
楊勉 吴可爲 高尚志 程紹棠 韓拜湘 曾志
留敬 吴謇 高其良 袁世欽 韓登甲 曾壽宣
曾壽慈 楊慕樓 郭洛 李華 吴驥 朱棋
曾椿蔭 楊增福 陳壽搏 褚興邦 華國瑞 靳愈
楊玉良 郭寶昌 陳壽彭 吴騏 張泰來 曹偉
楊國良
奉天
梁通 劉訥 李好義 李大良 李天義 李擇良

李振邦　席明　周自明　周學修　李際唐　沈家修
李治國　吴欽　胡開泰　周敬修　劉冕　荀獻廷
衛竹三　馮培則　關爲鈞　黄樹棠　呂嶽曾　福祥麟
祥達　王之述　周士修　李際堯　秦馥　王尚文
婁敬銘　陳嘉樂　姚受唐　陳興亞　臧式儀

吉林

貴祥　許敬宗　張玉麟　張瑞麟　沈智　張煦
吴元旭　吴元培　徐本修　徐士潮　方君望

黑龍江

劉永圖　方陳相　連波　象魏　屈同方　車正軌

新疆

沙曜　李璧成　哈國藩　呼延增德　王家鎮　王國棟

福建

林揚東 曾仰豐 嚴鼎元 黃琬 鄭禮謙 高瞻化

毛桐 曾國麟 嚴鼒

未註籍貫

王畹薌 汪丙輝 程壽田 何茀唐 王味南 王尚忠

蕭蓮溪 張厚菴 楊似賢 陳性成 王楹辰 朱宸周

王覲文 王及抄 王揚武 王無畏 段丙晟 鄭秋帆

江耀亭 王肖侯 王鞠垣 王鄂笙 王昌南 王錫南

方外

靜修 靜慧 勤慧 普明 李葆真 金維城

志明 沙方 圓照 普能 尹宏圖 尹壽慈

志誠 吳繼宗 普祥 李葆常

一〇三

商部爲片呈事。兹有本部發上海王右丞及上海袁升道電兩件，相應片行貴部查照可也。須至片者。粘抄電

右片呈

外務部

光緒叁拾壹年拾壹月廿二日

附件

發本部顧問官上海道袁電　十一月二十日發

洪密。聞廿三滬上開拒約大會，查此事商民聚議抵制，國際上決無此辦法。中美睦誼素敦，工約一事外部正與磋商，商民亟應靜候，若操之過急，彼更藉口堅持，不特與事無裨，且恐因此致傷兩國感情，中國外交更形勢絀，關係極為重要。務希切實勸導商民，俾令靜候。此商會中皆明白事理之人，已電王右丞勸勿隨聲附和。預聞此事祈令籌妥密辦理，切要。並電復。商部號

發王右丞電　十一月二十日發

致電悉。工約事商民聚議抵制，國際上決無此辦法。現外部正與磋商，商民亟應靜候，若操之過急，彼更藉口堅持，不特於事無裨，且恐因此致傷兩國睦誼，中國外交更於勢絀，關係極為重要。廿三特開大會，誠恐竟致激烈，務希切實勸導商會諸人萬勿隨聲附和。預聞此事能令稍勸商民俾令靜候，尤為妥當。統祈速籌密辦，電復。商部號

一〇四

收　十一月廿七日

照會

大美國欽命駐劄中華便宜行事全權大臣柔　為

照會事、本大臣據本國駐劄杭州署領事官來文內稱

浙省地方官、不按其職守謹遵

上諭禁止抵制工約之事、本年西十二月三號、於杭州地方、有多

人聚衆演説、鼓動黎民、不買美貨以拒工約、所演説之

言甚為激烈、前數日在杭州各處並徧布傳單、即照

會地方官、請按

上諭禁止此次聚衆演説之事、去後地方官迄未照復、且

未禁止演說該署領事又送來湖州街市所貼圖說二
張亦併錄送請閱似此情形係欲挑衆民滋事該署領
事接有湖州來函云該處已有仇美情形是以本大臣請
貴親王行囑浙省地方官員應按
大皇帝所降
諭旨嚴禁布散此等仇美之圖單並須禁人演說不買美國
貨物現該地方官如此不按職守辦理應行極力申斥
貴親王應確悉如

貴國政府不嚴飭地方官、遵照、
上諭嚴禁、任其如此鼓動、定必釀成重案、是以不能不切請
貴政府、極力彈壓、並請設法保護在浙美國人身命財
産、及保護美商生意、不致因嚇禁不買美貨之事、受
有虧損、可也、為此照會
貴親王查照、須至照會者 附送洋文及傳單一 圖説二
右 照 會
大清欽命全權大臣便宜行事軍機大臣總理外務部事務和碩慶親王
一千九百伍年拾貳月貳拾叁日
光緒叁拾壹年拾壹月貳拾柒日

附件

美人虐待華人圖二

有一個商人的妻到美國尋夫因婦人說話害羞口供忙亂美官押他在海邊木屋裡約日再審不料一擱幾個月婦心焦急忽然素性失常成了瘋病他丈夫向來恩愛不禁氣苦交加便發很把產業變賣設法把妻領出同回中國從此再不到美國了

一〇五

逕啓者，西本月十五日本大臣赴部與那大臣晤談，云十四日晚接福州領事官電稱，福州商會布散傳單，擬於中曆十一月十八日有再申抵制美約舉動等語。那大臣當聞此言甚異，地方官有所縱容，允急電該有官員，刻速壓禁。茲本大臣復接有該領事發電後所繕之函，内附送福州商會所出之傳單，今將傳單照抄附送。

貴親王查閱即知該單内不但云於十八日再行抵制並請各
商於二十二日齊集三山會館如不赴會即將該幫未經閣議情
形登報此係有强人入會之意本大臣前赴外部時那大臣
面允刻即電知該省官員禁此舉動故本大臣盼望接有
該領事官來函謂該地方官已經不准二十二日復行聚會
惟不能不明達

貴親王該處復有視中美條約等於無足輕重及違
諭旨舉動惟望設法嚴禁是荷此泐順頌
爵祺 附洋文 抄件
名另具 十二月初三日

柔克義

附件

附件

卅年十二月初三日

[illegible]十九

組織同胞重申抵制

國何以弱民弱則國弱耳民何以弱黏合之力弱則民弱耳中國所以長蹶不振為外人所侵侮者皆因人心渙散羣德羣學之不講也近如華人之旅美者為美國工黨所攻擊虐待其苛例層出輒見報端甚至有藉驅疫為名焚火我華商之居市犧牲我華人之性命財產此我同胞之所痛心髮指者也幸有我閩人曾君少卿在滬特倡團體不買不賣美貨以為抵制之法振臂一呼如響斯應遂使我四萬萬之同胞鑄成一心舉國風聲所至竟有一息千里之勢吾閩商會亦克表同情六月間刊布傳單同申禁約奈吾閩商界未遍光明惟紙帮及有志之士自謀抵制此外未見實行近又風聞無處銷售之美國貨如洋油麪粉等仍復源源輸進閩中無知之輩仍為之銷售似此舉動大足破壞抵制公約不特為我同胞之所唾棄亦外國人之所齒冷也且此事之成敗有民

氣餒奮國家强弱之關係若不重行申禁將何以挽大局茲將約章臚列於後

一訂十一月十八日再行申禁所有美國貨一概不買不賣俟美國工黨消除一切苛例後開禁

一洋駁船小駁船及各道頭甲首工黨亦應於該日開議公認不盤運美國貨以表同情

一各帮生意皆有董事皆有公所由董事提倡亦應同日會集各公所以謀抵制

一各商亦宜達信遍囑上海香港南洋諸島各庄友亦應開議公認不辦美國貨為正本清源計

一各帮同日開議之後按家宜懸一牌書以國民公認不買不賣美國貨字樣從申推乙從乙推丙漸推漸廣使婦孺皆知共表同情

民心既結民氣又奮中國之强即基於此也

一各商中如有貪私利違公理任意銷售美國貨者凡我商人即以抵制美工黨之法而反制之並將該商招牌名姓登列報端别其名曰凉血動物

一各幫既經十八日同行開議後兹特再訂廿二日齊集三山會館以便各陳抵制良法以資採擇並請各幫簽字蓋章以明確認實行公約商會各同人自於是日在所鵠候不到者即將該幫未經開議情形登諸報端名譽有關各宜勉之

一此舉係出四百五十兆國民之意與本國政府美國政府毫無干涉凡我同胞皆宜認定不買不賣美國貨爲宗旨至於寓閩之美國人仍當照常寬待慎勿誤會宗旨别開事端以明我輩爲文明之抵制有别於野蠻之暴動也

福州商會刊揚

並開列美國進口貨物調查表 此節未録

大亞美理駕合衆國欽命駐劄中華便宜行事全權大臣柔　為

照會事。西上年十二月四號曾將粵督照會駐廣州美總領事所言有錯誤及恐因生事各語，係於此事有関緊要情形，其所錯誤之處，係謂美政府意允除此禁工之約在一千九百零五年十一月四號，該督示內亦有此語，前已將提及於此。茲復接廣州總領事電稱，西本月十號粵督又出示諭，內有嚴禁人粘貼告白、不買美貨及聚會演説云云，惟於示內復列有以上所言錯誤

之語諭知百姓謂華工禁例兩國政府現正商議開除
西上年十二月二十九號總領事曾有切請粤督諭知
百姓禁工之例美國政府定不允除之語等因該督用
如此不確之言特諭百姓恐不能不生事故
貴親王應亦知悉是以本大臣必須再爲切力抗辯並
再言十二月四號所言即係美政府從未允許如粤督
示内所言改除禁工之例現亦無意改除
貴親王確知兩國政府向來未商及華工弛禁該督於

於示諭内言兩政府商改工禁係非確寔本大臣必請
貴親王行囑粤督將其示中錯處刻即更正因其如此
妄言必使百姓易生妄想將來恐致成有重要關係俾
該處華工望有改除禁工之例係屬徒殷該督此舉係
使其空懷此念將來必致失望因而事生不測迨至生
有事故其致生事與有關係之責成則均應歸於中國
政府也須至照會者 附送洋文

右　照　會

大清欽命全權大臣便宜行事軍機大臣總理外務部事務和碩慶親王

一千九百陸年正月拾壹

光緒叁拾壹年拾貳月拾七日

一〇七

考工司

呈爲咨行事光緒三十一年十二月十七日准美國柔使照稱西上年粵督照會駐廣州總領事謂美政府意允除此禁工之約在一千九百零五年十一月四號該督示内亦有此語兹復接廣州總領事電稱西本月十號粵督又出示諭復列有以上所言錯誤之語謂華工禁例兩國政府現正商議開除該督如此妄言必使百姓將來失望因而事生不測請囑該督將其示中錯處刻即更正等因前來查此事中美兩國原議係將禁工舊約改良並無從此弛禁之説兹准該使照稱前因相應鈔録來照咨行

貴督查照聲復可也須至咨者附抄件

粵督

光緒三十一年十二月　日

一〇八

敬啟者：本月初十日肅上美字第九十六號函，度荷

堂詧。美議紳福士達擬具改例草案及上議院查辦解散拒約各情，經於前函詳報在案。美工商部僑民股專司外國移民入境及華人禁例之事，股長以次均由工黨出身，日以刻虐華人為主義，其名目雖隸屬工商部，而股長係由總統簡任，事權頗為專大，非該部大臣所能限制，且關係工黨眾議，該部大臣亦不敢過於侵問，故該股得以牽其私見

嚴定章程變本加厲年來華旅受虐雖曰禁例使
然抑亦章程苛刻有以致之也頃查該股業經與
該部大臣籌議將現行華人入口一切章程六十
餘條重加釐訂專以嚴禁工人為主而非工華人
概從寬待日間全文可以宣布俟探取後再行譯呈
鈞覽查華人入境其實係禁外而護照未盡合式口
供未甚妥適者向准駐美華領事保取登岸自前
數年駐金山領事貪利濫保被人告發遂將此項

權利削去往來行旅不容領署過問。誠抵美以來，以華官事權所關即華旅利益所在，數與工商部極力辯爭，志圖恢復。去年與總統談及約事，文復重申前請，總統特諭僑民股長體察照辦。此次重訂章程若能於此款增入於華民入境不無裨益。惟此後金山領事一缺日益繁要，非精明强幹操守貞潔之員不足以見重中外，職稱事舉，苟稍有含混之處，則彼又有所藉口，而我反無以自白矣。

擬俟工商部章程出現後再行核度辦理，即希

代回

邸堂列憲鑒核是幸。專肅，敬請

均安

梁誠頓首

光緒三十二年正月十六日
美字第九十七號

一〇九

DEPARTMENT OF STATE
WASHINGTON.

February 14, 1906.

S i r :

On July 14, 1905, the American Minister at Peking, Mr. Rockhill, telegraphed to the Department the assurances given him by the Chinese Foreign Office that it had strongly urged the provincial authorities to restrain the boycott against American trade.

A few days later there was brought to the Department's attention a proclamation alleged to have been issued on July 13, 1905, by the Chinese Consul General at San Francisco in pursuance of instructions received by him from the Foreign Office of the Chinese Government. The text of the alleged instructions is incorporated in the proclamation and, translated, reads as follows:

"The Chinese Exclusion Act of the United States is what Chinese merchants at all ports desire to retaliate against by means of a commercial boycott on American goods. The said Boycott this Department has never at any time prohibited or obstructed. Just at this time when negotiations are being carried on with the American Minister with the hope of removing the more oppressive laws, a public petition is received from certain Chinese in California making the mis-statement that our Department has prohibited our merchants from boycotting American "goods, and furthermore making the threat in the words 'A strong man will be employed to kill you', which is indeed wildly disloyal. We trust that you will issue a proclamation immediately setting forth the facts of the situation clearly to the sojourning Chinese, to the end that they may not be influenced by idle rumors and thus be made to misunderstand us."

So inconsistent is the tenor of these instructions with the assurance given by the Wai-wu Pu to Mr. Rockhill that the Department was loath to give credence to their authenticity or to believe that the Foreign Office of a Government towards which that of the United States had ever manifested the friendliest sympathy, could be guilty of such duplicity.

It was in this spirit that the Department sent a copy of the proclamation to Mr. Rockhill on July 27th (26th).

Inasmuch, however, as more than seven months have passed by without eliciting any serious effort on the part of the Chinese Government to suppress the boycott, the Government of the United States conceives it to be its duty no longer to pass unheeded this implication of double dealing against the Chinese Government, which, if true, gives evidence of an unfriendly attitude towards the United States.

I have the honor, therefore, to inquire whether the proclamation said to have been issued by the Chinese Consul General at San Francisco on July 13th, 1905, of which a translation is enclosed, is authentic, and if its authenticity be admitted, to demand its revocation. If its authenticity be denied, effective disavowal of the Consul General's act with no less authority than the original publication appeared to bear, and proper disciplining of the Consul General for his offensive act to remove the unfortunate effect which such a publication has necessarily exerted, would be indispensable if the two governments are to understand each other and be in a position to deal frankly and squarely with the situation.

Accept, Mr. Minister, the renewed assurances of my highest consideration.

ELIHU ROOT.

附件一

Copy of despatch to Chinese Minister at Washington

DEPARTMENT OF STATE
WASHINGTON.

February 14, 1906.

Sir:

On July 14, 1905, the American Minister at Peking, Mr. Rockhill, telegraphed to the Department the assurances given him by the Chinese Foreign Office that it had strongly urged the provincial authorities to restrain the boycott against American trade.

A few days later there was brought to the Department's attention a proclamation alleged to have been issued on July 13, 1905, by the Chinese Consul General at San Francisco in pursuance of instructions received by him from the Foreign Office of the Chinese Government. The text of the alleged instructions is incorporated in the proclamation and, translated, reads as follows:

"The Chinese Exclusion Act of the United States is what Chinese merchants at all ports desire to retaliate against by means of a commercial boycott on American goods. The said Boycott this Department has never at any time prohibited or obstructed. Just at this time when negotiations are being carried on with the American Minister with the hope of removing the more oppressive laws, a public petition is received from certain Chinese in California making the mis-statement that our Department has prohibited our merchants from boycotting American "goods, and furthermore making the threat in the words 'A strong man will be employed to kill you', which is indeed wildly disloyal. We trust that you will issue a proclamation immediately setting forth the facts of the situation clearly to the sojourning Chinese, to the end that they may not be influenced by idle rumors and thus be made to misunderstand us."

So inconsistent is the tenor of these instructions with the assurance given by the Wai-wu Pu to Mr. Rockhill that the Department was loath to give credence to their authenticity or to believe that the Foreign Office of a Góvernment towards which that of the United States had ever manifested the friendliest sympathy, could be guilty of such duplicity.

It was in this spirit that the Department sent a copy of the proclamation to Mr. Rockhill on July 27th (26th).

Inasmuch, however, as more than seven months have passed by without eliciting any serious effort on the part of the Chinese Government to suppress the boycott, the Government of the United States conceives it to be its duty no longer to pass unheeded this implication of double dealing against the Chinese Government, which, if true, gives evidence of an unfriendly attitude towards the United States.

I have the honor, therefore, to inquire whether the proclamation said to have been issued by the Chinese Consul General at San Francisco on July 13th, 1905, of which a translation is enclosed, is authentic, and if its authenticity be admitted, to demand its revocation. If its authenticity be denied, effective disavowal of the Consul General's act with no less authority than the original publication appeared to bear, and proper disciplining of the Consul General for his offensive act to remove the unfortunate effect which such a publication has necessarily exerted, would be indispensable if the two governments are to understand each other and be in a position to deal frankly and squarely with the situation.

Accept, Mr. Minister, the renewed assurances of my highest consideration.

ELIHU ROOT.

一一〇

抄錄美國外部大臣來電

○○大美國大伯理璽天德之意見定欲人深明中政府與美政府及
應照條約公法與住華美商同他項之美國人等有何舉動飭本部
轉囑某大臣即將以下之
諭旨轉送
貴親王切請中國政府作速詳酌
茲有數處確報各有憑證中國有仇視阻礙美國人利益之舉動遍
處傳揚中政府並未設有何成功力禁之善策睹此情形實係中
政府或不自量抑係特為委曲鼓舞各省官員漠視或所行仇美
之舉有時致美國人不能免受傷損迨至受損又無妥實辦法了
結以紓其怨中政府又不嚴飭該管地方官按本分辦理其有不遵
從之時或有錯辦之處從未見其參革現所有不合公理之黨常起

阻止條約所准商務特欲强美政府聽從其意此事或不嚴行示禁
或雖出示亦係面從心違事屬徒然各處仍顯有排外舉動本日聞
有南昌府閙教中國各處有警動之信令人疑將生亂雖有此情形
中政府則視爲安然似已忘庚子拳匪之亂現人皆知又有大官府
亦如庚子年體貼排外之情事至此時中國應布告欲行何法並應
照所欲行之法辦理美政府之意理當索請之件數端
大皇帝之諭旨理應治罪
立壓禁之令與賠償之法原出於國家地方官不過聽從照辦所以
美政府請中政府頒發此等
諭旨飭令當任督撫照辦違則革職又職微官小之員應即遵照如有
延忽須當重懲中美兩國之交涉根基即係互相誠實之輯睦惟
照以上所言數端辦理能使人相信必合乎篤睦之誼也
華盛頓一千九百零六年二月二十六號

重譯美使函遞美總統來電

謹將美國外務部大臣由華盛頓於西歷
一千九百六年二月廿六號致駐華使
臣柔克義電報譯呈
台鑒
美國伯理璽天德以中國政府對於美國及
美民之在中國循照約章公法經商或辦他
項事業者究竟如何看待之處必須將其真
情真意查詢明白此事最關緊要故特諭貴
欽差務將以下電文所開各節轉達
中國政府請煩查照施行
查中國看待留居中國之美人及有關美人
利益者處處留難不一而足確有證據近且
更甚中政府未嘗設法嚴行禁止而其各省
各縣地方官員雖皆存有慢視美人之心不
顧友邦情誼中政府亦非但不肯督率且若
有暗中使之然者以致美人美貨屢被損傷
事前既未防阻而事後賠償又往往得不償
失況中國國家不但並未認真嚴飭各地方
官認真辦理即地方官有辦理不善之處亦
未重為懲警且有明明違約通商貿易之事
竟有不法之徒羣起聚會多方阻擾意圖挾
制美國政府而中國政府往往任聽彼所欲
為即使間有出示曉諭其意義亦惟一味敷
衍無異不禁以致養成仇洋風氣而有今日

南昌鬧教之案現今中國四方消息頗不安
靖民間不逞之徒大有蠕蠕欲動之勢而中
政府置若罔聞一如全忘庚子之禍至於官
府仇洋亦如昔日到此地步中國須將治國
宗旨明白宣布實力遵守以消隱患而敦睦
誼茲將美國應請中國照行之數端如左
一中國政府應極力設法整頓以免庚子之
事復見於今
二凡有與仇洋匪類同情之大小官員從嚴
懲辦
三遇有美民被害苦主索償必須從優撫卹
其省中大吏與出事之地方官員失於保
護者必得懲辦
四如有聚會結黨阻擾貿易等事必須切實
諭禁地方官奉行不力者即行懲辦當遵
旨論
中國國家本有主權可以禁止百姓為非並
能設法導之以正蓋國家既有
諭旨地方官自不得不遵照辦理美國現請中國
國家須發
諭旨通飭各省責成督撫極力奉行否則撤任以
警至其餘地方官員若有遲緩遵辦之處尤
應嚴行懲辦不貸中國若能照以上各節認
真施行可見尚念友邦之誼而於兩國交道
大有裨益也

一一二

敬啟者上月二十三日肅布美字第九十八號函
計荷
堂鑒抵制美貨一事近聞滬粵一帶已漸寢息而此間
西報猶以華人仇美等詞時時登載揚波激流杯
蛇市虎於議院改例固增窒碍於兩國邦交亦多
影響正在設法遍說為我解說忽於二十一日接
美外部大臣路提來文以去年六月十一日駐金
山總領事鍾守寶信出有告示內載

鈞部電諭有華商抵制並未禁阻一語與駐京柔使
六月十四日所稱
鈞部允為禁阻各情大相逕庭揣為
鈞部有意欺飾言詞頗形激烈並謂如電諭果非冒
造亟須收回更正否則領事失察必須治以應得
之罪並譯送告示等件前來接閱之下實深詫異
卷查去年六月曾據該總領事函送
鈞部往來電稿二件並金山華字新報所刊領事告

示一分均與美外部譯送之件相符當時曾以該
總領事未曾稟商使館遽爾先行出示跡近鹵莽
轉念其奉有
部電關係緊要便宜行事情有可原故未深究殊不
料竟以此舉遽生交涉也惟是就事論事含糊固
有所不能剖斷亦微嫌不合若竟謂
鈞部未發此電則該總領事於出示業已馳電稟復
未必令其任咎且以

部電煌煌尤不敢强爲掩飾若竟允認收回則交涉
正酣先自氣餒外人益得持我之短長商民且將
失彼之信仰内外交困尤非長策思維至再竊以
抵制一事出自公憤我以文明大國斷無强施壓
力横加禁阻之理前奉
諭旨開導商民本無禁阻字樣歷次
堂函皆以開導勸解勿使生事爲辦法亦無禁阻之
意是該總領事所奉

電諭並未禁阻一語皎然

日月之明並非推宕之巧爲容妄爲解釋妄起爭端

惟非得確鑿可見之據不足以服其心不得明白

易解之詞不足以關其口因將前奉八月十九日

堂函所附與美使往還照會等件詳細繙閱反覆推

求查有美使七月初七日照復

鈞部文内始則引用

鈞部五月二十九日照會已電督撫實力開導之語

繼則以曾請
那堂憲轉求
邸堂電飭示禁未接復文為言夫既曰開導則非禁阻
可知既曰求飭示禁未接復文則我未允彼禁阻
可知此件照復係在七月初七日而柔使以我允
禁阻電彼外部係在六月十二日前後相距二十
四日我如已允禁阻則柔使七月初七之照復何
尚不滿於開導而催辦示禁耶且美外部早將告

示鈔咨稟使查詢至今尚未據實復文何故耶此我
始終並未禁阻之明徵即
鈞部電諭鍾總領事之非有意欺飾之明徵不過柔
使於
鈞部宗旨未曾詳察或誤以開導爲禁阻急於見好
故有六月十二之電而美外部遂據以爭執也識
特本此意先行備文照復請其將全案文件自行
查察毋得誤會而於前電之是非有無姑不遽下

斷語謹將與美外部來往照會各一件譯錄專呈
堂覽應請
邸堂列憲裁斷將是否仍照此義答復抑或別有機宜
之處迅賜
電示俾得遵照轉告美外部以釋羣疑而聯睦誼今
晨晤路外部亦謂兩國交誼素敦
鈞部誠信素著斷不疑其有他不過柔使電咨與頒
事告示大相逕庭不能不一查底蘊昨接貴大臣

復文其中實情已知八九日間即將照復鈔咨梁
大臣令其從實聲復矣默計此函到日梁使必以
此事相干尚乞
堅持婉折勿使狡賴仍請將來往文件
飭錄賜寄俾得接洽無任感禱專肅即希
代回
邸堂列憲迅賜核奪訓示施行是爲至荷敬請
均安 附鈔件漢洋文各一件 梁誠頓首
光緒三十二年二月初四日
美字第九十九號

附件一

照錄梁大臣與美外部路提往來……函稿

Copy.

DEPARTMENT OF STATE,
WASHINGTON.
February 14, 1906.

No. 69.

Sir:

On July 14, 1905, the American Minister at Peking, Mr. Rockhill, telegraphed to the Department the assurance given him by the Chinese Foreign Office that it had strongly urged the provincial authorities to restrain the boycott against American trade.

A few days later there was brought to the Department's attention a proclamation alleged to have been issued on July 13, 1905, by the Chinese Consul General at San Francisco in pursuance of instructions received by him from the Foreign Office of the Chinese Government. The text of the alleged instructions is incorporated in the proclamation, and, translated, reads as follows:

"The Chinese Exclusion Act of the United States is what Chinese merchants at all ports desire to retaliate against by means of a commercial boycott on American goods. The said boycott this Department has never at any time prohibited or obstructed. Just at this time, when negotiations are being carried on with the American Minister with the hope of removing the more oppressive laws, a public petition is received from certain Chinese in California, making the misstatement that our Department has prohibited our merchants from boycotting American goods, and furthermore making the threat in the words "A strong man will be employed to kill you," which is indeed wildly disloyal. We trust that you will issue

a

a proclamation immediately setting forth the facts of the situation clearly to the sojourning Chinese, to the end that they may not be influenced by idle rumors and thus be made to misunderstand us."

So inconsistent is the tenor of these instructions with the assurance given by the Waiwu Pu to Mr. Rockhill, that the Department was loath to give credence to their authenticity or to believe that the Foreign Office of a Government towards which that of the United States had ever manifested the friendliest sympathy, could be guilty of such duplicity.

It was in this spirit that the Department sent a copy of the proclamation to Mr. Rockhill on July 27th. Inasmuch, however, as more than seven months have passed by without eliciting any serious effort on the part of the Chinese Government to suppress the boycott, the Government of the United States conceives it to be its duty no longer to pass unheeded this implication of double dealing against the Chinese Government, which, if true, gives evidence of an unfriendly attitude towards the United States.

I have the honor therefore to inquire whether the proclamation said to have been issued by the Chinese Consul General at San Francisco on July 13, 1905, of which a translation is enclosed, is authentic, and if its authenticity be admitted, to demand its revocation. If its authenticity be denied, effective disavowal of the Consul General's act with no less authority than the original publication appeared to bear and proper disciplining of the Consul General for his offensive act to remove the unfortunate effect which such a publication has necessarily exerted, would be indispensable if the two Governments are to understand each other and be in a position to deal frankly and squarely with the situation.

Accept, Mr. Minister, the renewed assurances of my highest consideration.

(Signed) Elihu Root.

Enclosure: Translation of Proclamation.

PROCLAMATION.

"I, Chung, Consul-General, stationed at San Francisco, issue this proclamation to make clear the following matter.

"A proclamation cabled by our Foreign Office has just been received, reading as follows:

"'The Chinese Exclusion Act of the United States is what Chinese merchants at all ports desire to retaliate against by means of a commercial boycott on American goods. The said boycott this Department has never at any time prohibited or obstructed. Just at this time, when negotiations are being carried on with the American Minister, with the hope of removing the more oppressive laws, a public petition is received from certain Chinese in California, making the misstatement that our Department has prohibited our merchants from boycotting American goods, and furthermore making the threat in the words, "A strong man will be employed to kill you", which is indeed wildly disloyal. We trust that you will issue a proclamation immediately, setting forth the facts of the situation clearly to the sojourning Chinese, to the end that they may not be influenced by idle rumors and thus be made to misunderstand us.

"In pursuance of this I issue this proclamation, conveying the words of the cablegram for the information of all Chinese. We, of the Chinese Empire, ought all to recognize the fact that His Excellency Hwang of our Foreign Office has at heart the interest of our people sojourning abroad, that he has shown this interest for several years in the matter of the Exclusion Act, and at this very moment he is carrying on negotiations with the view of removing the more oppressive laws, and he has never at any time prohibited the boycott on

American

American goods. All this he has done for the only purpose of affording protection to the one hundred thousand odd of our Chinese people sojourning beyond the seas. Now comes along certain ignorant person or persons with a petition sent to the Foreign Office, containing on the surface elegant phrases, but as a matter of fact wildly disloyal language, relying upon the fact of his or their isolated residence beyond the seas, but forgetting the fact that they still have families in China.

"In view of the above this proclamation is issued for the information of all Chinese, in order that they may be fully acquainted with the beneficent institutions of our Foreign Office and that they may not misunderstand the situation through listening to idle rumors, whereby they may be seriously involved.

"K. S., 31st year, 6th month, 11th day."

(July 13, 1905).

Seal of Consulate.

COPY.

IMPERIAL CHINESE LEGATION,

WASHINGTON.

No. 69. February 24, 1906.

Sir:

I have the honor to acknowledge the receipt of your note of the 14th instant, in which you state, that, on the 14th of July last, the American Minister at Peking telegraphed to the Department the assurance given him by the Chinese Foreign Office that it had strongly urged the provincial authorities to restrain the boycott against American trade; that on the 13th of July the Chinese Consul-General at San Francisco, in pursuance of instructions from the Chinese Foreign Office, issued a proclamation of which your note gives the text; that the tenor of this proclamation seemed to lead to the belief on the part of your Department that the Chinese Foreign Office had been guilty of duplicity towards the Government of the United States; and that the attention of the American Minister at Peking had been brought to these facts, and although seven months had elapsed circumstances confirmed the implication of double dealing on the part of the Chinese Government. You, therefore, inquire of me whether the proclamation of the Consul-General is authentic; and, if found to be so, you demand its revocation, an effective disavowal of the act, and proper disciplining of the Consul-General for his conduct.

I regret to have to state in reply that I have no official information respecting the issuance of the

proclamation

Honorable Elihu Root,

Secretary of State.

proclamation or the authority for its publication. The usual practice of the Chinese Foreign Office is to communicate its instructions to the Consuls in the United States through this Legation. I have received no information from the Foreign Office respecting the proclamation which you quote, and I have communicated no instructions to the Consul-General on the subject. I am not, therefore, in a position to answer your inquiry. I will, however, transmit to the Waiwu Pu, without delay, a copy of your note, in order that I may receive information from that Department and its instructions, in view of the demands made in your note. I feel confident that the answer which I shall receive will remove from your mind the unfavorable impression which seems to have been created by Mr. Rockhill's telegram and the proclamation.

I might content myself with the foregoing reply, but for the peculiar tenor of your note. It is a grave act to convey to a friendly power an intimation of duplicity on its part, and this is seldom done except upon most conclusive evidence and under serious provocation. It is a deep grief to me that even a suspicion of such conduct is entertained by one whose acts have been marked by such cordial good will to my country, and whose intercourse with me has been characterized by such great friendship and sincerity. To one who has attained such high eminence in his profession and has devoted his life to a study of the force and value of evidence, it may seem almost impertinent in me to suggest that his own Department should contain facts which would vindicate my Government from the heinous offense implied in your note.

On the 1st of July last the Waiwu Pu addressed a

note

note to Minister Rockhill on the subject of the boycott of American goods. On the 7th of August, twenty-four days after Mr. Rockhill sent his telegram to the Department, he made a reply to that note. In his reply he quoted the language used by the Waiwu Pu on the 1st of July. It must be plain from an examination of Mr. Rockhill's note that the Waiwu Pu Continued to entertain up to the 7th of August the same views which were expressed in its note of the 1st of July. As quoted by Mr. Rockhill those views are as follows: -

"This Department has telegraphed to the Viceroys and Governors of the riparian and maritime Provinces to exhort in earnest the merchants and others, in order that they may give no other cause for complaint. But the Chinese merchants of different cities have started the movement to boycott American goods not without provocation. The cause of the trouble may be traced to the too rigorous enforcement of restrictive measures against Chinese subjects going to the United States and of the exclusion laws which have occasioned many annoyances to Chinese subjects. Now notwithstanding the treaty excluding laborers has lapsed by its own limitation, the exclusion laws are being still enforced. This has occasioned many annoyances to Chinese merchants, who have, therefore, started this movement. If your Government will relax the rigor of the exclusion laws and also conclude a satisfactory treaty relating to laborers, all this agitation will die down of itself."

I submit that there is no contradiction between the

note

note of July 1st and the proclamation of the Consul-General of July 13th. The note does not sustain the telegram sent by Mr. Rockhill to the Department on July 14th. It does not "strongly urge the provincial authorities to restrain the boycott", but it does sustain the declaration of the proclamation that the Waiwu Pu had not "prohibited or obstructed" it. It plainly defends the just foundation of the boycott, and only cautions the merchants not to carry the movement to the extent of creating provocation or violence. It also points out very distinctly the remedy for the boycott, which it states must come from the United States. Mr. Rockhill may have misapprehended the verbal assurances of which he sought to communicate the purport to the Department in his telegram of July 14th, but he could not have mistaken the full meaning of the views of the Waiwu Pu as expressed in its written communication of July 1st; for we find him combating those views in his note of August 7th, and seeking to obtain more positive action respecting the boycott. In the course of his argument, he says: "On July 24th I saw the President of the Foreign Office, Mr. Na, and spoke about the 18th of July, on which day certain Chinese befouled the American Consulate at Amoy with filthy matter, as being the date fixed for the boycott against American goods to become effective in Shanghai and Amoy. At the time, I urged your Government to issue proclamations strictly prohibiting the boycott where it had already become effective and also where attempts were being made to extend it, and to put a stop to what had been done. His Excellency Mr. Na agreed to consider the matter with Your Highness before taking action. But up

to

to this time no reply has yet been received; nor have I heard that either your Government or the local authorities have issued any proclamation or taken any other steps toward the suppression of the trouble at the proper moment."

It appears that Mr. Rockhill was partially successful in his effort. At least, further action was taken by my Government, as a decree from the Throne was issued on the 31st of August last. A translation of that Decree was handed by me to your Department, as stated in my note of November 28th. The preamble to this Decree sets forth that there is danger of the boycott becoming too violent; it recites the existence of negotiations and the expressed willingness of the American Government to accord to Chinese merchants, teachers, students, travellers, and others a favorable treatment, and to do its utmost to effect a just and amicable settlement when the Congress opens; and, in view of the friendly relations which have always existed between China and the United States and of the pending negotiations and promised legislation, it exhorts the people to await the result, and not to persist in the boycott to the straining of the friendly relations between the two countries. It directs the Viceroys and Governors to counsel and guide the people, to maintain order at all times, and, if bad people taking advantage of popular feeling create trouble, to visit them with severe punishment.

This Decree was issued six weeks after the proclamation of the Consul-General; and, if it conflicts with it or changes the attitude of the Chinese Government, it does not seem to furnish the basis of a charge of duplicity on its part.

In

In your note to which this is a reply, you say: "Inasmuch x x x as more than seven months have passed by without eliciting any serious effort on the part of the Chinese Government to suppress the boycott, the Government of the United States conceives it to be its duty no longer to pass unheeded this implication of double dealing against the Chinese Government, which, if true, gives evidence of an unfriendly attitude towards the United States."

This is severe language, and might justify some resentment on my part. But I content myself with saying that it seems to me your declaration involves what I believe your logicians term a false premise. I have no knowledge that the Chinese Government has ever undertaken, or promised the Government of the United States, to suppress the boycott; and, if it has not done so, your conclusion has no foundation. I have cited the action of the Waiwu Pu and the Decree of the Emperor. They certainly do not sustain your contention. In my note of the 28th of November last I took some pains to discuss the features of a boycott, and to state how far the Chinese Government could go and had gone in its efforts to restrain the boycott against American goods. As that statement has not been questioned by you, I do not deem it necessary to repeat it. After that exposition of the attitude of my Government, I respectfully suggest that you ought not to have labored under the impression that it had given an assurance of its intention to suppress the boycott. It had advised the people to suspend their action, and had undertaken to repress violence in connection with it. As I have stated

in

in my note, in execution of the Decree, the principal authorities have forbidden the holding of public meetings and the delivery of speeches for the purpose of arousing public sentiment on the subject. Besides this, they have so exercised their vigilance that, so far as I am informed, no injury has been done to American citizens or property. But they have exerted no coercion to compel their people to buy American goods, and I think I gave you good reasons why this could not be done.

In this connection, I desire to suggest that the attitude of my Government is quite in harmony with the views of His Excellency the President of the United States, whose exalted sense of justice and fair dealing has led him to speak in no uncertain tone on this subject. In his public address at Atlanta in October last he said: "The chief cause in bringing about the boycott of our goods in China was undoubtedly our attitude towards the Chinese who came to this country." And in his Annual Message to Congress he used this language: "In the effort to carry out the policy of excluding Chinese laborers, Chinese coolies, grave injustice and wrong have been done by this Nation to the people of China" * * * . Again he says: "The main factor in producing this boycott has been the resentment felt by the students and business people of China, by all the Chinese leaders, against the harshness of our law toward educated Chinamen of the professional and business classes." And in urging upon Congress a change in the exclusion laws as the remedy for the existing state of affairs, he made this declaration: "We cannot expect to receive equity unless we do equity." (President's Annual Message, December

5, 1905, pp. 41, 42.)

I think it will be found that my Government has pursued a frank and undisguised policy on this subject. With President Roosevelt it has recognized that the cause for the boycott originated and was maintained in the United States; and it looks to the United States to remove the cause and thus restore friendly relations between the two countries: but meanwhile it has adopted measures to prevent all violence or injury to persons or property. I shall be glad, Mr. Secretary, if you would indicate to me what more it can or should properly do, or what more your Government would do under similar circumstances, in application of the President's principle of equity.

I reciprocate to the fullest extent your assertion that the two Governments should understand each other and be in a position to deal frankly and squarely with the situation. In my note of the 28th of November I sought to lay before you the views of my Government respecting the boycott. If that statement comes short of your expectations, I shall be gratified to be informed of your views, and shall do my utmost to bring about an accord between us.

Accept, Sir, the renewed assurances of my highest consideration.

(Signed) Chentung Liang-Cheng.

附件二

光緒二月十三日 海字四百七十四号

譯件

照譯美外部路提致梁大臣文光緒三十二年正月二十一日 西一千九百六年二月十四日

為照會事。案查光緒三十一年六月十二日 一千九百五年七月十四日本部接駐北京大臣柔克義電稱：中國外務部切告以業經嚴飭各省官吏將抵拒美國交易之拜噶禁阻等因。經數日後，本部查得有中國駐金山總領事官接奉貴國政府外務部訓條於光緒三十一年六月十一日 一千九百五年七月十三日發告示一道，將所稱訓條原文載入。茲特照譯如下：

（照錄外務部寄鍾領事電）

美禁華工各埠華商以不銷美貨為抵制，本部並未禁阻。現正與柔使磋商冀除苛例，乃昨接旅金山華人公稟，誤謂本部禁止商民不銷美貨，且有僱遣壯士毆爾等之語，實為狂悖。希切實曉諭僑氓，勿聽謠言，以免誤會。外務部

查前項訓條與外務部切告柔大臣之言語氣逕庭若是之甚，本部不能信為真確，況我美政府所素表睦情之國，尤不信其外務部竟冒此等欺飾不韙之名。本部具有此意，故僅於上年卅一年六月二十五日 西七月二十七日將告示照錄一分寄交柔大臣查核。然抵制一事經閱七月有餘未聞貴國政府稍示實力嚴行禁遏，我政府實不能將貴國政府意存欺飾之事再置未問。蓋事如屬實，足為對我不睦之柄據也。是以本大臣將附呈中國駐金山領事七月十三之告示是否真確備文奉詢。如其確實，應請收回；如不確實，即須將該總領事此舉切實拒駁，不得較所出告示之力量有所減損，並將該總領事開罪之咎按例懲戒，以期將此等告示所生不幸之效一概解除。兩國政府既顧彼此相渝，按現在之情形行公平之交涉，則以上辦法實不可少。即希

貴大臣垂察，並頌

佳祉，須至照會者。

附鍾總領事告示譯文一件

為剴切曉諭事。現奉

外務部電諭：美禁華工各埠華商以不銷美貨為抵制，本部並

未禁阻現正與美使磋商冀除苛例乃昨接旅金山華人公稟
誤謂本部禁止商民不銷美貨且有僱遣壯士殺爾等之語實為
狂悖希切實曉諭僑氓勿聽謠言以免誤會等因奉此合亟照錄
部電曉諭華人知悉凡我華人均當仰見
外務部王大臣關心華僑數年來於美國禁約籌議再四現正
與美使磋商冀除苛例又未禁阻華商停銷美貨無非為我十
餘萬華民羈棲海外加意保護乃竟有無知愚民不諳事理冒
稱金山華人公稟寄呈
外務部稟内措詞實為狂悖是恃一身孤行於海外而不思室
家尚在内地也為此剴切曉諭俾華人咸知
外務部德意萬勿誤會謠言致干罪戾切切特示
光緒三十一年六月十一日示

照錄梁大臣復美外部路提文 光緒三十二年二月初二日 西一千九百六年二月二十四日
為照復事接准
貴大臣 中正月二十一日 西二月十四日 來文内開上年 中六月十二日 西七月十四日 駐京美公使電稱
中國外務部切告業已嚴飭各省官吏禁阻拜嗡美貨 中六月十一日 西七月十三日
中國駐金山總領事奉中國外務部訓條出示其語氣不同致
令本部疑中國外務部翻覆欺飾經行駐京公使查明此事迄
今七閲月按之現情足證中國政府有心欺詐用特諭明貴大
臣該總領事所出告示是否真實如果真實即須收回明駁其
事並按例懲戒該總領事不應之罪各等因本大臣於前項出
示一節及有無委權出示未得官報殊為抱歉查我國
外務部向章駐美各埠領事訓條均經由本使署轉發此次
來文所載告示一件本大臣既未奉
外務部咨行亦未飭知該總領事辦理是以本大臣不能遥行
奉答現擬即將
來文照錄一分轉咨我國
外務部查核按照
來文所索事理復示辦法本大臣深信咨復到後必能將柔大
臣一電及總領事一示所啟
貴大臣之不悦之心渙然解釋也以上答詞本大臣視為已足
然以
貴大臣來文語氣奇特又有不能不再為引伸其説者夫友邦
相接指為欺飾事誠嚴重苟非果有實據激動已甚殊不多見
也以
貴國對待我國和睦之誠久已共見而與本大臣相周旋又具

異常之友誼可信之真誠乃竟以此事見疑在本大臣實覺中
心慚愧
貴大臣以學術知名於時又於案件證據之關係輕重平生致
力本大臣今若妄贊一詞以為
來文所指我
政府之事應由
貴部自行證明雖不免近於鹵莽然事理固應如是也卷查上
年（中五月廿九日　西七月一日）我
外務部照會柔大臣曾論及拜嗇美貨之事柔大臣於電達
貴部後二十四日之久於（中七月初七日　西八月七日）始行照復其復文内有引
用（中五月廿九日　西七月一日）
外務部照會之語細閱柔大臣復文則（中七月初七日　西八月七日）以前
外務部仍持（中五月廿九日　西七月一日）照會之原議顯然可見茲將柔大臣照
復所引之語譯錄如下
本部已電知沿江沿海各督撫實力開導該商等當不至別
生枝節　查各埠華商建不購美貨之議誠非無因委以華
人赴美限制太嚴美國禁例又多與華人不便現工約屆滿
雖已作廢而禁例仍行該商等諸多未便是以倡為此議設
使貴國禁令從寬工約亦和平訂定則此風自能息絕
由此觀之則我
外務部去年（中五月廿九日　西七月一日）之照會與總領事（中六月十一日　西七月十三日）之告示並無觸
背之處矣前項照會與柔大臣（中六月十二日　西七月十四日）致
貴部之電所謂嚴飭各省官吏禁阻拜嗇者實不相符而與總
領事告示所稱
外務部並未禁阻一語則顯然相合且祇辨明不購美貨之原因亦僅以毋得藉
端生事警告商民而已而又明告挽救之方以為在乎美國以上各節載在照
會當可復按也柔大臣或於晤談之頃語意微有誤會遂據以電
聞亦未可知而
外務部宗旨之發見於（中五月廿九日　西七月一日）照會者筆之於書萬難誤會況柔大臣（中七月初七日　西八月八日）
照復亦曾駁詰此旨以對待拜嗇應更切實為請茲照譯其詞如下
在西七月二十四日本大臣面見那大臣曾言及西七月十八日廈門領事署華人
行汙穢事之時即係上海廈門約同實行不購美貨之日彼時本大臣又切請
貴國政府於已經實行之處又欲行開辦之處嚴行出示不准妄行其已行者
亟須停止那大臣允與貴親王商酌後方能照辦然至今並未接到復文且未
聞有貴國政府或地方官出何告示及他項辦法於合宜之時足可禁止生出
事端之力

自是之後桑大臣固足以告厥成功之半而我
政府適行切實勸解辦法遂於（中八月初二日 西九月三十一日）欽奉開導商民照常貿易之
諭旨經本大臣恭譯知照
貴部於上年（中十月初二日 西十一月二十八日）聲明在案恭繹
諭旨大綱以禁購美貨固有同認之公理而操持過激又成不測之禍階聲明現在議
辦條約情形以及
貴國政府已允優待華商及教習學生遊歷人等並允於議院開時盡力公平
妥辦之厚意又以中美交誼素厚工約正在議辦禁例亦允改良力勸商民聽
候效果不可堅持抵制致碍兩國邦交又令各督撫勸導商民永遠和平如有
莠民乘機煽亂即行嚴辦伏查
諭旨頒發之日係在總領事出示六來復之後果使顯有不符抑或我
政府改其宗旨斷不足為翻覆欺飾之罪案也
來文所稱經閱七月有餘未聞中國政府稍示實力嚴行禁遏我政府不能將
中國政府意存欺飾之事再置不聞蓋事如屬實足為對我不睦之柄據等語
其言詞之激烈足以使人生忿然本大臣就論理學推之
貴大臣所言實同虛空前提故〔置〕不介意耳蓋本大臣固未聞我國
政府有禁止抵制之事或以禁止允許
貴國之事既無此事則
貴大臣之斷案為絕無依據也我
外務部歷次辦法及
上諭大綱經本大臣一一聲告舉不能為
貴大臣議論之左証上年（中十一月初二日 西十一月二十八日）本大臣照會
貴部曾將抵制情形認真剖論並將我國
政府於禁阻抵制美貨一事實能辦到如何地步及業經辦到如何地步一切詳
陳既未蒙
貴大臣閱難自不必再行申述矣我國
政府宗旨既經宣告本大臣願進一言請
貴大臣勿以切告禁止抵制一層再縈
清念我國
政府所已行者勸諭商民抵制雖符公理亦須停止勿因抵制致生暴動各省
大吏懍遵
諭旨將鼓動抵制之聚會演說均已禁止以本大臣所聞地方官嚴切彈壓絕無傷
擾美國人民財產之事惟強迫商民購用美貨則萬辦不到本大臣業經將不
能強迫之故為
貴大臣言之矣總之我
帝國政府之宗旨實與

貴國
大總統之意見訢合無間
貴國
大總統公平待人德性堅定用能於議論此案不曾作一游移語請舉其上年西十月
阿蘭塔城演說之詞曰
中國禁銷我貨之原因首在我國待遇來美華人之感情
又舉其議院開會告文之詞曰
我因實行禁拒中國苦力勞工之故遂以不公不合加諸中國人民
又曰
中國禁銷美貨之原因實以中國學界商界以彼中曾受教育之專業人商業
人遭美例之苛待激成公憤遂由領袖諸人糾合而成此舉
其勸請議會以改良禁例為當事救急之圖則又曰
非我以公平待人不能望人以公平待我
見一千九百五年十二月五日總統議會告文第四十一四十二等篇
本大臣所可自信者我國
政府於抵制一案素行坦白共見推誠相與之政策久之必能共喻我國
政府以為抵制之因起於
貴國

盧斯佛大總統所見相同日盼
貴國解釋此因重結兩國之睦誼一面設法禁遏暴動不使
貴國人民物產或有損傷此則我國所日夕黽勉者也此外有可以盡力應行辦
理之處以及
貴國政府當如何再行舉辦期與
貴國
大總統平等之道相合儻承
貴大臣明白見示則幸甚矣至於
來文所稱兩國政府應彼此相喻按現在之情形行公平之交涉本大臣實有
同心本大臣上年（中十一月初二日 西十一月二十八日）照會曾將我國
政府對於抵制之意見明白奉告儻
貴大臣仍未滿意即希將
尊意示知本大臣必竭盡能力期收和衷之益為此照復即頌
佳祉須至照會者

一一三

敬啟者：本月初四日，肅上美字第九十九號函，計邀
堂鑒。美國工商部承總統諭修改華人入境章程一節，
經於正月十六日第九十七號函畧陳梗概。茲查
此項改正章程已經宣布，較之從前辦法頗有更
易。其最要者約有數端：一、裁去巴太連機量人之
制。巴太連機創自法國，以量重罪犯人，銖黍不差，
纖細畢具。工商部近年於華人出入口之區輒置
此機，量度身材，藉杜混冒，等平人於罪犯，蔑國際

而不顧久為華人所甚惡今竟截罷不用未嘗不差強人意一寬禁外人入口辦法禁外之人雖仍以二十年續約五項為限然所有從前一切苛章已經刪免此後祇憑執照查訊明確即許入境一限定查驗入境時間從前無論何項華人行抵美境扣留候訊動多淹滯今限一日訊明稟報工商部毋得再事延擱一將不許入境緣由通告華領事近五六年來金山等埠華人出入領事久不得

與聞寃抑雖多未由表白今允將不許入境情節通告則遇有寃抑儘可設法理論一假道分别辦法從前假道祇有工人無論何項華人一律以工人相待故學生商人因此受侮屢見疊出今旣聲明禁外諸人不在工人假道之列此弊不爭自絶細閱此項新章與原文大同小異本非愜心貴當之作然上列各節竟能一一更正未始非美總統嚴諭之力工商部通融之雅無如例章未改工黨

環爭行政一部事權有限於無可爲力之中示格外求全之道其爲有意轉圜已可概見聞裁撤木屋一層日間待問所落成即可實行至普行註册則須議院議准始能舉辦也特是議院闢門將四閱月日以車價開河稅則等事紛紛辯爭相持不決而於禁例一節置之不理論者謂議院與總統積不相能故往往直其所曲緩其所急以示反對之意而禁例議案尤足爲議院掎齕政府要結工

黨之利器言之未免過甚然亦非絕無根據也以

上各節即希

代回

邸堂列憲鑒核是荷專肅敬請

均安

梁誠頓首

光緒三十二年二月十二日

美字第壹百號

一一四

卅二年二月十六日

萬字四百九十五號

文

達十二

照會

大亞美理駕合衆國欽命駐劄中華便宜行事全權大臣柔　爲

照會事。茲接駐漢口美領事官文稱、漢口地方、有糾合數處商家會館、仍行聚集演說、力阻銷美貨之路、以爲抵制工約之計、又於該處市面、粘有勸人不買

美貨傳單並稱從前巡捕遵照地方官所囑見有所
貼抵制傳單立即撕去現今傳單可隨意粘貼即巡
捕亦不過問故本大臣即請
貴親王從速轉飭漢口地方官應遵
貴政府前次所頒之
上諭嚴禁如此舉動不准聚衆抵制並不准散貼傳單
是以必請設法查拏該處抵制爲首之人遵照
諭旨辦理在原

旨內有違則重辦之諭、今有如此舉動、若不嚴懲、似屬鼓
舞悖法之人致該衆膽愈壯嗣後更不能遵照
諭旨與官府示諭矣、本大臣確信
貴親王必將按所請照辦也、須至照會者、附洋文

右　照　會

大清欽命全權大臣便宜行事軍機大臣總理外部事務和碩慶親王

一千九百陸年叁月初拾日
光緒叁拾貳年貳月拾陸日

一一五

卅一年二月廿日　薑字六百八號

建七

照會

大亞美理駕合衆國欽命駐劄中華便宜行事全權大臣柔　為

照會事，茲據駐福州美領事官文稱，西三月三號以

前之禮拜內在福州地方有集衆聚會，特意鼓動衆

民不買美貨以為抵制工約之舉。聚集時彼等有將

美商所印各布上之商標牌號及原粗布與機器麪
粉袋之標號種種，勸人若有印此美商標之貨物，勸
人勿買等因。
貴親王確悉此等舉動係背數次
大皇帝所降之諭，是以本大臣必請
貴親王查照，迅速嚴飭該地方官，立即將聚集爲首
之人查拏，照例懲辦可也。爲此照會，須至照會者。附送洋文
右　照　會
大清欽命全權大臣便宜行事軍機大臣總理外務部事務和碩慶親王
一千九百陸年叁月拾肆日
光緒叁拾貳年貳月貳拾日

一一六

考工司

呈為照復事光緒三十二年二月十六日接准

來照以駐漢口美領事官文稱漢口地方有糾合數處商家會館仍行聚集演說阻銷美貨以為抵制工約之計又於該處市面粘有勸人不買美貨傳單並稱從前巡捕遵照地方官所囑見有所貼抵制傳單立即撕去現今傳單可隨意粘貼即巡捕亦不過問請從速轉飭漢口地方官應遵

上諭嚴禁如此舉動不准聚衆抵制並不准散貼傳單請

貴政府前次所頒之

諭旨設法查拏該處抵制為首之人遵照辦理等因前來當經本部電達湖廣總督嚴行查禁去後茲准電復飭據江漢關道查復去年五月間各埠

華商抵制美貨漢鎮商民亦有借公所演說私貼傳
單等事當經示諭解散九月間美領事照送揭得街
墻所貼不進美貨圖說及禁撥煤油兩事冬月間英領
事函稱有人揭帖阻撓英美煙公司出售紙煙一事均
經隨時出示嚴禁並恭錄
諭旨曉諭禁止各在案嗣後漢鎮各商均照常貿易刻下如
美孚火油花旗布疋等一切美貨均甚暢銷其無人禁
阻可知並據各商幫在商務局結稱以後不敢有違
諭旨致滋交涉等語現仍嚴飭廳局隨時勸諭如再有
痞徒倡議生事即行查禁究懲除嚴飭道廳隨時
查禁外合先電達等情相應照復
貴大臣查照可也須至照會者

美柔使

光緒三十二年三月　日

一一七

欽差出使美秘古墨國大臣梁 為

咨呈事竊光緒二十年中美續定禁工條約所有華人來美應領護照由各海關監督給
發並經楊前大臣擬定護照款式咨呈
貴部轉行遵辦在案現在舊約已廢新約未定此項護照暫仍行用近日商人學生遊歷
執領來美尚無留難等事查遊美各項華人閩廣一帶實居多數自粤海關事務改
歸兩廣總督兼管從未聞有賄賣朦領等弊其辦法之完密已屬無可訾議前
閱美國工商部册載近三年華人來美者五千餘人離美復回及生長美國約居其半
其餘二千餘人皆係領有護照而檢查使署近三年卷宗閩粤兩省咨送發照人數僅
得五百餘名數目大相懸絶當係港澳等處華人領照不盡由中國官員給發不問可知
縱有朦冒斷不能代為任咎不料美總統以下猶時以中國官員含混給照為言業經本大臣

隨時駁正前數日下議院紳田貝竟謂中國官員賄賣假照每年以千數計因以致富不知凡幾等語任意譏評絶無倫理雖議院私談未便執以相責而此等讕言既關友邦名譽且礙改例問題不能聽其起滅致淆觀聽本大臣特將案卷册報各數列表比較繕函報館切實更正底蘊既昭謬論自息惟是華人領照向稱利藪為日稍久弊病易生與其稍露瑕疵授外人以口實何如先自整頓全固有之令名謹按現在情形擬發照章程辦法十一條另摺開列送請

貴部詧核轉咨各省一律照行以肅紀綱而重交涉除咨

商部外為此咨呈

貴部謹請察照施行須至咨呈者　附清摺

右　咨　呈

外　務　部

光緒叁拾貳年叁月　拾柒　日

一一八

商部為咨呈事接准駐美梁大臣咨稱光緒
二十年中美續定禁工條約所有華人來美
應領護照由各海關監督給發並由前楊大臣
擬定護照款式咨呈外務部轉行遵辦在案
現在舊約已廢新約未定此項護照暫仍行
用惟是華人領照向稱利藪為日稍久弊病
易生謹按現在情形擬發照章程辦法十一條
送請轉咨各省一律照行等因前來本部已抄
録梁大臣咨送清摺通行沿江沿海各省轉飭

華商遵照相應咨呈
貴部查照可也須至咨呈者
右咨
呈
外務部
光緒叁拾貳年閏肆月 初玖 日

附件

謹將擬定給發來美護照章程辦法十一條列摺呈請
鑒核

一護照填寫華洋文及領照人簽名各節均照向章辦理
一護照填後送交美領事簽名蓋印一切仍照向章辦理
一護照內洋文各條應由發照處委員按照華文譯出商妥美領事填入不得參差歧誤
一護照須編列號數以便稽查
一護照須用堅細洋紙印花尤貴清楚以杜假冒
一護照宜改用三聯式正照交領照人收執副照寄駐美使署備案存根留發照衙門存案
一所有副照存根均須與正照一樣填註明白不得遺漏錯誤
一護照紙邊須由發照委員蓋用銜名圖戳以專責成

一發照之日即將副照寄交駐美使署以便照料入境

一領照擔保人資格須限下開七項人等此外不得妄充

公正紳士 有差缺官員 官立高等以上學堂 官許私

立高等以上學堂 商會 銀行銀號 著名行鋪非著名者不在此例

一所有未盡事宜應隨時增改

一一九

儿

欽差出使美秘古墨國大臣梁　為

咨呈事案照禁外各項華人赴美由中國出口應由各海關監督等官按照美例第六款辦法發給護照執持前往以為例准入美之據歷經照辦有案惟此項華人赴美由別國出口者應由何項官員發給執照迄未指定以致行人裹足諸多不便前有學生由南斐洲來坡士頓持有該處總領事劉道玉麟所發護照關吏以該總領事非中國授權給照之人堅不承允經本大臣商准美工商部並電飭坡士頓領事權行認保登岸仍俟取具合例護照補送備案昨准美外部來文請將禁外華人由別國來美應由何項官員給照早日指定通告各處以便憑認本大臣當與磋商議定辦法凡禁外華人由別國來美應由中

國駐紮公使或代辦公使或總領事或領事官按照美例第六款執照款式詳細填給送交美國公使或領事官簽印即作例准來美之據其無中國公使領事地方即由美國公使領事按例給發所有前項官員授權給照緣由應由中國外務部照會駐京美使歸報政府並由外務部咨行駐美華使照會美外部轉行工商部立案本大臣竊念華人近年由歐洲南中美洲及日本暹羅等國來美者日見增多每因護照違式輒生阻滯留難之事今既由美政府允願照此辦法以後有章可循不至再滋歧誤未始非利便行旅之道理合備文咨呈貴部請將中國駐紮各國公使領事業經授權准發此項護照緣由照

會桑使咨行各駐使劄飭各領事一體查照辦理仍請咨復本大臣知
照美政府備案為此咨呈
貴部謹請詧照施行須至咨呈者
右 咨 呈
外 務 部
光緒

拾貳
日

一二〇

咨

呈

欽差大臣太子少保全權大臣參預政務大臣會辦練兵大臣督辦電政大臣鐵路大臣兵部尚書都察院右都御史辦理北洋通商事宜直隸總督部堂袁　為

咨呈事。據津海關道梁敦彥稟稱：竊奉札開，閏四月初九

日准

商部咨開：接准駐美梁大臣咨稱：竊光緒二十年中美續

定禁工條約所有華人來美應領護照由各關監督給發

並經前楊大臣擬定照式咨

外務部轉行遵辦在案現在舊約已廢新約未定此項護

照暫仍行用惟是華人領照向稱利藪爲日稍久弊病易

生謹按現在情形擬發照章程辦法十一條送請核咨各

省一律照行等因前來本部查核所擬赴美給照章程辦

法係爲嚴杜假冒以便稽查起見沿江沿海各省華商領

照赴美者頗不乏人相應抄録梁大臣咨送清摺咨行查

照轉飭出示曉諭各華商一體遵照可也等因准此除分
行外札道遵照示諭各華商一體知照計抄單等因奉此
職道遵查中美續定禁工條約所有華人赴美應領護照
擬定照式經亂毀失無從查悉兹蒙前因除將奉發章程
示諭各華商一體遵照外理合稟請俯賜轉咨將前項照
式飭發下道以便刊印備領實為公便等情到本大臣據
此除分咨外相應咨呈
貴部謹請查照將前項照式抄錄咨復以便轉飭遵辦施

行須至咨呈者

右咨呈

外務部

一二一

考工司

呈為咨復事光緒三十二年五月十二日准
咨據津海關道梁敦彥稟奉札開商部咨准駐
美梁大臣咨稱光緒二十年中美續定禁工條約
所有華人來美護照應由各關監督給發並經前
楊大臣擬定照式咨外務部轉行遵辦在案現
舊約已廢新約未定此項護照暫仍行用按現
在情形擬發照章程辦法十一條送請核咨各省
一律照行等因相應鈔録梁大臣咨送清摺咨
行查照轉飭出示曉諭各華商一體遵照等因准
此札道遵照職道遵查前項照式經亂毀失理
合稟請轉咨將前項照式飭發下道以便刊印

備領等情到本大臣據此應請查照咨復等因前來查梁大臣所擬赴美給照章程原為嚴杜假冒便於稽查起見惟本部於上年五月曾准南洋大臣來電以賽員學生待照甚亟暫由滬道通融與美領商妥繕給新照該照究係何式未據咨送到部茲准前因除電南洋大臣迅將上年所用照式送部核辦外相應鈔録楊大臣舊照式樣咨行

貴大臣查照轉飭津海關道酌核辦理可也須至咨者 附照式

北洋大臣

光緒三十二年五月 日

一二二

欽差大臣太子少保[illegible]大臣參預政務大臣會辦練兵大臣督辦電政大臣鐵路大臣直隸總督部堂袁
頭品頂戴[illegible]大臣兵部尚書都察院右都御史辦理北洋通商事宜[illegible]　為

咨呈事。據山海關道梁如浩申稱：光緒三十二年閏四月十

九日奉憲台札開：准

商部咨開：接准駐美梁大臣咨稱：竊光緒二十年中美續定

禁工條約所有華人來美應領護照由各海關監督給發並
經前楊大臣擬定照式咨行
外務部轉行遵辦在案現在舊約已廢新約未定此項護照
暫仍行用惟是華人領照向稱利數為日稍久弊病易生謹
按現在情形擬發照章程辦法十一條送請核咨各省一律
照行等因前來本部查核所擬赴美給照章程辦法係為嚴
杜假冒以便稽查起見沿江沿海各省華商領照赴美者頗
不乏人相應抄錄梁大臣咨送清摺咨行查照轉飭出示曉

諭各華商一體遵照可也等因到本大臣准此除分行外合行札飭札到該道即便遵照示諭各華商一體知照計抄單等因奉此查職署自遭庚子兵燹案卷燬失無存所有二十年中美續定條約華人赴美領照向章暨楊大臣擬定照式應請補發一分以便遇有起照之人由職道查照新舊章程並護照定式辦理除遵飭轉行各屬暨出示曉諭外理合申請查核俯賜飭發向章照式實爲公便等情到本大臣據此查此案前據津海關道來稟業經咨請

貴部查照將前項照式鈔録咨復以便轉飭遵辦在案兹據
前情相應咨呈
貴部謹請查照辦理須至咨呈者

右　咨　呈

外　務　部

光緒

月

考工司

呈為咨行事光緒三十二年五月二十三日准

咨據山海関梁道申稱職署自遭庚子兵燹案卷

燬失所有中美續定條約華人赴美領照向

章擬定照式應請補發一分以便遇有起照之人

由職道查照定式辦理等情本大臣據此查此案

前據津海関道來稟業經咨請貴部將前項照

式鈔録咨復在案茲據前情應請查照辦理等

因前來本部查前准

來咨業經於本月十九日鈔録舊照式樣咨復在

案茲准前因相應再將照式鈔録一分咨送

貴大臣查收轉給可也須至咨者附照式一分

北洋大臣

光緒三十二年五月　日

楊大臣原送照式存二十三年三月二十九日陸字第七百三十四號到文內

此項照式共抄兩分一分咨送北洋一分存堂字第卄四號稿內 卅二年五月十九日記

護照式

附件一

護照

大清官銜 字第 號 爲

給發護照事茲有華人 將前往美國查得其人

確非工作等輩爲此相應按照西歷一

千八百八十四年七月五號美國議院增修西歷一千八百

八十二年五月六號華工新例第六款內開章程發給華洋

文護照俾有不在禁內准往美國之據茲將該人姓名年貌

身材詳細開註於後仰煩

美國稅關查照驗放可也須至護照者

計開

姓名 年歲 身材 面色

異相 事業 職銜 住址

右給華人 收執

光緒 年 月 日給

附件二

請將華人赴美護照稿檢查一閱

和司啓

上司諸兄鑒

卅三年七月初二

一二四

上

卅二年六月十一日 錄字三百廿九號

六月十三

照會

大亞美理駕合衆國欽命駐劄中華便宜行事全權大臣柔 為

照復事西七月三十號接准

照稱以准出使美國梁大臣文稱禁外各項華人赴美

由别國出口者已與

美政府議定應由中國駐劄公使或代辦公使或總領事或領事官按美例第六款執照款式詳細塡給送美國公使或領事官簽印即作例准來美之據其無中國公使領事地方即由美國公使領事按例發給所有前項官員授權給照緣由請照會美國駐京大臣歸報政府並咨行駐美華使照會美外部轉行美工商部立案等語除已咨復出使梁大臣轉達備案外照請本大臣報告本國政府查照等因本大臣茲已閱悉按照所請轉達本國政府矣相應照復

貴親王查照須至照會者、附送洋文

右　照　會

大清欽命全權大臣便宜行事軍機大臣總理外務部事務和碩慶親王

一千九百陸年捌月初壹日

光緒叁拾貳年陸月拾貳日

一二五

大亞美理駕合衆國欽命駐劄管理全權事務大臣固　為

照會事。西本年七月三十號，

貴親王照會

柔大臣云：准駐紮美國梁大臣文稱，禁外各項華人赴美，由中國

出口，應由各海關監督等官，按照美例第六款辦法，發給護照，執持前

往，以為例准入美之據。歷經照辦有案，惟此項華人赴美由別國出口者，

應由何項官員發給執照，迄未指定，以致行人裹足，諸多不便。昨准貴國

外部來文，請將禁外華人由別國來美，應由何項官員給照，早日指定

通告各處，以使憑認。本大臣當與議定辦法，凡禁外華人由別國來美，應由中國駐紮公使或代辦公使或總領事或領事官按照美例第六款執照款式詳細填給，送交美國公使或領事簽印，即作例准來美之據。其無中國公使領事地方，即由美國公使領事按例給發。所有前項官員授權給照緣由，應由中國外務部照會美國駐京大臣歸報政府，並由外務部咨行駐美華使照會美外部轉行工商部立案等因。

貴親王請

柔大臣報告美國外部查照辦理，已照所請轉達本國政府，茲接本國政府
訓條，行囑本署大臣轉達
貴親王知照，駐紮美國中國欽使所擬，凡禁外華人由他國來美，應由駐紮該
國中國公使或代辦公使或總領事或領事官照所應得之執照，填給之辦法，
本國外部向未允准，按本國政府之意，不應將此權交與若許多數之官，抑且
不便，因多處所發之執照，難於証驗，恐臨時繁雜混亂，諸多煩擾，若該華
人係屬他國之民，該執照必係他國所發，並非中國官所給，如該其出洋游歷
之人係中國民赴美，彼等應於其行經地方，向中政府指定之官領所得應

得之執照、無所畏難、不應於華人所能出之他國各海口派員給照、此係不甚便
當、故須在各他國某處指派官一員給發、或係在每國中各擬定一類之官數
員填給、再本國政府向未允從、今亦未能照准駐美中國欽使所云、無中
國公使領事地方、即由美國公使領事按例給發之語、此項執照、按照美國
律例、使署官員或領事官應簽印驗証、故不使使此等官員給照、復使其
自行簽字蓋印為驗証、所以本署大臣請
貴親王按上云之理在
貴國所視為應當之地、指定數位合理發照之官、本署大臣必再聲明本國

政府所盼、即係

貴國政府、不將此等權限交過多官員掌理、庶免擾亂可也、須至照會者、附送洋文

右　照　會

大清欽命全權大臣便宜行事軍機大臣總理外務部事務和碩慶親王

一千九百陸年十一月初叁日

光緒叁拾貳年玖月拾柒日

一二六

庶務司

呈爲咨行事本年六月二十七日准美柔使來函以中國律例

中有何條載明出入國籍本國外部囑詢事件六節請見

復等因當經本部於七月初九日咨行

貴大臣查照核復在案現美使復催詢此事相應咨行

貴大臣查照前咨酌核聲復以憑轉復該使可也須至咨者

法律大臣

光緒三十二年九月　日

一二七

修訂法律大臣為咨覆事據外務部咨稱前准美柔使來函以中國律例中有何條載明出入國籍本國外部囑詢事件六節請見復等因當經本部於七月初九日咨行貴大臣查照核覆在案現美使復催詢此事相應咨行貴大臣查照前咨酌核聲復以憑轉復該使等因前來查中國數千年來閉關自守從未與外國交通故向無國籍之説即海通以後

凡民户之移徙外洋者其如何管理亦並未
輯有專條現在民法尚未成立一切咸無依據前奉
貴部來文以美使查詢國籍事件六節咨令
查明核復本大臣以國籍出入中國律例既
無明文當即飭令館員調查東西各國成法
妥為議訂惟事關重要非旦夕所能定議茲
准前因本大臣未便率復應俟考查明晰詳
慎訂定後再行咨呈

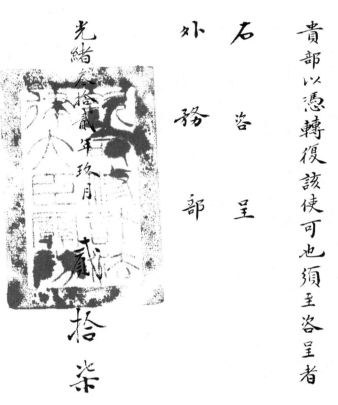

貴部以憑轉復該使可也須至咨呈者

右咨呈

外務部

光緒叁拾貳年玖月 貳拾柒 日

一二八

考工司

呈為照會事光緒三十二年九月十七日接准

来照以華人由别國赴美應由中國駐紮各國公使

或代辦公使或總領事或領事官發給護照一事

本國外部尚未允從請貴親王指定数位合理發

照之官等因本部正核辦間接據駐紮

貴國梁大臣函稱

貴國外部請將授權給照之公使代辦總領事領

事等銜開列清單聲明駐紮何國俾便考查

等語除由本部將現在駐紮各國公使代辦總

領事領事商務委員各官缺開單咨由梁

大臣照送

貴國政府作為有權給發執照並嗣後續派隨時
知照外相應開列清单照送
貴署大臣查照可也須至照會者 附清单
美國署使
光緒三十二年玖月 日

附件

茲將現在駐紮各國公使代辦總領事領事商務委員各官缺開單列後

公使共十員

大清國欽差駐紮美國大臣
駐紮英國大臣
駐紮法國大臣
駐紮德國大臣
駐紮俄國大臣
駐紮和國大臣
駐紮比國大臣
駐紮義國大臣
駐紮奥國大臣
駐紮日本國大臣

代辦共五員
駐紮日斯巴尼亞代辦
駐紮葡萄牙代辦
駐紮墨西哥代辦
駐紮古巴代辦
駐紮祕魯代辦

總領事共六員
駐紮南斐洲總領事
駐紮韓國總領事
駐紮星加坡總領事
駐紮小呂宋總領事
駐紮横濱總領事

駐紮金山總領事
領事官共十員
駐紮紐約領事
駐紮檀香山領事
駐紮神户領事
駐紮長崎領事
駐紮仁川領事
駐紮元山領事
駐紮釜山領事
駐紮甑南浦領事
駐紮嘉里約領事
駐紮檳榔嶼副領事
商務委員一員
駐紮海參崴委員

一二九

考工司

呈為照復事案查華人由別國赴美應由駐各國公使

或代辦公使或總領事或領事官有權給發執照一事本月

初五日接准

來照以日本與韓國發照員數應須酌減每國只須有

一員為已足等因當經本部電行梁大臣與

貴國外部商辦去後茲准電復遵商

貴國外部日本由駐日公使或代辦韓國由總領事發

照等語相應照復

貴大臣查照備案可也須至照會者

美莫署使

光緒三十二年十月　日

一三〇

敬啟者十月二十八日肅上美字第壹百貳拾柒號
函計荷
堂鑒上年商民拒約抵銷美貨一事美政府藉詞恫喝有
商務損失責我賠償等語疊經誠與彼外部往返駁
論經兩年之久每次照會輒萬數千言在彼則內迫
國會之衆議外爭國際之體面在我則發明公理之
是非分晰責任之界限皆處不得不爭之地同有不
能不爭之勢是以彼我相持不肯相下誠於本年八

月二十五日復答該外部照會一件經於九月初四
日美字第壹百貳拾叁號函錄呈
冰案初以為該外部必當續有來文賡續辯難乃九月
二十九日接其復文則以毋庸駮詰等語支離敷衍
陽作堅持到底之詞陰示知難而退之意則凡索償
等事諒不重復提及自應趁勢收帆了結此案庶不
至逼人太甚有損感情所有來文一件照譯附呈用備
詧核並紓
廑系即希
代回
邸堂列憲鑒核為荷專肅敬請
均安
制梁誠頓首
光緒三十二年十一月十五日
美字第壹百貳拾捌號

附件

附件　正月廿一日　官字四百九十七號

譯件

照譯美外部路提復梁大臣文 光緒三十二年九月二十九日 西一千九百六年十一月十五日

為照復事接准

貴大臣 中八月二十五日 西十月十二日 來文於拒約抵制一事有礙美國商務各

節及

貴國政府從中利用各情一一力為剖白本大臣經將來文

辯論諸端以及

貴大臣 光緒三十一年十一月初二日 一千九百五年十二月二十八日 光緒三十二年二月初二日 六年二月二十四日 歷次來文連同

參觀實不能使本大臣於

貴國政府贊助拒約之感情與禁阻實行拒約之事獨表

同意且

來文所持見解既不足為拒約辯護亦不足以將

貴政府之政策强作公平或無俟本大臣逐層詰駁苟必

須詰駁固可按照本大臣本年 中閏四月初六日 西五月二十八日 照會聲明各

層廣為推演也須至照復者

一三一

考工司
呈爲咨行事案查華商赴美發照一事光緒
三十二年十二月初六日接准
咨稱據洋務局詳稱華人赴美應給護照
閩省前奉前憲台裕飭局刷印空白凡遇各府
州縣請照之人均令赴局請驗照章填用並將
護照刊例三聯单式編列號數填列監督官
銜俟請照時飭繙譯詳細譯送並令公司詳
查該民人籍貫事業明白確切擔保取結邀
同赴局驗明身材尺寸照章填給並將照邊
加蓋發照委員銜名圖戳呈請閩海關監督蓋
印照送駐劄福州美領事簽字蓋印發局
交公司轉給承領等情據此應將華洋文
三聯单式護照呈送咨請察照立案施行等
因前來正核辦間復准美柔使照稱接駐
厦美署領事官電稱該處署厦門道於赴
美華人發照事不按所定自行查驗請照
人情形面發執照之規則辦理乃備空白執
照轉經巡警署填給等因貴親王確悉如此
辦法係背定章前數日曾派本館漢務衛

參贊達知貴部現閩省又不按章發照彼
時貴部答以已咨行福州將軍飭其詳細
查照章程轉飭厦門道按照自行發給云
云茲據以上電云該道實係不遵飭囑是
以本大臣即請貴親王再飭該道務須確遵
定章照辦並囑其發照時須直接面給請
領之人庶免一經到美因所執之照非係按章
發給轉致為難等因查此事於本年十一
月間接准美柔使來照，當經本部以嗣後
發給華人赴美執照仍應照向章辦理無
庸由溥安公司代領等語咨行
貴督在案茲復准該使照稱前因相應
咨行
貴督查照前咨轉飭該道於發照時務須
直接以符向章而免流弊並希聲復本
部以憑轉復該使可也須至咨者

閩督

光緒三十二年十二月　　日

一三二

欽差出使日本國大臣兼管游學生總監督楊　為

咨呈事竊據駐紮横濱總領事吳仲賢申稱光緒三十三年正月二十二日查有華民在美國達柯太輪船充水火夫役共二百一十三名因船在口外觸礁沈没由别船救護登岸職道當與美總領事米拉面商據稱該水手等遠涉重洋猝遭險厄情殊可憫囑令輪船公司代理人電懇美輪船總公司量為資遣以紓困難及美公司覆電堅以仍照定章辦理未便更張為詞職道揣思此二百餘人均屬粤籍且在香港受僱若任其久留於此恐别滋事端致成交涉而資送回籍則人多款鉅殊費

躊躇遂迭向美總領事磋商以該船為美國之產該水手等為美國之用何能以遇險而置諸度外因由美總領事電請美政府格外從優遣回香港俾免流離異域旋接美政府覆電允准乃於正月二十八日由職道督率該水手等二百一十三名全數下船查此次水手等在濱逗遛七日膳宿之費一千三百八十四元五角另回香港船費二千九百八十二元均由美總領事支給在該水手等雖受美船所僱而叨此特別利益實由美總領事特電美政府力求始克臻此現此案已為完結理合將詳細情形申呈憲台察核等情前來查此事如是辦理洵由美國總領事

篤念邦交體卹災民所致除由本大臣致謝外相應咨呈

貴部謹請察照備案須至咨呈者

右咨呈

欽命外務部

光緒三十三年二月初九日

一三三

咨駐美周代辦梁大臣所送華人赴美護照格式已分別咨行由

行 行

左侍郎聯 五月廿一日 行

右侍郎汪 五月廿一日 行

考工司

呈為咨行事。光緒三十三年五月十六日接准前駐

美梁大臣咨送酌定華人赴美護照格式五十張，

除由本部分別咨行各國出使大臣並札行駐

韓總領事暨海參崴委員一體查照辦理

外，相應咨行

貴代辦查照可也。須至咨者。

駐美周代辦

光緒三十三年五月 日

一三四

考工司

呈為咨行事光緒三十三年六月十九日准美國柔使照稱

據駐廈門美領事文送福州將軍兼閩海關監督所出示諭

內云出使美國大臣梁來咨以廈門發給赴美護照並不認真

查考弊竇滋多請飭禁止該示又云嗣後廈門護照即行

停給應照章統歸閩海關衙門給發云云查一千九百零六

年五月三十號照會本大臣聲明已飭廈門道徑給等語本大

臣當已直達本國政府有此辦法西上年十二月十八號本大臣

又照會謂福州將軍違章准一無權力之保安公司代其發

照以致禁內華人不能在廈得有護照者特往福州由保安

公司請照以其有可得此照之弊若有廈門華人欲赴美國

其是否在禁內外之人在福州難以考查西本年六月一號

又照復本大臣所聲明請於發照時直接而給請領之人經貴
部已咨行辦理既有美政府與中政府同允廈門道發給
護照何以福州將軍擅行出示改此辦法致使人疑廈門道
發給護照係屬不按章程且該將軍於五月二十九日出此示
諭尤為奇異緣五月初十日已奉
諭旨嗣後閩海關稅務著改歸閩浙總督兼管欽此由此觀之
二十九日該將軍已無權出此示諭是以本大臣請行囑福州將
軍將該示諭撤銷並請分飭海關監督按照已准辦法准
廈門道發給此項護照等因前來查華人赴美執照迭
經本部於上年十一月十二月先後咨行前署督轉飭廈門
道照章辦理並於發照時務須直接等情在案茲該使照
稱前因相應咨行

貴督查照前咨仍飭遵照辦理以免歧異並即聲復

以憑轉復該使可也須至咨者

閩浙總督

光緒三十三年七月 日

一三五

頭品頂戴陸軍部尚書銜都察院都御史閩浙總督兼福建巡撫事閩海關印務兼署鎮閩將軍松　為

咨復事本年八月初九日據閩海關務處詳稱本月初一日奉憲台

札開本年七月十四日承准

外務部咨開光緒三十三年六月二十九日准美國柔使稱據駐廈

美領事文送福州將軍兼閩海關監督所出示諭內云出使美國

大臣梁來咨以廈門發給赴美護照並不認真查考弊竇滋多

請飭禁止該示又云嗣後廈門護照即行停給應照章統歸閩海關

衙門給發云云查一千九百零六年五月三十號照會本大臣聲明已

飭廈門道逕給等語本大臣當已直達本國政府有此辦法而上年

十二月十八號本大臣又照會謂福州將軍違章准一無權力之保安公

司代其發照以至禁內華人不能在厦得有護照者特往福州由保安公
司請照以其有可得此照之弊若有厦門華人欲赴美國其是否
在禁內外之人在福州難以考查西本年二月一號又照復本大臣所
聲明請於發照時直接面給請領之人經貴部已咨行辦理既有
美政府與中政同允厦門道發給護照何以福州將軍擅行出示
改此辦法致使人疑厦門道發給護照係屬不按章程且該將軍
於五月二十九日出此示諭尤為奇異緣五月初十日已奉
諭旨嗣後閩海關稅務著閩浙總督兼管欽此由此觀之二十九日該將
軍已無權力出此示諭是以本大臣請行囑福州將軍將該示諭撤
銷並請分飭海關監督按照已准辦法准厦門道發給此項護

照等因前來查華人赴美執照迭經本部於上年十一月十二月先後
轉飭廈門道照章辦理並於發照時務須直接等情在案茲該使
照稱前因相應咨行查照前咨仍飭遵照辦理以免歧異並即聲
復以憑轉復該使可也等因到本部堂承准此查前項執照既准
外務部咨行前因自應照辦唯前准
農工商部行令收費應即由道照章收取按月彙解關務處
核收造報並造冊通報備查以昭妥協除分行外合行飭遵為
此札仰該處即速遵照先今
部指辦理仍將遵辦情形叙詳請咨等因奉此查華人赴美
護照既奉

外務部行准廈門興泉永道給發自應遵照辦理所有應用華洋文三聯護照照邊加蓋發照委員戳記以及前奉
農工商部行令收費章程至金山大埠者每照繳費四十六元至小呂宋檀香山者每照繳費二十三元一律照收均應按照本處辦法辦理該道所發護照應即填寫該道銜名蓋用該道關防就近照送美領事簽字蓋印後即將護照發給領照之人而以副照隨文呈送
出使美國大臣以便稽查而資照料所收照費應飭遵照憲札按月造冊彙解本處以便詳請彙總解部其華洋文護照式樣及奏定發照章程應由本處分別移送俾便仿行而歸劃一

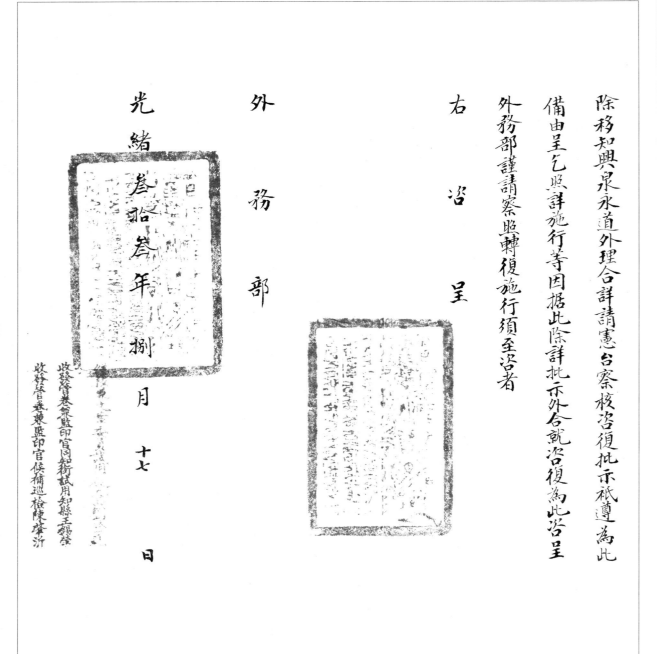

除移知興泉永道外理合詳請憲台察核咨復批示祗遵為此
備由呈乞照詳施行等因据此除詳批示外合就咨復為此咨呈
外務部謹請察照轉復施行須至咨者

右咨呈

外務部

光緒叁拾叁年捌月十七日

收發管卷兼監印官同知銜試用知縣王錫蕃
收發管卷兼監印官候補巡檢陳肇沂

一三六

申

代理美墨祕古使事暫留美館二等參贊官周自齊為申明事竊旅美英底安那
省華商梅基英向安那埠華商彭國源均於光緒三十年五月派充各該埠商董
光緒三十年十二月十八日經
前大臣梁　咨報在案茲查該商等有招搖棍騙不安本分情事應即撤退商
董並追繳頂戴功牌以示懲儆除分行外理合申報
鈞部轉咨
吏部將該商梅基彭國源派充商董原案註銷為此合申
鈞部謹請察照施行須至申者
右　　　申
外　務　部
光緒叁拾玖年　月　　初叁　日

一三七

清冊壹本　咨送

附件

外務部

卅三年九月廿七日

咨呈

欽差大臣辦理通商事務頭品頂戴陸軍部尚書兩江總督部堂端　為

咨送事。據江海關道瑞澂呈稱：本年八月十二日奉憲台札：光緒三十三年八月初五日准

外務部咨：光緒三十三年七月十五日准美國柔使照稱：本國外部來文，囑本大臣請詢中國近五年內華人出入國疆有無律例冊籍等情。緣本國管理各國民入美境事務之員，欲得各國人民近五年內出入該國境之例冊，以備稽考，即希檢送等因前來。查華人出入國疆，向來未據各省將冊籍咨送到部，相應咨行貴大臣轉飭各屬，嗣後凡有華人出入國疆，務全按照所發護照，隨時造具簡明冊籍，分季咨部備查可也等因。到本大臣承准此，除咨行外，札關遵照辦理，按季造冊兩分呈送存咨等因。到關奉

此伏查華人前往美國肄業游學並貿易照案填用漢洋文合璧護照給執此項護照向由駐滬美總領事代為刊印送道備用遇有商人請領隨時填照送美總領事查驗印於照內簽字蓋印發還給執以利遄行在案茲奉前因遵將光緒三十三年正月分起至六月底止春夏兩季滬關印發華人赴美執照按順月日造具簡明清冊呈祈核咨等情並清冊到本大臣據此相應將清冊咨送為此咨呈

貴部謹請查照施行須至咨呈者

計咨送 清冊壹本

右 咨 呈

外 務 部

光緒叁拾叁年玖月拾捌日

附件

今將光緒三十三年春夏兩季滬關填發華人赴美執照造具簡明清冊呈送

憲鑒

計開

三十三年正月十一日

一給江蘇試用縣丞吳樑臣赴美肄業正執照一紙新字第二百四十一號

十七日

一給美領事函請華童李官賢赴美肄業執照一紙新字第二百四十二號

一給又 葉向榮赴美肄業執照一紙新字第二百四十三號

二十四日

一給電報局函請學生應尚德赴美執照新字第二百四十三號

二十七日

一給盛京將軍札陳賜第赴美肄業執照一紙新字第二百四十四號

二月初二日

一給電報局唐函請陳生秉和赴美華順頓遊歷執照一紙新字第二百四十五號

初六日

一給江蘇試用縣丞吳樑臣赴美肄業副執照一紙新字第二百四十六號

初八日

一給學生王正廷赴美遊歷正副執照各一紙新字第二百四十七八號

一 給電報局唐函請陳生發赴美游歷執照一紙新字第二百四十九號

十八日

一 給商民劉泰階等稟請續帶娚伶人赴小呂宋演戲赴美執照男劉吉慶等八名女丁薛氏等六名共給執照十四紙新字第二百五十號起至二百六十三號止

三月初四日

一 給樊守棻函請駐美使署參贊户部主事張權赴美執照一紙新字第二百六十四號

初五日

一 給樊守棻函請梁敦教赴美游歷學執照一紙新字第二百六十五號

初六日

一 給樊守棻函請郭泰祺赴美游歷學執照一紙新字第二百六十六號

初七日

一 給美總領事羅函請商人鄔挺生赴美游學執照一紙新字第二百六十七號

十三日

一 給學部札飭填朱兆莘赴美游學執照一紙新字第二百六十八號

一 給又 曹霓赴美游學執照一紙新字第二百六十九號

十六日

一 給學部札飭填程祖彝赴美游學執照一紙新字第二百七十號

二十三日

一 給商人黄森然赴美小呂宋貿易執照一紙新字第二百七十一號

二十八日

一給樊守棨函請錢樹彝赴美游學執照一紙新字第二百七十二號

一給盛大臣函請漢陽鐵廠華工程司王光赴美攷察製造執照一紙新字第二百七十三號

四月初四日

一給電報總局唐函請黄閎道赴美游歷執照一紙新字第二百七十三號

一給

韋頌冠赴美游歷執照一紙新字第二百七十四號

初十日

一給劉樹屏函請劉仲端赴美游學執照一紙新字第二百七十五號

二十日

一給廣肇公所函請何炎森赴美游學執照一紙新字第二百七十六號

一給卜舫濟函請朱成章赴美游學執照一紙新字第二百七十七號

五月初五日

一給孫鏡清函請王宫山赴美游學執照一紙新字第二百七十八號

十一日

一給楊文駿函請鄧益光赴美執照一紙新字第二百七十九號

十二日

一給照料所單請周詒春赴美正執照一紙新字第二百八十號

一給又

趙國材赴美正執照一紙新字第二百八十一號

十六日

一給照料所畢請阮登赴美執照一紙新字第二百八十二號

一給又　梁觀翼赴美執照一紙新字第二百八十三號

一給又　黃鍾發赴美執照一紙新字第二百八十四號

二十一日

一給照料所畢請周詔春赴美副執照一紙新字第二百八十號

一給　趙國材赴美副執照一紙新字第二百八十一號

二十三日

一給寰球中國學生會函請會員程克競赴美執照一紙新字第二百八十五號

二十四日

一給照料所函請梁榮隆赴美游學執照一紙新字第二百八十六號

一給又　梁祖業赴美游學執照一紙新字第二百八十七號

一給又　梁安隆赴美游學執照一紙新字第二百八十八號

六月初四日

一給寰球中國學生會函請福州女塾畢業生張美玲赴美執照一紙新字第二百八十九號

初七日

初九日

一給美總領事館函請監理會女學生李馬利赴美執照一紙新字第二百九十號

一給商務總會曾函請紳商鍾進成赴美執照一紙新字第二百九十一號

十一日

一給電報局唐函請男學生黄文龍唐康年女學生唐懿黄翠英赴美肄業正副執照各兩紙新字第二百九十二起九號止

一給照料所單報自費生張復鼇赴美游學執照一紙新字第三百三百一號

十三日

一給美領事鮑函請浸理會女學生康彩鳳赴美執照一紙新字第三百二號

一給又　舒彩玉赴美執照一紙新字第三百三號

十四日

一給粱球中國學生程堯競函請添給赴美執照一紙新字第三百四號

十五日

一給甌海關賀移請商人林國鶴赴美游歷執照一紙新字第三百五號

一給又　張擇芳赴美游歷執照一紙新字第三百六號

一給照料所單請林立赴美執照兩紙新字第三百七八號

一給又　譚福赴美執照兩紙新字第三百九十號

十八日

一給候補知府徐廷勛赴美正副執照各一紙新字第三百十一號

一給道台溫秉忠赴美正副執照各一紙新字第三百十二號

一給男學生胡敦復赴美正副執照各一紙新字第三百十三號

一給又 辛耀庠赴美正副執照各一紙新字第三百十四號
一給又 韓 安赴美正副執照各一紙新字第三百十六號
一給又 倪錫純赴美正副執照各一紙新字第三百十七號
一給又 陳達德赴美正副執照各一紙新字第三百十八號
一給又 李謙若赴美正副執照各一紙新字第三百十九號
一給又 陳之藩赴美正副執照各一紙新字第三百二十號
一給又 蔡彬懿赴美正副執照各一紙新字第三百二十一號
一給女學生胡彬夏赴美正副執照各一紙新字第三百二十三號
一給女學生宋慶林赴美正副執照各一紙新字第三百二十四號

二十日

一給又 王季茞赴美正副執照各一紙新字第三百二十五號
一給照料所稟請李偉伯赴美執照一紙新字第三百二十六號
一給女學生曹芳雲赴美正副執照各一紙新字第三百二十七號
一給女學生宋美林赴美正副執照各一紙新字第三百二十八號
一給女學生牛惠珠赴美正副執照各一紙新字第三百二十九號

二十一日

一給溫倪氏溫道台印秉忠夫人赴美正副執照各一紙新字第三百三十號

二十三日

一給學生曹雲祥赴美正副執照各一紙新字第三百三十一號

二十四日

一給商民林汶興赴美貿易執照一紙新字第三百三十二號

一給商民陳晋卿赴美貿易執照一紙新字第三百三十三號

一給商民王景齋赴美貿易執照一紙新字第三百三十四號

一給美領事飭函請華童舒學壽赴美執照一紙新字第三百三十五號

一給學生楊景斌赴美正副執照各一紙新字第三百三十六號

一三八

卅三年十一月初八日　生字二百六十一號

照會

大亞美理駕合衆國欽命駐劄中華管理全權事務大臣費　為

照會事西本年八月七號本館柔大臣曾以福州將
軍出示不准廈門道繕發華人赴美護照一事照會
貴親王並言中政府已達知美政府該道有發給護
照之權請咨行福州將軍收回所出示諭嗣於八月十三
日接准
照復謂已轉知閩督一俟咨復再行照復等因迄今
本館仍未接准照復並因福建地方官示禁廈門道

不得繕發中美條約第六款之護照是以本國政府
已飭駐廈門美領事官自此以後以上所提之中國
官繕發華人赴美護照不准再行蓋印為此照會
貴親王查照可也須至照會者　附送洋文

右　照　會

大清欽命全權大臣便宜行事軍機大臣總理外務部事務和碩慶親王

一千九百柒年拾貳月拾貳日
光緒叁拾叁年拾壹月初捌日

附件

AMERICAN LEGATION,
PEKING, CHINA.

To F. O. No. 336

H. December 11, 1907.

Your Highness:

On August 7th of the present year Mr. Rockhill addressed a note to Your Highness calling attention to the issuance of a proclamation by the Tartar General of Fukien by which the Taot'ai at Amoy was forbidden to issue certificates to Chinese going to the United States. He then pointed out that the United States Government had been officially informed that the said Taot'ai was authorized to issue such certificates, and requested that instructions be sent to the Tartar General of Fukien to withdraw the proclamation.

Your Highness on August 13th replied to this note saying that the matter had been referred to the Viceroy at Foochow, and that as soon as a reply had been received from him in the matter you would communicate further with this Legation.

In this connection I now have the honor to state that inasmuch as no further reply has been received with regard to this matter, my Government, acting upon the proclamation of the Chinese Government issued by the Provincial authorities in Fukien which forbids the Taot'ai

at

To His Highness, Prince of Ch'ing,
President of the Board of Foreign Affairs.

at Amoy to issue Section VI. Certificates, has directed the American Consul at Amoy to refrain in the future from visaing such certificates issued by that officer.

I avail myself of this opportunity to renew to Your Highness the assurance of my highest consideration.

Henry P. Fletcher

Charge d'Affaires.

一三九

外務部

咨呈

欽差大臣辦理通商事務頭品頂戴陸軍部尚書兩江總督部堂端　為

咨送事。據江海關道梁如浩呈稱：本年八月十二日奉憲台札，光緒三十三年八月初五日准

外務部咨：光緒三十三年七月十五日准美國柔使照稱：本國外部來文，

囑本大臣請詢中國近五年內華人出入國疆有無律例、冊籍等情

緣本國管理各國民人美境事務之員欲得各國人民近五年內出入該
國境之例冊以備稽考即希檢送等因前來查華人出入國疆向來未據
各省將冊籍咨送到部相應咨行貴大臣轉飭各屬嗣後凡有華
人出入國疆務令按照所發護照隨時造具簡明冊籍分季咨部備查
可也等因到本大臣承准此除咨行外札關遵照辦理按季造冊兩分
呈送存咨等因到關奉此伏查華人前往美國肄業游學並貿易
照案填送漢洋文合璧護照給執此項護照向由駐滬美總領事代
為刊印送道備用遇有商人請領隨時填照送美總領事查驗即
於照內簽字蓋印發還給執以利遄行在案所有光緒三十三年正月起至六
月底止春夏兩季遵經造送在案茲將三十三年七月起至九月底

止秋季分滬關印發華人赴美執照挨順月日造具簡明清册呈祈
鑒核分别存咨等情並清册到本大臣據此相應將清册咨送爲此
咨呈
貴部謹請查照施行須至咨呈者
右 計咨送 清册壹本
右咨呈
外務部
光緒叁拾叁年拾貳月拾貳日
咨送事

附件

今將光緒三十三年秋季分滬關填發華人赴美執照造具簡明清冊呈送

憲鑒

計開

三十三年七月初八日

一給夏廷獻函請葉騰甯赴美游學執照一紙新字第三百二十七號

十一日

一給陳世光函請上海中西書院肄業生應尚德赴美執照一紙新字第三百二十八號

十五日

一給照料所謝全東請（劉乃賢　劉志輝　蔡達舟　王谷亭）赴美貿易執照四紙新字第三百（十九　二十　二十一　二十二）號

二十一日

一給照料所謝全東請張瑞朝赴美留學執照一紙新字第三百二十三號

二十八日

一給寰球中國學生會函稱會員考取（南京派美遊學生楊豹靈赴美遊學執照一紙新字第三百二十四號　日本東京早稻田大學畢業生楊蔭杭赴美遊學執照一紙新字第三百二十五號）

八月初三日

一給商人林淨庚稟請赴美貿易執照一紙新字第三百二十六號

初九日

一給商人丁啟揄稟請赴美貿易執照一紙新字第三百二十七號

十五日

一給照料所謝令單請林燦、朱光赴美貿易執照各一紙，新字第三百二十八、九號

二十五日

一給照料所謝令單請商人梁翊、梁拾新赴美貿易執照各一紙，新字第三百三十、三十一號

二十八日

一給商民洪志昆、李弟、林勝輝、嚴寬雲、劉佛生赴美貿易執照各一紙，新字第三百三十二、三、四、五、六號

九月初五日

一給照料所單請自費生禹志鴻、周官耀赴美貿易執照各一紙，新字第三百三十七、八號

二十五日

一給美總領事田貝請華女童莊布比赴美肄業執照一紙，新字第三百三十九號

二十八日

一給照料所單請自費生梁文軒、章利赴美貿易執照各一紙，新字第三百四十、四十一號

一四〇

咨呈

頭品頂戴陸軍部尚書銜都察院右都御史閩浙總督部堂兼理福建巡撫事兼管鹽課兼署福州將軍管理閩海關事務兼管船政松　為

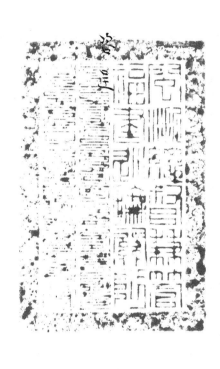

咨呈事。據福建洋務局會同閩海關務處詳稱：

案奉札准

外務部咨開：光緒三十三年六月二十九日准

美國柔使照稱：據駐廈門美領事文送福州將

軍兼閩海關監督新出示諭內云出使美國大

臣梁來咨以廈門發給赴美護照並不認真查
考弊竇滋多請飭禁止該京又云嗣後廈門護
照即行停給護照章程歸閩海關稅務司給發云
云查一千九百零六年五月三十號照會本大
臣聲明已飭廈門道徑路等語本大臣當已直
達本國政府有此辦法西上年十二月十八號
本大臣又照會謂福州將軍違章惟一無權力
之保安公司代其發照以致禁內華人不能在
廈得有護照者特往福州由保安公司請照以

其是否在禁內外之人在福州難以考查西本
年二月一號又照復本大臣所聲明請於發照
時直接函給請領之人經貴部已咨行辦理既
有美政府與中政府同允廈門道發給護照何
以福州將軍擅行出示改使辦法致使人疑廈
門道發給護照係屬不按章程且該將軍於五
月二十九日出此示諭尤為奇異緣五月初十
日已奉
諭旨飭後閩海關稅務著改歸閩浙總督兼管欽此
由此觀之二十九日該將軍已無權出此示諭

是以本大臣請行囑福州將軍將該示諭撤銷
並請分飭海關監督按照已准辦法准厦門道
發給此項護照等因前來查華人赴美執照送
經本部于上年十一月十二月先後咨行轉飭
厦門道照章辦理並於發照時務須直接等情
在案茲該使照稱前因相應咨行查照前咨仍
飭遵照辦理以免歧異並即聲復以憑轉復該
使可也等因到本部堂承准此查前項執照既准
外務部咨行前因自應照辦唯前准
農工商部咨行令收費應即由道照章收取按月

彙解關務處核收造報並造冊通報備查以昭
妥協除分行外合行飭局即速遵照先今
部指辦理仍將遵辦情形敘詳請咨毋違等因
又奉憲台續行承准
外務部咨開案查華人赴美請發護照一事本
年八月初六日接准咨稱據福建興泉永道詳
稱華人赴美國小呂宋各島護照向由各前道
填給現據赴美華商黃子卿薛天成葉允肇等
三人前後來道請給護照因檢閱照式所載華
洋文迥不相符惟有將前用舊照式樣並將洋

文繙譯漢文録摺呈請轉咨外務部與美使妥
商更正俾得遵照填用再查厦門商人請照可
否查取殷実鋪保切結方准填照送與美領事
簽名等情并將舊用照式及譯件咨送前來查
光緒二十年中美續定之約所有華人赴美護
照經前出使楊大臣擬定照式通行在案上年
梁大臣以舊約已廢新約未定擬暫用舊照並
定章程十一條咨由商部通行各省照辦亦在
案茲該道所送華民赴美國小呂宋照式核與
舊照不符相應咨行貴督轉飭查明見復以憑

核辦至廈商請照赴美取具舖保切結自係為
嚴杜冒濫免受苛待起見應即照行等因到本
部堂承准此合行飭局即便遵照查明詳請咨
復毋違各等因奉經洋務局先後咨移辦理詳
咨去後旋復奉准
外務部電催又經由局先行電請興泉永道赶
緊詳請核咨並備文移知各在案茲准興泉永
劉道移開查敝道前送照式係前道移交究竟
如何錯誤與舊照不符無從稽考現在關務處
移送華洋文照式漢文計開之下所列條款僅

止姓名年歲身材面色異相事業職銜住址而洋文則於事業一項分出從前現在以及何時在何處做起做了幾久商人又應加填生意字號賣何貨物資本若干現在估值若干遊歷者則加填是否設寔約留美國幾久等欵核與漢文兩不相符當查美約赴美華人只要不是前往作工即不必備載該華商前今作何事業以及資本多少貨值幾何即前往遊歷者久暫原無一定茲欲預定留美久暫雖無大碍惟商人一項洋文種種苛求添出十餘欵之多不特與

華文辦理 兩歧更恐將來美領事得以乘機駁
詰致生措阻寔與華人大有未便應否咨呈
外務部與駐京美使妥商更正移請核明詳咨
等因並奉憲台批局會同關務處迅速核明另
叙妥詳呈請核咨等因查華人請領赴美護照
前經
總理衙門明定章程專歸出口處海關道發給
如無海關道即由海關監督經理咨行遵照在
案興泉永道駐在廈門所有由該處出口赴美
各華商向由該道核給護照現仍照章辦理並

無歧異應請憲台咨
部轉復美使查照以昭妥協至此項照式本係
前出使楊大臣擬定通行上年又復奉准
梁大臣以舊約已廢新約未定擬暫用舊照並
定章程十一條咨由
商部通行到局即經洋務局將前項護照改刊
三聯單式一切均遵新章辦理出示曉諭並移
飭一体知照暨詳請咨
部立案各在案遵行既久向覺相安美領事亦
無駁詰推阻之事查興泉永道前發護照係屬

華洋合璧並未改用三聯單式今既按照新章
一律行用三聯華洋文護照已與定章相符唯
所指華洋文條款不符一節應否照商美使之
處自應聽候
外務部核示行閩俾凭遵辦奉批前因理合會
同具文詳請察核俯賜咨請
外務部察核辦理等情到本部堂據此除詳批
示外相應咨呈為此咨呈
外務部謹請察核辦理復閩遵辦施行須至咨
呈者

右咨呈

外務部

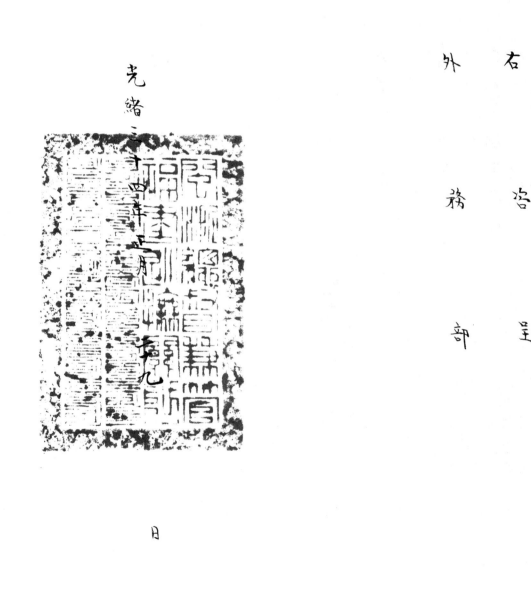

光緒三十四年正月十九日

一四一

外務部

咨呈

欽差大臣辦理南洋通商事務頭品頂戴陸軍部尚書兩江總督部堂端　為

咨送事據江海關道梁如浩呈稱光緒三十三年八月十二日奉憲台

札光緒三十三年八月初五日准

外務部咨光緒三十三年七月十五日准美國柔使照稱本國外部來

文囑本大臣請詢中國近五年内華人出入國疆有無律例册籍等情

緣本國管理各國民人美境事務之員欲得各國人民近五年內出入該
國境之例冊以備稽考即希檢送等因前來查華人出入國疆向來
未據各省將冊籍咨送到部相應咨行貴大臣轉飭各屬嗣後凡有華
人出入國疆務令按照所發護照隨時造具簡明冊籍分季咨部備查可
也等因到本大臣承准此除咨行外札關遵照辦理按季造冊兩分呈送存
咨等因到關奉此伏查華人前往美國肄業游學並貿易照案填用漢洋文
合璧護照給執此項護照向由駐滬美總領事代為刊印送道備用遇有
商人請領隨時填照送美總領事查驗即於照內簽字盖印給執以利遄
行所有光緒三十三年正月起至九月底止春夏秋三季遵經造送在案
茲將三十三年十月起至十二月底止冬季滬關印發華人赴美執照

挨順月日造具簡明清册具文呈送俯賜鑒核分別存咨等情並清册
到本大臣據此相應將清册咨送爲此咨呈
貴部謹請查照施行須至咨呈者

計咨送　清册壹本

右咨呈

外務部

光緒叁拾肆年貳月　貳拾肆日

咨送事

附件

謹將光緒三十三年冬季滬關填發華人赴美執照造具簡明清冊呈送

憲鑒

計開

十月十六日

一給照料所委員謝令單請自費生周林 馮求 馮松年等三名赴美貿易護照各一紙新字第三百四十二、三、四號

二十三日

一給中國寰球學堂董事函請福州畢業生張汝霖赴美正副護照各一紙新字第三百四十九、五十號

十一月初三日

一給高等實業學堂唐移請學生趙景簡 楊蔭樾 徐經鄴 胡鴻猷 林則蓀 楊錦森 陳容等七名赴美肄業正副護照各一紙新字第三百五十一、二、三、四、五、六、七號

初四日

一給照料所委員謝令單請商人譚吉赴美貿易護照一紙新字第三百五十八號

一給文馮英容赴美貿易護照一紙新字第三百五十九號

初九日

一給文學生陸文朝赴美留學護照一紙新字第三百六十號

十四日

一給電報滬局唐函請學生黃國恩赴美正副護照各一紙新字第三百六十一、二號

二十日

一給電報滬局唐函請學生陳仲軼 孫發源 孫麟雛 陸紹初等四名赴美肄業護照各一紙新字第三百五十八、九、六十、六十一號

一給日本領事永瀧久吉函請商人楊篤務赴美貿易護照一紙新字第三百六十二號

二十四日

一給商人梁敬文幹廷雲章陳謙三梁社興冬堯王國英陳春興等八名具保稟請赴美護照各一紙新字第三百六十六號起至七十三號止

三十日

一給電報滬局唐　函請祁玉麐赴美留學護照一紙新字第三百七十四號

十二月初二日

一給電報滬局唐　函請蔡序東赴美留學護照正副各一紙新字第三百七十五號

初四日

一給梁如栢函請學生梁寶焯寶暢二名赴美留學正副護照各二紙新字第三百七十六七號

初八日

一給北洋大學堂法律學生何恩明稟請赴美留學護照一紙新字第三百七十八號

初九日

一給電報滬局唐　函請學生陸大鈺赴美留學護照一紙新字第三百七十九號

十一日

一給寰球學堂董事　函請會員刁其芳赴美護照一紙新字第三百八十號

一給又　曾麟生赴美護照一紙新字第三百八十一號

十五日

一給商民阮述昭稟請赴美貿易護照一紙新字第三百八十二號

十六日

一給學生羅國鈞稟請赴美留學護照一紙新字第三百八十三號

一給商民劉貴捷文年文林等三名稟請赴美貿易護照各一紙新字第三百八十四五六號

一給商民張阿軒官達等二名稟請赴美貿易護照各一紙新字第三百八十七八號

十九日

一給電報局唐　函請學生羅文柏甌陽增陳敬漢赴美游學護照各一紙新字第三百九十一二三號

一給學生周開基稟請赴美游學護照一紙新字第三百九十四號

二十日

一給電報局唐　函請學生張祖杰顏景施柯天棠等三名赴美留學護照各一紙新字第三百九十五六七號

一給商人劉希悅其發稟請赴美貿易護照各一紙新字第三百九十八九號

二十三日

一給義增祥茶號具保稟請鄧文裕海二名赴美貿易護照各一紙新字第四百四百一號

二十六日

一給駐美使署吳參贊　函請學生甄榮赴美留學護照一紙新字第四百二號

一給又　湯蕃赴美留學護照一紙新字第四百三號

一給又　湯愷赴美留學護照一紙新字第四百四號

一給又　湯林赴美留學護照一紙新字第四百五號

一給又　女學生胡好赴美留學護照一紙新字第四百六號

一給文　教習吳耀赴美遊學護照一紙新字第四百七號

一給文　教習胡時瑀赴美遊學護照一紙新字第四百八號

二十七日

一給駐美使署吳參贊片請學生吳乃熾赴美讀書護照一紙新字第四百九號

一給文　梁棣赴美讀書護照一紙新字第四百十號

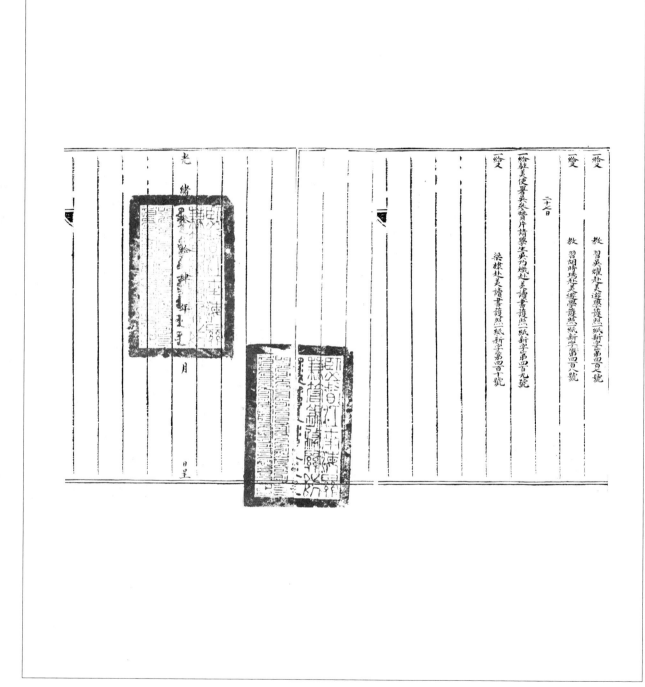

光緒　　年　　月　　日呈

一四二

考工司

呈為咨行事。光緒三十四年二月二十二日准美國貴署使照稱：西上年十二月十一號本署大臣曾照會，以本國政府因福建中國官示禁廈門道不得繕發華人赴美護照一事，已行飭駐廈美領事，此後廈道所發之護照不准簽印等因。茲准本國政府來文云：因中政府已責成廈門道有此發照之權，本國外部亦可將廈門道銜名列入有權發照册内，查照辦理等因前來。查此事本部於上年十一月初九日以華人赴美護照應照章由廈門道發給，業經本部於七月初五日咨行飭遵在案。迄今未准咨復。現美使照稱本國政府因閩省示禁廈

門道發照已飭美領於中國官所發護照不再盖
印又據駐美代辦文稱美外部推廣辦法各關道
均有權給發護照原閱道斷難飭禁各等因希
查照前咨轉飭照辦並速電復等語電行在案
迄今尚未得復兹准該署使照稱前因相應咨行
貴督查照飭遵可也須至咨者

閩浙督

光緒三十四年十二月 日

一四三

考工司

呈為咨行事案查華人赴美請發護照一事光緒三十三
年八月間准閩浙總督咨稱據福建興泉永道詳稱
華人赴美國小呂宋各島護照向由各前道填給現
據赴美華商黄子仰等來道請給護照因檢閲照
式所載華洋文迥不相符惟有將前用舊照式樣
並將洋文繙譯漢文録摺呈請與美使妥商更正
俾得遵照填用等因本部以該道所送照式與舊照
不符當即咨行閩浙總督轉飭查復去後茲准咨稱
札據洋務局轉詢興泉永道文稱前送照式係前
道移文究竟如何錯誤與舊不符無從稽考現
在關務處移送華洋文照式漢文計開之下所列

條款僅止姓名年歲身材面色異相事業職銜住址而洋文則於事業一項分出從前現在以及何時在何處做起做了幾久商人又應加填生意字號賣何貨物資本若干現在估價若干游歷者則加填是否殷實約留美國幾久等款核與漢文兩不相符種種苛求添出十餘款之多恐將來領事乘機敲詐致生掯阻實與華人大有未便此項照式本係前出使楊大臣擬定通行上年又復奉准梁大臣以舊約已廢新約未定擬暫用舊照並定章程十一條咨由商部通行即經洋務局將前項護照改刊三聯單式均遵新章辦理　在案惟所指華洋文條約不符一節應否照商美使聽候部示等情咨請

察核辦理前來查光緒二十年中美續訂工約所有
華人赴美護照經前出使楊大臣擬定華洋文照式
通行在案嗣梁大臣以舊約已廢新約未定擬暫
用舊照並定章程十一條咨由商部通行各省照辦
亦在案今興泉永道謂護照華洋文條款不符究
竟因何錯誤相應鈔録閩省來文及清摺等件咨行
貴大臣就近查核原案迅即聲復以憑核辦須至
咨者附抄件

使美伍大臣

光緒三十四年二月　日

一四四

咨閩浙總督華人赴美護照華洋文不符照錄伍大臣所譯美國條例照辦由

行

行

外務部左侍郎聯

外務部右侍郎梁

八月初九日

八月初九日

考工司

呈爲咨復事。本年二月二十三日接准

來咨，以興泉永道前發華人游美護照，係屬華洋合璧，並未改用三聯單式。今按照新章一律行用三聯單華洋文護照，惟所指華洋文條款不符一節，應否照商美使請察核辦理等因。當經本部咨行駐美伍大臣將護照華洋文條款不符究竟因何錯悞查核聲復去後兹准該大臣復稱中美互訂限制華工之約始於光緒六年旋於光緒八年美國議院設立華人入境條例復於光緒十年改正該條例第六款所載與來文粘單所譯出之十四款及其餘各款均屬相符至於華洋文不同之故檢查楊前大臣原卷詳細比對或因當時譯事未精不能盡相符合查津滬兩關現在所用之照與所列十四款亦大致相同惟津滬則所譯較詳故能中西合璧閩省則所譯較略且猶沿用舊式未免相歧擬請咨行該省將此項護照補譯華文就近咨取津滬兩關照式一律仿辦庶不至有所

參差並譯出美例第六款繕摺咨呈等因前來相
應照錄美國條例咨行
貴督查照辦理可也須至咨者附抄件
閩浙總督
光緒三十四年八月　日

一四五

部

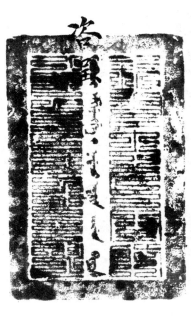

咨

欽差大臣辦理通商事務南洋大臣兵部尚書兩江總督部堂端　為

咨送事。據江海關道蔡乃煌呈稱：本年七月三十日奉憲台札開：光緒

三十四年七月十八日承准

外務部咨：光緒三十四年七月初四日准美國柔使照稱：接到本國外部大

臣文，囑以上海關道發給禁外華人赴美護照一事。查華人擬赴美國屢

有不便之事係因江蘇一省只係海關道能有發此護照之權故囑本大臣轉
請中政府將兩江總督亦列有權給發禁外華人入美護照之内援照湖廣
四川兩粤各督發照成案辦理等因相應咨行查照辦理可也等因到本
大臣准此查該關向來給發禁外華人赴美護照是何式樣照内有無叙
列各項條款請照有無一定章程專札飭關遵照查明該關給發禁外
華人入美護照格式條款章程鈔稿詳復以憑察核辦理等因到關
奉此伏查華人前往美國游學貿易照案填用漢洋文合璧護照給
執此項漢洋文護照向由駐滬美總領事代為刊印送道備用遇有學生
赴美肄業及商人集資出洋貿易來道請領赴美護照者隨時填照
粘貼相片送駐滬美總領事查驗即在照内簽字蓋印給執以利遄

行歷將滬關塡發華人赴美執照姓名月日張數按季造冊呈送
核咨近來在滬請照者粵人居多大半以傭工冒作行商或竟託
名學界迭經派員詳查分別准駁並出示限制在案若不詳加
審慎恐與真正營業殷商及有志游學者赴美前途大有妨礙茲
奉前因理合照錄示稿檢同空白照式呈祈鑒核辦理等情並清
摺及照式到本大臣據此除批示外相應將清摺照式一併咨送為此
咨呈

貴部謹請查照施行須至咨呈者

計咨送 清摺壹扣照式壹分

右 咨 呈

外 務 部

光緒叁拾肆年玖月初貳日

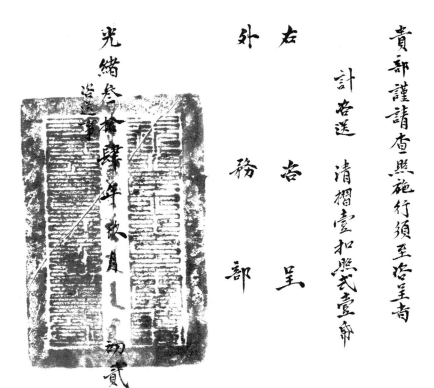

咨送事

附件一

七二附

計開

為出示曉諭事照得華人赴美游學經商由道填印護照送美領事簽字給執係為區别華工免被羈阻起見必須久居上海確有根柢可查或雖由內地而來持有該管官員文牘方得享受本關保護之利益乃近來各省商民往美貿易或稱游學或充教習紛紛來道請照尤以粵省為最多推原其故良以粵照需費滬照無費且由粵往美不如由滬往美之便以致在滬請照者不盡久居上海之人其中是否具有資本殷實可靠以及是否真心游學迭經派員詳查尚慮難以真切設有傭工冒作行商朦照而往經美屬關吏察出拘禁不惟自罹困苦且將重損後來護照之價格

不可不預為之防本道籍隸粵東尤應盡愛護同鄉之義為此剴切誥誡明定限制自示之後凡有外省人來轅請給赴美護照如查明確係向在上海有資本經營商業者仍准照發其甫自廣東及別埠來滬者無論有無資本是否經商游學概不給照以杜朦混而示保全其各知之特示

戊申三月二十一日

為牌示事前因各省商民往美貿易或稱游學或充教習紛紛請照粵省尤多其中是否具有資本殷實可靠以及是否真心游學迭經派員詳查恐難真切業經出示曉諭明定限制凡有外省人來轅請給赴美護照如查明確係向在上海有資本經營商業者仍准照發其甫自廣東及別埠來滬者無論有無資本是否經商游學概不給照詳晰聲明在案乃日來請給赴美護照仍有非久居上海之人實屬查不勝查合再牌示布告仰各省商民一體知悉嗣後如有向來在滬營業本人或子弟欲赴美游學經商來道請照者須將年籍資本及何年到滬作何事業現居何處切實聲敘以憑委員查訪若稍涉含混概置不理其甫從他埠來滬者更不必來轅混瀆各宜恪遵毋違特示

戊申五月初二日

附件二

此係照錄秉使二次改稿之照式

本約第四款所定之護照格式 此護照應用華英合文

按照中美　年　月　日合約所定第四款内載明

發此護照本館發給此等護照係由本國政府派有

此權能發給此等護照之員的確見證係持護照

之原人其姓名列後者則不在該約第一款禁止入

美華工之例先由美國政府派駐中華有此權之

美國官員查驗以下載明之一切知其確實無訛

即簽字蓋印為據後美政府方准其前往美國

居止

因欲驗明持照者是否係屬原人應將姓名年

貌列明於下

姓名 即係原人親筆所簽名字

官職全銜
身體上顯易辨認之形貌記號
何年月日所生
高 尺 寸
現營何事業
現寓中國何處

若係商家應添寫四條如下
本行招牌
開設何處
創設年數
作何生意
若係游歷之人亦當列明一條如下

前往美國大約欲往干年月
此護照在光緒 年 月 日發給
給發護照之中國官員在此簽字蓋印

一四六

逕啓者本館接有駐紐約華人来電兹特備函將

原電附送

貴部王大臣查照代譯代達爲荷此泐順頌

制安

附送原電

柔克義啓　十月二十四日

附件

3174

THE IMPERIAL CHINESE TELEGRAPH ADMINISTRATION.

Telegrams accepted for all Telegraph Stations in the World

STATION

TELEGRAM No. 12/290 Class 28 Words.

Given in at Newyork the 190 H. M.

Prince Chun
care Hon Rockhill
Pekin China

We deeply feel the loss of our beloved Emperor accept our condolences and assurance of Royalty

Chinese Reform Association
of Newyork

中國北京
美國公使柔克義
轉呈
攝政王
民等敬愛之
大行皇帝升遐同深
哀痛請
王爺受民等慰唁
並鑒民等忠愛
之忱
紐約中國維
新會

一四七

具禀

具禀金山正埠衆商陸玉屏等　禀為聯懇留任以慰商民事竊商等旅居正埠營謀貿易與西人交涉所在多有幸蒙
朝廷委任得人自　副領事歐陽祺充當通譯後凡遇交涉莫不勤勞辦理使商等不致受虧闔埠蒙庥素孚輿論茲聞調任依戀情深爰不揣冒昧志切攀轅明知
遴選大權非商等所敢與惟思歐陽領事久居是埠外交熟手商民有事倚賴實深為此聯名懇請伏乞
外務部大人俯順輿情恩准奏請仍以歐陽祺復任金山副領事商等邑勝欣抃之至切赴
外務部王爺大臣大人台前察奪施行

謹將商户聯名列後

宣統元年十一月十八日正埠衆商叩禀

金山正埠廣東銀行書柬
金山正埠生昌公司書柬
金山正埠生發公司
金山正埠和[illegible]泰
金山正埠永勝隆
金山正埠[illegible]
正埠生泰
正埠[illegible]
正埠福和南京公司
金山正埠同安和

美國金山 岡州會館

金山大埠 廣盛隆

寧陽會館

金山正埠 永安和

金山正埠 悅豐酒房

肇慶會館

正埠 新廣榮

恩開會館

金山正埠 中西日報

金山正埠 杏花樓

陽和會館

金山正埠 華安

金山 合和會館

金山正埠 萬豐和書柬

金山正埠 中和堂

金山正埠 合和隆號

金山大埠 裕安號書柬

金山正埠 [illegible]德記書柬

金山 [illegible]和昌隆

金山正埠 榮發祥

金山正埠 廣利昌書柬

金山正埠 茂利書柬

金山正埠 廣誠和

金山 華昌記榮利

大同日報

三和興書柬

金山正埠 說[illegible]書柬

正 [illegible]

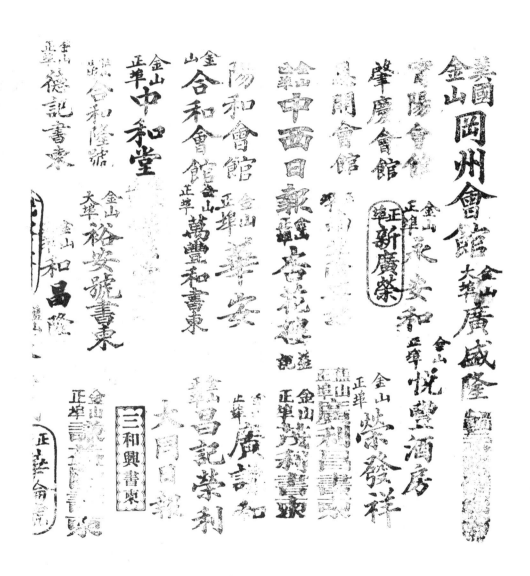

金山正埠 贊寧堂

金山正埠 世界日報

金山正埠 廣同記

金山正埠 廣□□

采芝堂

金山正埠 廣和泰

金山正埠 益生堂書柬

正埠 普太和

金山正埠 同益棧

正埠 廣□□

金山正埠 大昌隆記

金山正埠 順泰昌

正埠 永華盛

□□堂書柬

華□□□

金山正埠 泰和隆記

金山正埠 新三盛書柬

瑞芝堂

東昌號書柬

金山正埠 永和堂書柬

錦泰隆

金山正埠 昌隆

永合隆

錦綸昌

正埠 昌利號

金山正埠 華昌盛

友源生記

花旗正埠 永安合記書柬

裕昌隆

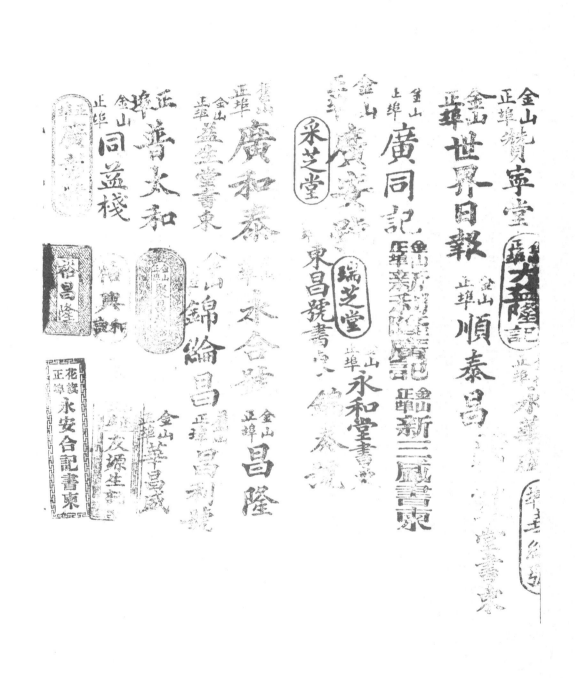

怡興和

金山正埠 普生堂

普生堂

正埠 集蘭堂

金山正埠 文真號書東

忠信和

福生堂

金山正埠 偉士頓書

發明公司

金山正埠 華英公司書東

廣綸彩記

金山正埠 務滋堂

金山正埠 信來號

華利號

金山正埠 江南樓

正埠 生記

金山正埠 大光書林

金山正埠 茂和號

金山正埠 馨新居

金山正埠 粵東旅館

金山正埠 志昌號書東

金山正埠 新廣東旅館

美國金山 光祿

金山 廣益號

人和會館

正埠 勝記號

金山正埠 廣祥盛昌記書東

金山正埠 永興隆書東

金山正埠 永興隆

美國金山 長老總正道會

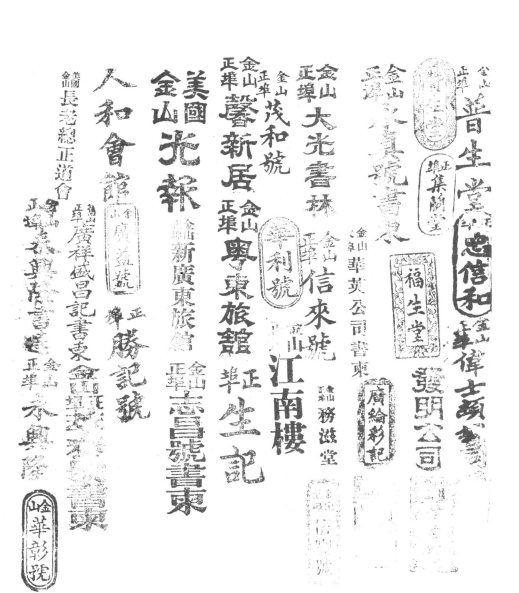

金山 華彰號

金山正埠廣[illegible]書東

金山正埠成信和記書東

金山正埠廣源興書東

金山正埠鴻德號

金山正埠和記書東

金山正埠泗和號

金山正埠逢泰號

正埠廣和興勝記

春和堂生記

金山正埠生合

金山大埠萬合元記

金山正埠利生源書東

金山正埠廣興泰

金山大埠廣安泰

金山正埠三隆號

金山大埠瑞生號書東

金山正埠天成號

金山正埠貞祥號

金山正埠愛和堂

金山正埠悅來棧書東

金山正埠福隆

[illegible]書東

正埠廣同泰

泰彰號

一四八

AMERICAN LEGATION,
PEKING, CHINA.

February 27, 1911.

Dear Mr. Wu:

I have translated the memo. which you handed me regarding the case of Ho Ch'i-wu (何其)and have shown the translation to the Minister. If the Wai Wu Pu will send a despatch to the Minister, he will have pleasure in acceding to the request to communicate with the American Government.

The usual method of proceeding in such cases of extradition is for the country concerned to send a police officer with the proper papers to the place where the criminal was taking refuge. The local authorities then effect the arrest and turn the criminal over to the official of his own nationality who transports him to the place where he is to be tried. There is no Extradition Treaty between our two countries, but as a matter of courtesy action in the above line has been taken on both sides on several occasions in the past.

Yours very truly,

Chinese Secretary.

附件

照譯美館漢文參贊致司員伍璜函

逕啓者，日前閣下交來關於何其武案節略，業經照譯英文，呈請嘉大臣閲看。此事若外務部備送照會到館，嘉大臣自當樂允轉達美國政府。此種交犯事件，按尋常手續，應由關涉該案之國遣派警官一員，隨帶正式公文前赴該犯逃匿之地，呈遞公文後由該處地方官將該犯拿獲，交付該犯本國派來警官自行押解回國，聽候審辦。現查中美兩國並無交犯條約，惟從前曾有數次兩國均照上開辦法辦理，以示彼此交好之意。此復。順頌日祉。

正月二十九日

一四九

逕啟者，向來各國來美之人，因其中多有曾經犯罪之徒，於抵美後常滋事端，致使其本國於美國失厥顔面。美政府今擬與各國政府酌商，除赴美應用護照外，擬須另給品行單一紙，聲明其在本國從無犯法科罪案件。茲本國外部大臣囑本大臣轉詢

貴政府於此項辦法是否願允商定，即希

貴王大臣酌商速復是荷。此泐，順候

日祉 附洋文

美國使署

嘉樂恒啟 正月三十日

附件

AMERICAN LEGATION,
PEKING.

To F. O. No. 76.

February 28, 1911.

Your Imperial Highness:

As much trouble has been caused in the United States by the immigration of criminals from different countries whose misconduct after their arrival both inflicts injury upon America and reflects upon the reputation of the countries from which the criminals come, my Government is consulting with the governments of other countries regarding the issuing , in connection with the passports issued to persons leaving their own countries for America, of certificates showing that the immigrants do not belong to the criminal classes. I am now directed by the Secretary of State to ask if Your Highness' Government will be willing to make an arrangement by which the proposed regulation may be put into effect.

I ask that the matter may be taken into consideration and that I may be favored with an early reply.

I avail myself of this oppportunity to renew to Your Imperial Highness the assurance of my highest consideration.

W. J. Calhoun

American Minister.

To His Imperial Highness
Prince of Ch'ing,
President of the Board
of Foreign Affairs.

一五〇

照會美嘉使何其武一犯希飭檀香山地方官查緝交回並見復由

行　行

外務部左侍郎胡　行　正月卅日

外務部右侍郎曹　行　正月三十日

庶務司

呈為照會事准署粵督電稱宣統元年四月間有在籍廣西候補道劉士驥居住廣州大南門外永安里被匪數人賺門入屋將劉道殺斃經張前督緝獲本案正兇駱木保一名據供係何其武與劉士驥有仇買囑該犯行刺當即應允同至劉寓何其武指

引該犯上前戳傷劉士驥胸膛右腰股等處倒地該犯等各自分散跑逃等語迭經各前督飭緝逃犯未獲現查何其武一犯聞已逃至美屬檀香山一帶前經派員與廣州美領事酌商請其轉致檀香山地方官設法偵緝已允錄案呈報政府核辦請再照會

美國駐京大臣轉電政府飭屬將何其武緝獲交由粵省地方官訊辦等因查何其武一犯暗挾私仇買兇行刺業已供證確鑿中美兩國雖未訂有交犯條約惟此種人犯實為兩國法律所不容諒

貴國政府顧念交誼必允提回訊辦相應照會

貴大臣查照轉達

貴國政府電飭檀香山地方官查緝將該犯交回
由中國地方官審辦實紉公誼並希
見復爲要須至照會者
美嘉使

宣統三年正月 日

一五一

致美嘉使函

逕啟者接准

來函以各國來美之人多有曾經犯罪之徒常滋事端美政府擬與各國政府酌商除赴美應用護照外須另給品行單一紙聲明其在本國從無犯法科罪案件本國外務大臣囑轉詢貴政府於此項辦法是否願允商定即希酌復等因前來查

貴國政府擬於出洋之人加給品行單自為鄭重流品起見本部並無異議惟官員暨商界學界中之體面人應無須證明外其餘即在護照內註明品行以副

貴大臣來函之意此項辦法諒必相宜即希

見復以便轉飭辦理可也此布順頌

日祉

全堂銜

宣統三年二月　日

A SERIES OF DOCUMENTS ILLUSTRATING THE
DIPLOMATIC RELATIONS BETWEEN
CHINA AND FOREIGN COUNTRIES
IN THE QING DYNASTY

CORRESPONDENCE BETWEEN CHINA AND UNITED STATES

VOLUME VII

CHINESE EMIGRANTS AND RECRUITMENTS

THE FIRST HISTORICAL ARCHIVES OF CHINA
PEKING UNIVERSITY, CHINA
LA TROBE UNIVERSITY, AUSTRALIA

Editorial Name List of Volume Ⅶ

Chairmen of Committee:	Hao Ping
	Hu Wanglin
	John Rosenberg
Deputy Chairmen of Committee:	Li Yansong
	Wu Hong
	Hu Zhongliang
	Xu Kai
	Pei Likun
Members of Committee:	Liu Yuxing
	Wang Zhiwen
	Liu Hefang
	Zhang Jingwen
Chief Editors:	Hao Ping
	Hu Wanglin
	John Rosenberg
Executive Editors	Hu Zhongliang
	Xu Kai
	Pei Likun
Deputy Chief Editors:	Liu Yuxing
	Wang Zhiwen
Editors:	Chen Yanping
	Meng Feiwang
Digital Editors:	Li Jing
	Ye Bin
Assistants:	Zhang Haoyang
	Wang Ning
	Zhu Shi
	Zhang Jingwen
	Venus Cheung